VIDACAPITAL

PETER PÁL PELBART

VIDACAPITAL
ENSAIOS DE BIOPOLÍTICA

ILUMINURAS

Copyright © 2003
Peter Pál Pelbart

Copyright © desta edição
Editora Iluminuras Ltda.

Capa e projeto gráfico
Eder Cardoso / Iluminuras

Revisão
Ariadne Escobar Branco
Ana Luiza Couto

CIP-BRASIL. CATALOGAÇÃO-NA-FONTE
SINDICATO NACIONAL DOS EDITORES DE LIVROS, RJ

P433v

Pelbert, Peter Pál, 1956-
Vida capital : ensaios de biopolítica / Peter Pál Pelbert. - [1ª ed. - 2ª reimpr.]
São Paulo : Iluminuras, 2021.

ISBN 978-85-85219-01-7

1. Civilização - Filosofia. 2. Ciência política - Filosofia. I. Título.

09-4774.   CDD: 901
          CDU: 930.1

2021
EDITORA ILUMINURAS LTDA.
Rua Inácio Pereira da Rocha, 389 - 05432-011 - São Paulo - SP - Brasil
Tel./Fax: 55 11 3031-6161
iluminuras@iluminuras.com.br
www.iluminuras.com.br

Yuri

ÍNDICE

Prólogo 13

PARTE I
A VIDA (EM) COMUM

A comunidade dos sem comunidade.. 29
O Corpo do Informe... 44

PARTE II
TÓPICOS EM BIOPOLÍTICA

Biopolítica 57
Vida nua.. 62
Biofilosofia... 70

PARTE III
CAPITALISMO E SUBJETIVIDADE

Império e biopotência... 83
Neuromagma 93
Capitalismo rizomático 99

PARTE IV
AFETOS (BIO)POLÍTICOS

Da função política do tédio e da alegria... 113
Um olhar a cada dia 121
Choque de civilizações, satanização do Outro.............................. 124

PARTE V
RESISTÊNCIAS

Oito perguntas sobre resistência e criação 135
Mais perguntas sobre resistência e criação 141

PARTE VI
A VIDA EM CENA

Esquizocenia 149
Filosofia para suínos 157
Nota autobiográfica em torno da performance filosófica 167

PARTE VII
TEATRO FILOSÓFICO

Contradança filosófica 175
O filho monstruoso 180
O desaparecimento do homem, a literatura e a loucura 183
deleuze e a pós-modernidade 186
Deleuze, um pensador intempestivo 191

PARTE VIII
NIETZSCHE

Nietzsche e a posteridade literária 205
Nietzsche, autor da própria vida 208
Nietzsche, pensador da cultura 212

PARTE IX
AVESSOS

Margem de manobra 219
Estratégias para o próximo milênio 221
O avesso da melancolia 224
Sonhos de Descartes 227
Certeza do Agora 230

PARTE X
CONVERSAÇÕES

Música e repetição.. 235
Incômoda moda 241
O homem pós-orgânico 245

PARTE XI
ÉTICA E AMIZADE

Vírus-Vida 251

PRÓLOGO

A defesa da vida tornou-se um lugar-comum. Todos a invocam, desde os que se ocupam de manipulação genética até os que empreendem guerras planetárias. Alguns veem nas formas de vida existentes e na sua diversidade um reservatório infinito de lucro e pesquisa; outros, um patrimônio inalienável da humanidade. Alguns deploram que a vida tenha sido decomposta e recombinada "artificialmente" a ponto de seu conceito mesmo ter sido volatizado; outros celebram que tal "desnaturalização" abre a via, por fim, para novas formas de "pós-humanidade". Esse debate inconcluso é o sintoma, talvez, de um paradoxo que está no cerne da condição contemporânea. Por um lado, a vida tornou-se o alvo supremo do capital. Por outro, a vida mesma tornou-se um capital, senão "o" capital por excelência, de que todos, e qualquer um, dispõem, virtualmente, com consequências políticas a determinar.

Vida capital parte dessa situação paradoxal, em que se confundem as linhas de dominação e de liberação, de controle e de escape, de comando e de resistência — de vida e de morte. Pois é inegável: nunca o capital penetrou tão fundo e tão longe no corpo e na alma das pessoas, nos seus genes e na sua inteligência, no seu psiquismo e no seu imaginário, no núcleo de sua "vitalidade". Ao mesmo tempo, tal "vitalidade" tornou-se a fonte primordial de valor no capitalismo contemporâneo: a produção imaterial seria impensável sem a força de invenção disseminada por toda parte. Reservatório inesgotável de genes e de ideias, de invenção e de recomposições, a vida é, afinal, um "capital" comum. Ao menos em tese pertencente a todo mundo, é a vida que serve de ponto de apoio último para novas lutas e reivindicações coletivas.

Essa situação ambígua foi tematizada embrionariamente por Michel Foucault já em meados dos anos 70. Muito cedo ele intuiu que aquilo mesmo que o poder investia prioritariamente — a vida — era precisamente o que doravante ancoraria a resistência a ele, numa reviravolta inevitável. Mas talvez ele não tenha levado essa intuição até as últimas consequências. Coube a Deleuze explicitar que ao poder *sobre* a vida (biopoder) deveria responder o poder *da* vida (biopotência), a potência "política" da vida, na medida em que ela faz variar suas formas, e reinventa suas coordenadas de enunciação.

O livro que o leitor tem em mãos percorre essas duas vias, como numa fita de Moebius: o poder sobre a vida, a potência da vida. O diálogo privilegiado com um grupo de teóricos provenientes majoritariamente da Autonomia italiana, tais como Negri e Lazaratto, mas também Agamben, deve-se ao fato de que eles souberam transitar simultaneamente nessas duas direções, operando sem maniqueísmos o legado filosófico e político de Foucault e Deleuze-Guattari no contexto concreto do capitalismo contemporâneo.

Mas os textos aqui reunidos não se restringem a esse âmbito teórico e a esses aportes. Eles respondem à tentação de ir testando o paradoxo mencionado em domínios muito distintos, tais como um projeto de intervenção cultural na cidade, uma performance filosófica com porcos, uma companhia teatral composta por portadores de sofrimento psíquico, um colóquio sobre Aids organizado em favor de um amigo etc. Em todos eles, porém, algumas perguntas se repetem: O que significa *vida* hoje? O que significa poder *sobre* a vida? Como entender potência *da* vida, nesse contexto? O que significa que a vida tornou-se um *capital*? O que uma tal situação acarreta, do ponto de vista político? De que dispositivos *concretos*, minúsculos e maiúsculos, dispomos hoje para transformar o poder *sobre* a vida em potência *da* vida, sobretudo num contexto militarizado? Como isso se conecta com o desafio urgente de reinventar a *comunidade*? Como tais perguntas redesenham a ideia de *resistência* hoje, nos vários domínios?

O título deste livro não pretende reduzir o caráter paradoxal dessas questões e a multiplicidade de âmbitos em que elas são elaboradas. Mesmo a palavra *vida* não pode ser reduzida a um sentido unívoco — deve ser remetida ao rizoma material e imaterial que a constitui, seja ele biopsíquico, tecnossocial ou semiótico, no interior de um agenciamento complexo. Quanto ao subtítulo, é preciso dizer que o termo biopolítica teve um destino também paradoxal. Lançado por Foucault num sentido crítico, remetendo a uma modalidade de poder e de governo sobre as populações, acabou assumindo nos últimos anos, sobretudo na pena dos autores italianos mencionados, um sentido inverso, positivo, mais abrangente e até liberador, em alusão à vitalidade social e sua potência política. É nesse arco tenso embutido no termo biopolítica, que vai da "biopolítica maior" ao que alguns chamam de "biopolítica menor", que transitam os textos desse volume.

* * *

Esta coletânea é composta por três tipos de texto. O primeiro (Partes I, IV e VI) consiste de falas públicas, em contextos distintos, algumas já publicadas em revistas ou coletâneas diversas — todas remanejadas ou desdobradas para as necessidades desta edição. O segundo (II e III) é feito de notas de leitura não destinadas em princípio à publicação, em que acompanho de perto a contribuição de alguns autores como Foucault, Agamben, Pearson, sobre as relações entre poder e vida, capitalismo e subjetividade. Por fim, há as resenhas publicadas em revistas ou na imprensa (VII e VIII), ou pequenos prefácios, bem como flashes de circunstância e até arguições de tese. As obsessões de um autor o surpreendem ali onde ele menos espera.

Dito isso, não posso deixar de reconhecer que o conjunto é desigual, na forma, no andamento, na força de testemunho e de evocação, ou na eficácia, conceitual ou descritiva. Não há como ser diferente. Apesar do fio temático que atravessa e amarra o livro, no percurso de sua feitura se entrecruzam os ziguezagues de um trajeto, os efeitos do 11 de setembro, embates micropolíticos, leituras díspares e tentações múltiplas. Não se tentou, em momento nenhum, propor uma sistematização acabada em relação aos problemas evocados, mas partilhar intuições, pistas, elaborações embrionárias, por repetitivas que me parecessem (e não faltam pequenas repetições, numa função quase que de *ritornelo*), na certeza de que o que aqui está escrito é apenas a antenagem singular, parcial e provisória de uma elaboração coletiva em andamento. A ambição modesta deste livro é introduzir o leitor, minimamente que seja, ao feixe de problemas e embates nos quais o autor é, ele também, apenas um perplexo aprendiz.

* * *

Um livro como este seria impensável sem as inúmeras parcerias das quais ele é fruto. Praticamente cada texto foi elaborado no caldo de uma amizade, de uma associação, de um dispositivo grupal, de uma iniciativa conjunta, de um empreendimento público, seja de natureza estética, cultural, clínica, política, teórica ou universitária. Não pretendo que esses textos falem em nome de um coletivo qualquer. Contudo, gostaria que essas configurações coletivas que estão na sua origem, por mais precárias, temporárias, minúsculas ou invisíveis que fossem, tivessem deixado nesses textos sua força e sua marca. Em todo caso, um texto não passa disso: uma pequena peça no interior de um agenciamento coletivo de enunciação. Assim, a retribuição maior que eu poderia almejar para com as parcerias que estão na origem desses ecos escritos consistiria em ver cada texto devolvido às múltiplas vozes que o compõem.

PARTE I
A VIDA (EM) COMUM

PODER SOBRE A VIDA, POTÊNCIAS DA VIDA

O Imperador da China resolveu construir uma muralha que contornasse a imensidão do Império e o protegesse contra a invasão dos nômades vindos do Norte. Tal construção mobilizou a população inteira por anos a fio. Conta Kafka que ela foi empreendida por partes: um bloco de pedra era erguido aqui, outro ali, mais um acolá, e não necessariamente eles se encontravam, de modo que entre um e outro pedaço construído em regiões desérticas abriam-se grandes brechas, lacunas quilométricas.[1] O resultado foi uma Muralha descontínua cuja lógica ninguém entendia, já que ela não protegia de nada nem de ninguém. Talvez apenas os nômades, na sua circulação errática pelas fronteiras do Império, tivesse alguma noção do conjunto da obra. No entanto, todos supunham que a construção obedecesse a um plano rigoroso elaborado pelo Comando Supremo, mas ninguém sabia quem dele fazia parte e quais seus verdadeiros desígnios. Enquanto isso, um sapateiro residente em Pequim relatou que já havia nômades acampados na praça central, a céu aberto, diante do Palácio Imperial, e que seu número aumentava a cada dia.[2] O próprio imperador apareceu uma vez na janela para espiar a agitação que eles provocavam. O Império mobiliza todas suas forças na construção da Muralha contra os nômades, mas eles já estão instalados no coração da capital enquanto o Imperador todo poderoso é um prisioneiro em seu próprio palácio.

Kafka dá poucas indicações sobre os nômades. Eles têm bocas escancaradas, dentes afiados, comem carne crua junto a seus cavalos, falam como gralhas, reviram os olhos e afiam constantemente suas facas. Não parecem ter a intenção de tomar de assalto o palácio imperial. Eles desconhecem os costumes locais e imprimem à capital em que se infiltraram sua esquisitice. Ignoram as leis do Império, parecem ter sua própria lei, que ninguém entende. É uma lei-esquiza, dizem Deleuze-Guattari,[3] talvez pela semelhança do

---

[1] KAFKA, Franz. "Durante a construção da Muralha da China", in *Narrativas do espólio*, Modesto Carone (trad.). São Paulo, Cia. das Letras, 2002.
[2] KAFKA, Franz. "Uma folha antiga" (texto complementar ao "Durante a construção da Muralha da China"), in *Um médico rural*, Modesto Carone (trad.). São Paulo, Cia. das Letras, 1999.
[3] DELEUZE, Gilles e GUATTARI, Félix. *Kafka — Por uma literatura menor*. Rio de Janeiro, Imago, 1977.

nômade com o esquizo. O esquizo está presente e ausente simultaneamente, ele está na tua frente e ao mesmo tempo te escapa, sempre está dentro e fora, da conversa, da família, da cidade, da economia, da cultura, da linguagem. Ocupa um território mas ao mesmo tempo o desmancha, dificilmente entra em confronto direto com aquilo que recusa, não aceita a dialética da oposição, que sabe submetida de antemão ao campo do adversário, por isso ele desliza, escorrega, recusa o jogo ou subverte-lhe o sentido, corrói o próprio campo e assim resiste às injunções dominantes. O nômade, a exemplo do esquizo, é o desterritorializado por excelência, aquele que foge e faz tudo fugir. Ele faz da própria desterritorialização um território subjetivo.

Como pode o Império lidar com um território subjetivo tão fugidio? Mas como pode ele deixar de lidar precisamente com isso? Por mais que um Imperador tenha Muralhas concretas a construir, Império nenhum pode ficar indiferente a essa dimensão subjetiva sobre a qual ele se assenta primordialmente, sob pena de esfacelar-se — o que é ainda mais verdadeiro nas condições de hoje. De fato, como poderia o Império atual manter-se caso não capturasse o desejo de milhões de pessoas? Como conseguiria ele mobilizar tanta gente caso não plugasse o sonho das multidões à sua megamáquina planetária? Como se expandiria se não vendesse a todos a promessa de uma vida invejável, segura, feliz? Afinal, o que nos é vendido o tempo todo, senão isto: maneiras de ver e de sentir, de pensar e de perceber, de morar e de vestir? O fato é que consumimos, mais do que bens, *formas de vida* — e mesmo quando nos referimos apenas aos estratos mais carentes da população, ainda assim essa tendência é crescente. Através dos fluxos de imagem, de informação, de conhecimento e de serviços que acessamos constantemente, absorvemos maneiras de viver, sentidos de vida, consumimos toneladas de subjetividade. Chame-se como se quiser isto que nos rodeia, capitalismo cultural, economia imaterial, sociedade de espetáculo, era da biopolítica, o fato é que vemos instalar-se nas últimas décadas um novo modo de relação entre o capital e a subjetividade. O capital, como o disse Jameson, por meio da ascensão da mídia e da indústria de propaganda, teria penetrado e colonizado um enclave até então aparentemente inviolável, o Inconsciente. Mas esse diagnóstico é hoje insuficiente. Ele agora não só penetra nas esferas as mais infinitesimais da existência, mas também as mobiliza, ele as põe para trabalhar, ele as explora e amplia, produzindo uma plasticidade subjetiva sem precedentes, que ao mesmo tempo lhe escapa por todos os lados.

O IMPÉRIO NOMADIZADO

O Império contemporâneo, diferentemente do Império chinês do conto de Kafka, já não funciona na base de muralhas e trincheiras, e os últimos acontecimentos demonstraram cabalmente a falência da lógica da fortaleza. O Império se nomadizou completamente. Ou melhor, ele é a resposta política e jurídica à nomadização generalizada. Ele mesmo depende da circulação de fluxos de toda ordem a alta velocidade, fluxos de capital, de informação, de imagem, de bens, mesmo e sobretudo de pessoas.[4] Claro que nem tudo circula da mesma maneira por toda parte, nem todos extraem dessa circulação os mesmos benefícios. O novo capitalismo em rede,[5] que enaltece as conexões, a movência, a fluidez, produz novas formas de exploração e de exclusão, novas elites e novas misérias, e sobretudo uma nova angústia — a do desligamento. O que Castel chamou de desfiliação, e Rifkin de desconexão.[6] A ameaça de ser desengatado — sabemos que a maioria se encontra nessa condição, de desplugamento efetivo da rede. O problema se agrava quando o direito de acesso às redes, como o diz Rifkin (e agora trata-se não só da rede no sentido estrito, tecnológico e informático, mas das *redes de vida* num sentido amplo) migra do âmbito social para o âmbito comercial. Em outras palavras: se antes a pertinência às redes de sentido e de existência, aos modos de vida e aos territórios subjetivos dependia de critérios intrínsecos tais como tradições, direitos de passagem, relações de comunidade e trabalho, religião, sexo, cada vez mais esse acesso é mediado por pedágios comerciais, impagáveis para uma grande maioria.[7] O que se vê então é uma expropriação das redes de vida da maioria da população pelo capital, por meio de mecanismos cuja inventividade e perversão parecem ilimitadas.

Mas não deveríamos deixar-nos embalar por um determinismo tão apocalíptico quanto complacente. Parafraseando Benjamin, seria preciso escovar esse presente a contrapelo, e examinar as novas possibilidades de reversão vital que se anunciam nesse contexto. Pois nada do que foi evocado acima pode ser imposto unilateralmente de cima para baixo, já que essa subjetividade vampirizada, essas redes de sentido expropriadas, esses territórios de existência comercializados, essas formas de vida visadas não constituem uma massa inerte e passiva à mercê do capital, mas um conjunto vivo de estratégias. A partir daí, seria preciso perguntar-se de que

---

[4] Cf. NEGRI, Antonio e HARDT, Michael. *Império*. Rio de Janeiro, Record, 2000. Ver o resumo de suas teses no texto "Império e biopotência", na Parte III, p. 81, deste livro.
[5] Cf. BOLTANSKI, Luc e CHIAPELLO, Ève. *Le nouvel esprit du capitalisme*. Paris, Gallimard, 2000. Ver o resumo de suas teses no texto "Capitalismo rizomático", na Parte III, p. 96, deste livro.
[6] RIFKIN, Jeremy. *La fin du travail*. Paris, La Découverte, 1997; e CASTEL, Robert. *As metamorfoses da questão social*. Petrópolis, Vozes, 1998.
[7] RIFKIN, J. *A era do acesso*. São Paulo, Makron Books, 1998.

maneira, no interior dessa megamáquina de produção de subjetividade, surgem novas modalidades de se agregar, de trabalhar, de criar sentido, de inventar dispositivos de valorização e de autovalorização. Num capitalismo conexionista, que funciona na base de projetos em rede, como se viabilizam outras redes que não as comandadas pelo capital, redes autônomas, que eventualmente cruzam, se descolam, infletem ou rivalizam com as redes dominantes? Que possibilidades restam, nessa conjunção de plugagem global e exclusão maciça, de produzir territórios existenciais alternativos àqueles ofertados ou mediados pelo capital? De que recursos dispõe uma pessoa ou um coletivo para afirmar um modo próprio de ocupar o espaço doméstico, de cadenciar o tempo comunitário, de mobilizar a memória coletiva, de produzir bens e conhecimento e fazê-los circular, de transitar por esferas consideradas invisíveis, de reinventar a corporeidade, de gerir a vizinhança e a solidariedade, de cuidar da infância ou da velhice, de lidar com o prazer ou a dor?[8]

Mais radicalmente, impõe-se a pergunta: que possibilidades restam de criar laço, de tecer um território existencial e subjetivo na contramão da serialização e das reterritorializações propostas a cada minuto pela economia material e imaterial atual? Como reverter o jogo entre a valorização crescente dos ativos intangíveis tais como inteligência, criatividade, afetividade, e a manipulação crescente e violenta da esfera subjetiva? Como detectar modos de subjetivação emergentes, focos de enunciação coletiva, territórios existenciais, inteligências grupais que escapam aos parâmetros consensuais, às capturas do capital, e que não ganharam ainda suficiente visibilidade no repertório de nossas cidades?

Há alguns anos no Brasil eram visíveis configurações comunitárias diversas, ora mais ligadas à Igreja, ora ao Movimento dos Sem-Terra, ora às redes de tráfico, ou provenientes de movimentos reivindicatórios e estéticos diversos, como o *hip-hop*, ou modalidades de "inclusão às avessas" proporcionado pelas gangues de periferia,[9] mantendo com as redes hegemônicas graus de distância ou enlace diversos. Eu não saberia dizer o que está nascendo hoje nos centros urbanos brasileiros, muito menos nas demais cidades do planeta. Mas há um fenômeno que me intriga, entre outros. No contexto de um capitalismo cultural, que expropria e revende modos de vida, não haveria uma tendência crescente, por parte dos chamados excluídos, em usar a própria vida, na sua precariedade de subsistência, como um vetor de autovalorização? Quando um grupo de presidiários compõe e grava sua música, o que eles mostram e vendem não é só sua música, nem só suas histórias de

---

[8] GUATTARI, F. "Restauração da cidade subjetiva", in *Caosmose*. Rio de Janeiro, Editora 34, 1992.
[9] DIÓGENES, Glória. *Cartografias da cultura e da violência. Gangues, galeras e o movimento hip-hop*. São Paulo-Fortaleza, Secretaria da Cultura e do Desporto, 1998.

vida escabrosas, mas seu estilo, sua singularidade, sua percepção, sua revolta, sua causticidade, sua maneira de vestir, de "morar" na prisão, de gesticular, de protestar, de rebelar-se — em suma, sua vida. Seu único capital sendo sua vida, no seu estado extremo de sobrevida e resistência, é disso que fizeram um vetor de existencialização, é essa vida que eles capitalizaram e que assim se autovalorizou e produziu valor. É claro que num regime de entropia cultural essa "mercadoria" interessa, pela sua estranheza, aspereza, visceralidade, ainda que facilmente também ela possa ser transformada em mero exotismo étnico de consumo descartável. Mas a partir desse exemplo extremo e ambíguo, eu perguntaria, também à luz dos nômades de Kafka a quem me referi no início, se não precisaríamos de instrumentos muito esquisitos para avaliar a capacidade dos chamados "excluídos" ou "desfiliados" ou "desconectados" de construírem territórios subjetivos a partir das próprias linhas de escape a que são impelidos, ou dos territórios de miséria a que foram relegados, ou da incandescência explosiva em que são capazes de transformar seus fiapos de vida em momentos de desespero coletivo.

A FORÇA-INVENÇÃO DOS CÉREBROS EM REDE

Utilizando de maneira original textos de Gabriel Tarde, Maurizio Lazzarato debruçou-se recentemente sobre um feixe de questões correlatas,[10] das quais reteríamos a seguinte: Que capacidade social de produzir o novo está disseminada por toda parte, sem estar essa capacidade subordinada aos ditames do capital, sem ser proveniente dele nem depender de sua valorização? A ideia de Tarde relida por Lazzarato, e que eu retomo nesse contexto de maneira excessivamente sucinta, é que todos produzem constantemente, mesmo aqueles que não estão vinculados ao processo produtivo. Produzir o novo é inventar novos desejos e novas crenças, novas associações e novas formas de cooperação. Todos e qualquer um inventam, na densidade social da cidade, na conversa, nos costumes, no lazer — novos desejos e novas crenças, novas associações e novas formas de cooperação. A invenção não é prerrogativa dos grandes gênios, nem monopólio da indústria ou da ciência, ela é a potência do homem comum. Cada variação, por minúscula que seja, ao propagar-se e ser imitada, torna-se quantidade social, e assim pode ensejar outras invenções e novas imitações, novas associações e novas formas de cooperação. Nessa economia afetiva, a subjetividade não é efeito ou superestrutura etérea, mas força viva, quantidade social, potência psíquica e política.

Nesse contexto, as forças vivas presentes por toda parte na rede social deixam de ser apenas reservas passivas à mercê de um capital insaciável,

[10] LAZZARATO, Maurizio. *Puissances de l'invention*. Paris, Les Empêcheurs de penser en rond, 2002.

e passam a ser consideradas elas mesmas um capital, ensejando uma comunialidade de autovalorização. Em vez de serem apenas objeto de uma vampirização por parte do Império, são positividade imanente e expansiva que o Império se esforça em regular, modular, controlar. A potência de vida da multidão, no seu misto de inteligência coletiva, afetação recíproca, produção de laço, capacidade de invenção de novos desejos e novas crenças, de novas associações e novas formas de cooperação, é cada vez mais a fonte primordial de riqueza do próprio capitalismo. Uma economia imaterial que produz sobretudo informação, imagens, serviços, não pode se basear na força física, no trabalho mecânico, na automatismo burro, na solidão compartimentada. São requisitados dos trabalhadores sua inteligência, sua imaginação, sua criatividade, sua conectividade, sua afetividade — toda uma dimensão subjetiva e extraeconômica antes relegada ao domínio exclusivamente pessoal e privado, no máximo artístico. Como o diz Toni Negri, agora é a alma do trabalhador que é posta a trabalhar, não mais o corpo, que apenas lhe serve de suporte. Por isso, quando trabalhamos nossa alma se cansa como um corpo, pois não há liberdade suficiente para a alma, assim como não há salário suficiente para o corpo. Em todo caso, que a alma trabalhe significa, nos termos que mencionávamos há pouco, que é a vitalidade cognitiva e afetiva que é solicitada e posta a trabalhar. O que se requer de cada um é sua força de invenção, e a *força-invenção* dos cérebros em rede se torna tendencialmente, na economia atual, a principal fonte do valor. É como se as máquinas, os meios de produção tivessem migrado para dentro da cabeça dos trabalhadores e virtualmente passassem a pertencer-lhes. Agora sua inteligência, sua ciência, sua imaginação, isto é, sua própria vida passaram a ser fonte de valor. A associação e a cooperação entre uma pluralidade de cérebros prescindem, no limite, da mediação do capitalista, tão decisiva num regime fordista.

Podemos retomar nosso *leitmotiv*: todos e qualquer um, e não apenas os trabalhadores inseridos numa relação assalariada, detêm a força-invenção, cada cérebro-corpo é fonte de valor, cada parte da rede pode se tornar vetor de valorização e de autovalorização. Assim, o que vem à tona com cada vez maior clareza é a biopotência do coletivo, a riqueza biopolítica da multidão. É esse corpo vital coletivo reconfigurado pela economia imaterial das últimas décadas que, nos seus poderes de afetar e de ser afetado e de constituir para si uma comunialidade expansiva, desenha as possibilidades de uma democracia biopolítica.

BIOPOTÊNCIA DA MULTIDÃO

O termo "biopolítica" foi forjado por Foucault para designar uma das modalidades de exercício do poder sobre a vida, vigentes desde o século 18.[11] Centrada prioritariamente nos mecanismos do ser vivo e nos processos biológicos, a biopolítica tem por objeto a população, isto é, uma massa global afetada por processos de conjunto. Biopolítica designa pois essa entrada do corpo e da vida, bem como de seus mecanismos, no domínio dos cálculos explícitos do poder, fazendo do poder-saber um agente de transformação da vida humana. Um grupo de teóricos, majoritariamente italianos, propôs uma pequena inversão, não só semântica, mas também conceitual e política. Com ela, a biopolítica deixa de ser prioritariamente a perspectiva do poder e de sua racionalidade refletida tendo por objeto passivo o corpo da população e suas condições de reprodução, sua vida. A própria noção de vida deixa de ser definida apenas a partir dos processos biológicos que afetam a população. Vida inclui a sinergia coletiva, a cooperação social e subjetiva no contexto de produção material e imaterial contemporânea, o intelecto geral. Vida significa inteligência, afeto, cooperação, desejo. Como diz Lazzarato, a vida deixa de ser reduzida, assim, a sua definição biológica para tornar-se cada vez mais uma virtualidade molecular da multidão, energia aorgânica, corpo-sem-órgãos. O bios é redefinido intensivamente, no interior de um caldo semiótico e maquínico, molecular e coletivo, afetivo e econômico. Aquém da divisão corpo/mente, individual/coletivo, humano/inumano, a vida ao mesmo tempo se pulveriza e se hibridiza, se dissemina e se alastra, se molecariza e se totaliza. E, ao descolar-se de sua acepção predominantemente biológica, ganha uma amplitude inesperada e passa a ser redefinida como poder de afetar e ser afetado, na mais pura herança espinosana. Daí a inversão, em parte inspirada em Deleuze, do sentido do termo forjado por Foucault: biopolítica não mais como o poder *sobre* a vida, mas como a potência *da* vida.

A biopolítica como poder sobre a vida toma a vida como um fato, natural, biológico, como *zoé*, ou como diz Agamben, como vida nua, como sobrevida.[12] É o que vemos operando na manipulação genética, mas no limite também no modo como são tratados os prisioneiros da Al Qaeda em Guantánamo, ou os adolescentes infratores nas instituições de "reeducação" em São Paulo. Mas os atos de autoimolação espetacularizada que esses jovens protagonizam em suas rebeliões, diante das tropas de choque e das câmaras de televisão, parecem ser a tentativa de reversão a partir desse "mínimo" que lhes resta, o corpo nu,[13] e apontam numa outra direção. Muito cedo o próprio Foucault

---

[11] Para um resumo das teses de Foucault a respeito, ver o texto "Biopolítica", na Parte II, p. 55, deste livro.
[12] Para um resumo das teses de Agamben a respeito, ver texto "Vida nua", na Parte II, p. 60, deste livro.
[13] VICENTIN, Maria Cristina. *A vida em rebelião: histórias de jovens em conflito com a lei*. Tese de doutorado, inédito.

intuiu que aquilo mesmo que o poder investia — a vida — era precisamente o que doravante ancoraria a resistência a ele, numa reviravolta inevitável. Mas talvez ele não tenha levado essa intuição até as últimas consequências. Coube a Deleuze explicitar que ao poder *sobre* a vida deveria responder o poder *da* vida, a potência "política" da vida na medida em que ela faz variar suas formas e, acrescentaria Guattari, reinventa suas coordenadas de enunciação. De maneira mais ampla e positiva, essa potência da vida no contexto contemporâneo equivale precisamente à biopotência da multidão, tal como descrita acima.

Ainda uma palavra sobre a multidão. Tradicionalmente o termo é usado de maneira pejorativa, indicando um agregado indomável que cabe ao governante domar e dominar. Já o povo é concebido como um corpo público animado por uma vontade única. Como o diz Paolo Virno,[14] e nas condições contemporâneas isso é ainda mais visível, a multidão é plural, centrífuga, refratária à unidade política. Ela não assina pactos com o soberano e não delega a ele direitos, seja ele um mulá ou um *cowboy*, e inclina-se a formas de democracia não representativa. Talvez ela seja regida por uma lei-esquiza, tal como os nômades de Kafka. Numa fórmula sugestiva, Virno ainda diz: a multidão deriva do Uno, o povo tende ao Uno. O que é esse Uno do qual a multidão deriva? Para ir rápido, é o que Simondon chamou de realidade pré-individual (e que os pré-socráticos chamavam de *apeiron*, Ilimitado), que Tarde referiu como virtualidade, que Marx designou por intelecto geral. Chamemo-lo de caldo biopolítico, esse magma material e imaterial, corpo--sem-órgãos que precede cada individuação — a potência ontológica comum.

A multidão, na sua configuração acentrada e acéfala, no seu agenciamento esquizo, também pode ser vista como o oposto da massa. Canetti lembra que na massa são abolidas todas as singularidades, nela reina a igualdade homogênea entre seus membros (cada cabeça equivale a cada outra cabeça), a densidade deve ser absoluta (nada deve se interpor entre seus membros, nada deve abrir um intervalo em seu meio), e por último, nela predomina uma direção única, que se sobrepõe a todas as direções individuais e privadas, que seriam a morte da massa.[15] Homogênea, compacta, contínua, unidirecional, a massa é todo o contrário da multidão, heterogênea, dispersa, complexa, multidirecional. A economia paranoica da massa e a lógica esquizo da multidão são diametralmente opostas, mesmo que elas se encavalem, como o notaram Deleuze e Guattari a propósito da relação entre massa e malta. De todo modo, as religiões, bem como os Estados, sempre souberam usar e dosar a energia da massa e seus afetos, mas encontram-se em situação

---

[14] VIRNO, Paolo. "Multitudes et principe d'individuation", in *Multitudes*, n. 7. Paris, 2001.
[15] CANETTI, Elias. *Massa e poder*. São Paulo, Cia. das Letras, 1995.

inteiramente distinta em relação à multidão, que testemunha de um outro desejo e de uma outra subjetividade.

PODER E POTÊNCIA

Talvez Foucault continue tendo razão: hoje em dia, ao lado das lutas tradicionais contra a dominação (de um povo sobre outro, por exemplo) e contra a exploração (de uma classe sobre outra, por exemplo), é a luta contra as formas de assujeitamento, isto é, de submissão da subjetividade, que prevalece. Talvez a explosividade desse momento tenha a ver com a extraordinária superposição dessas três dimensões.

Volta a pergunta insistente: Como pensar as subjetividades em revolta? Como mapear o sequestro social da vitalidade na desmesurada extensão do Império e na sua penetração ilimitada, tendo em vista as modalidades de controle cada vez mais sofisticadas a que ele recorre, sobretudo quando ele se realavanca na base do terrorismo generalizado e da militarização do psiquismo mundial? Mas como cartografar igualmente as estratégias de reativação vital, de constituição de si, individual e coletiva, de cooperação e autovalorização das forças sociais avessas ao circuito formal da produção? Como acompanhar as linhas de êxodo e desinvestimento ativo dos "excluídos"? Em que medida a virtualidade da multidão extrapola o sistema produtivo atual e suas vampirizações, os modelos de subjetivação que ele engendrou (por exemplo, o do trabalhador assalariado), os cálculos do poder que ele suscita, a captura imperial e suas linhas de comando? Além de recusar o sistema de valores e de exploração hegemônicas, como cria ela suas próprias possibilidades irredutíveis, mesmo quando isso é feito a céu aberto, nem que o Imperador esteja por perto, à espreita para capitalizar aquilo que dele escapa?

Não sei o quanto as poucas páginas de Kafka sobre a Muralha da China refletem a paranoia do Império contemporâneo, com suas estratégias frustradas para proteger-se dos excluídos que ele mesmo suscita, cujo contingente não para de aumentar no coração da capital, numa vizinhança de intimidação crescente e num momento em que, como diria Kafka, sofre-se de enjoo marítimo mesmo em terra firme. Não sei o quanto os nômades de Kafka, na sua indiferença ostensiva em relação ao Império, podem ajudar a pensar a lógica da multidão. Seja como for, em Kafka uma ironia fina vai solapando a solene consistência do Império. Há algo no funcionamento do Império que é puro disfuncionamento. Quando nas *Conversas com Kafka* Janoush diz ao escritor tcheco que vivemos num mundo destruído, este responde: "Não vivemos num mundo *destruído*, vivemos num mundo *transtornado*. Tudo racha e estala como no equipamento de um veleiro destroçado". Rachaduras e estalos que Kafka dá a ver, e que a situação contemporânea escancara. Talvez o desafio atual seja intensificar esses estalos e rachaduras a partir da biopotência da multidão. Afinal o poder, como diz Negri inspirado em Espinosa, é superstição, organização do medo: "Ao lado do poder, há sempre a potência. Ao lado da dominação, há sempre a insubordinação. E trata-se de cavar, de continuar a cavar, a partir do ponto mais baixo: este ponto... é simplesmente lá onde as pessoas sofrem, ali onde elas são as mais pobres e as mais exploradas; ali onde as linguagens e os sentidos estão mais separados de qualquer poder de ação e onde, no entanto, ele existe; pois tudo isso é a vida e não a morte."[16]

[16] NEGRI, A. *Exílio*. São Paulo, Iluminuras, 2001.

A COMUNIDADE DOS SEM COMUNIDADE

Para Jeanne-Marie Gagnebin

Uma constatação trivial é evocada com insistência por vários pensadores contemporâneos, entre eles Toni Negri, Giorgio Agamben, Paolo Virno, Jean-Luc Nancy ou mesmo Maurice Blanchot. A saber, de que vivemos hoje uma crise do "comum". As formas que antes pareciam garantir aos homens um contorno comum, e asseguravam alguma consistência ao laço social, perderam sua pregnância e entraram definitivamente em colapso, desde a esfera dita pública até os modos de associação consagrados, comunitários, nacionais, ideológicos, partidários, sindicais. Perambulamos em meio a espectros do comum: a mídia, a encenação política, os consensos econômicos consagrados, mas igualmente as recaídas étnicas ou religiosas, a invocação civilizatória calcada no pânico, a militarização da existência para defender a "vida" supostamente "comum", ou, mais precisamente, para defender uma forma-de-vida dita "comum". No entanto, sabemos bem que esta "vida" ou esta "forma-de-vida" não é realmente "comum", que quando compartilhamos esses consensos, essas guerras, esses pânicos, esses circos políticos, esses modos caducos de agremiação, ou mesmo esta linguagem que fala em nosso nome, somos vítimas ou cúmplices de um sequestro.

Se de fato há hoje um sequestro do comum, uma expropriação do comum, ou uma manipulação do comum, sob formas consensuais, unitárias, espetacularizadas, totalizadas, transcendentalizadas, é preciso reconhecer que, ao mesmo tempo e paradoxalmente, tais figurações do "comum" começam a aparecer finalmente naquilo que são, puro espectro. Num outro contexto, Deleuze lembra que, a partir sobretudo da Segunda Guerra Mundial, os clichês começaram a aparecer naquilo que são: meros clichês, os clichês da relação, os clichês do amor, os clichês do povo, os clichês da política ou da revolução, os clichês daquilo que nos liga ao mundo — e é quando eles assim, esvaziados de sua pregnância, se revelaram como clichês, isto é, imagens prontas, pré-fabricadas, esquemas reconhecíveis, meros decalques do empírico, somente então pôde o pensamento liberar-se deles para encontrar aquilo que é "real", na sua força de afetação, com consequências estéticas e políticas a determinar.

Ora, hoje, tanto a percepção do sequestro do comum como a revelação do caráter espectral desse comum transcendentalizado se dá em condições muito específicas. A saber, precisamente num momento em que o comum, e não a sua imagem, está apto a aparecer na sua máxima força de afetação, e de maneira imanente, dado o novo contexto produtivo e biopolítico atual. Trocando em miúdos: diferentemente de algumas décadas atrás, em que o comum era definido mas também vivido como aquele espaço abstrato, que conjugava as individualidades e se sobrepunha a elas, seja como espaço público ou como política, hoje o comum é o espaço produtivo por excelência. O contexto contemporâneo trouxe à tona, de maneira inédita na história pois no seu núcleo propriamente econômico e biopolítico, a prevalência do "comum". O trabalho dito imaterial, a produção pós-fordista, o capitalismo cognitivo, todos eles são fruto da emergência do comum: eles todos requisitam faculdades vinculadas ao que nos é mais comum, a saber a linguagem, e seu feixe correlato, a inteligência, os saberes, a cognição, a memória, a imaginação, e por conseguinte a inventividade comum. Mas também requisitos subjetivos vinculados à linguagem, tais como a capacidade de comunicar, de relacionar-se, de associar, de cooperar, de compartilhar a memória, de forjar novas conexões e fazer proliferar as redes. Nesse contexto de um capitalismo em rede ou conexionista, que alguns chamam de rizomático,[1] pelo menos idealmente aquilo que é comum é posto para trabalhar em comum. Nem poderia ser diferente: afinal, o que seria uma linguagem privada? O que viria a ser uma conexão solipsista? Que sentido teria um saber exclusivamente autorreferido? Pôr em comum o que é comum, colocar para circular o que já é patrimônio de todos, fazer proliferar o que está em todos e por toda parte, seja isto a linguagem, a vida, a inventividade. Mas essa dinâmica assim descrita só parcialmente corresponde ao que de fato acontece, já que ela se faz acompanhar pela apropriação do comum, pela expropriação do comum, pela privatização do comum, pela vampirização do comum empreendida pelas diversas empresas, máfias, estados, instituições, com finalidades que o capitalismo não pode dissimular, mesmo em suas versões mais rizomáticas.

SENSORIALIDADE ALARGADA

Se a linguagem, que desde Heráclito era considerada o bem mais comum, tornou-se hoje o cerne da própria produção, é preciso dizer que o comum contemporâneo é mais amplo do que a mera linguagem. Dado o contexto da sensorialidade alargada, da circulação ininterrupta de fluxos, da sinergia coletiva, da pluralidade afetiva e da subjetividade coletiva daí resultante, o

---

[1] Cf. "Capitalismo rizomático", na Parte III, p. 96, deste livro.

comum passa hoje pelo *bios* social propriamente dito, pelo agenciamento vital, material e imaterial, biofísico e semiótico, que constitui hoje o núcleo da produção econômica mas também da produção de vida comum. Ou seja, é a potência de vida da multidão, no seu misto de inteligência coletiva, de afetação recíproca, de produção de laço, de capacidade de invenção de novos desejos e novas crenças, de novas associações e novas formas de cooperação, como diz Maurizio Lazzarato na esteira de Tarde,[2] que é cada vez mais a fonte primordial de riqueza do próprio capitalismo. Por isso mesmo este comum é o visado pelas capturas e sequestros capitalísticos, mas é este comum igualmente que os extrapola, fugindo-lhe por todos os lados e todos os poros.

Sendo assim, seríamos tentados a redefinir o comum a partir desse contexto preciso. Parafraseando Paolo Virno, seria o caso de postular o comum mais como premissa do que como promessa, mais como um reservatório compartilhado, feito de multiplicidade e singularidade, do que como uma unidade atual compartida, mais como uma virtualidade já real do que como uma unidade ideal perdida ou futura. Diríamos que o comum é um reservatório de singularidades em variação contínua, uma matéria aorgânica, um corpo-sem-órgãos, um ilimitado (*apeiron*) apto às individuações as mais diversas.

Como se vê, quando se concebe o comum como um tal fundo virtual, como vitalidade social pré-individual, como pura heterogeneidade não totalizável, ele nada tem que ver com as figuras midiáticas, políticas, imperiais que pretendem hipostasiá-lo, representá-lo ou expropriá-lo. Daí porque a resistência hoje passa por um êxodo em relação a essas instâncias que transcendentalizam o comum, e sobretudo pela experimentação imanente das composições e recomposições que o perfazem.

ÉTICA E ETOLOGIA

Talvez o livro em que Deleuze melhor tenha percorrido essas duas vias, a da recusa das instâncias transcendentalizadas e a da experimentação desse comum imanente, juntamente com Guattari, seja *Capitalismo e esquizofrenia*. Contra Édipo ou a forma-Estado, contra o plano de organização transcendente, sua unidade e suas capturas, os autores invocam simplesmente o plano de consistência, o plano de composição, o plano de imanência. Num plano de composição, trata-se de acompanhar as conexões variáveis, as relações de velocidade e lentidão, a matéria anônima e impalpável dissolvendo formas e pessoas, estratos e sujeitos, liberando movimentos, extraindo partículas e afetos. É um plano de proliferação, de povoamento e de contágio. Num

---

[2] LAZZARATO, Maurizio. *Puissances de l'invention*. Paris, Les empêcheurs de penser en rond, 2001.

plano de composição o que está em jogo é a consistência com a qual ele reúne elementos heterogêneos, disparatados. Como diz a conclusão praticamente ininteligível de *Mil platôs*, o que se inscreve num plano de composição são os acontecimentos, as transformações incorporais, as essencias nômades, as variações intensivas, os devires, os espaços lisos — é sempre um corpo sem órgãos. Seja como se queira chamá-lo, Corpo-sem-órgãos, Mecanosfera, Plano de consistência, Plano de imanência, a linhagem espinosista aqui é muito clara, e inteiramente assumida.

Num pequeno texto de Deleuze sobre Espinosa, de 1978, essa conexão fica ainda mais clara. Ali a substância ou a Natureza única são concebidas como *um plano comum de imanência*, em que estão todos os corpos, todas as almas, todos os indivíduos. Ao explicar esse plano, Deleuze insiste num paradoxo: ele já é plenamente dado, e no entanto deve ser construído, para que se viva de uma maneira espinosista.

Eis o argumento. O que é um corpo, ou um indivíduo, ou um ser vivo, senão uma composição de velocidades e lentidões sobre um plano de imanência? Ora, a cada corpo assim definido corresponde um poder de afetar e ser afetado, de modo que podemos definir um indivíduo, seja ele animal ou homem, pelos afetos de que ele é capaz. Deleuze insiste no seguinte: ninguém sabe de antemão de que afetos é capaz, não sabemos ainda o que pode um corpo ou uma alma, é uma questão de experimentação, mas também de prudência. É essa a interpretação etológica de Deleuze: a Ética seria um estudo das composições, da composição entre relações, da composição entre poderes. A questão é saber se as relações podem se compor para formar uma nova relação mais "estendida", ou se os poderes podem se compor de modo a constituir um poder mais intenso, uma potência mais "intensa". Trata-se então, diz Deleuze, das "sociabilidades e comunidades. Como indivíduos se compõem para formar um indivíduo superior, ao infinito? Como um ser pode tomar um outro no seu mundo, mas conservando ou respeitando as relações e o mundo próprios?"[3]

A questão, de todas a mais candente, poderia ser traduzida do seguinte modo: de que maneira se dá a passagem do comum à comunidade, à luz dessa teoria das composições e da dupla ótica que ela implica? E em que medida essa comunidade responde a um só tempo ao comum e às singularidades que o infletem?

---

[3] DELEUZE, Gilles. *Spinoza, philosophie pratique*. Paris, Minuit, 1981, p. 164.

NOSTALGIAS DA COMUNIDADE

Antes de me lançar a algumas indicações de Deleuze a respeito do tema, cabe um desvio para situar a questão da comunidade num contexto mais amplo. Jean-Luc Nancy, em seu *La communauté désœuvrée*,[4] lembra que, segundo a tradição teórica ocidental, lá onde há sociedade perdeu-se a comunidade. Quem diz sociedade já diz perda ou degradação de uma intimidade comunitária, de tal maneira que a comunidade é aquilo que a sociedade destruiu. É assim que teria nascido o solitário, aquele que no interior da sociedade desejaria ser cidadão de uma comunidade livre e soberana, precisamente aquela comunidade que a sociedade arruinou. Rousseau, por exemplo, seria o primeiro pensador da comunidade, que tinha a "consciência de uma ruptura (talvez irreparável) dessa comunidade". Ele foi seguido pelos românticos, por Hegel... "Até nós", diz Nancy, "a história terá sido pensada sob fundo de [uma] comunidade perdida — [uma comunidade] a reencontrar ou a reconstituir." A comunidade perdida ou rompida pode ser exemplificada de várias formas, como a família natural, a cidade ateniense, a república romana, a primeira comunidade cristã, corporações, comunas ou fraternidades... Sempre referida a uma era perdida em que a comunidade se tecia em laços estreitos, harmoniosos, e dava de si mesma, seja pelas instituições, ritos, símbolos, a representação de sua unidade. "Distinta da sociedade... a comunidade não é apenas a comunicação íntima de seus membros entre si, mas também a comunhão orgânica dela mesma com sua própria essência." Ela é constituída pelo compartilhamento de uma identidade, segundo o modelo da família e do amor.

O autor conclui que seria preciso desconfiar dessa consciência restrospectiva da perda da comunidade e de sua identidade, bem como do ideal prospectivo que essa nostalgia produz, uma vez que ela acompanha o Ocidente desde seu início. A cada momento de sua história ele se entrega a uma nostalgia de uma comunidade perdida, desaparecida, arcaica, deplorando a perda de uma familiaridade, de uma fraternidade, de uma convivialidade. O curioso é que a verdadeira consciência da perda da comunidade é cristã: a comunidade pela qual anseiam Rousseau, Schlegel, Hegel, Bakunin, Marx, Wagner ou Mallarmé se pensa como comunhão, no seio do corpo místico de Cristo. A comunidade seria o mito moderno da participação do homem na vida divina. O anseio de comunidade seria uma invenção tardia que visava responder à dura realidade da experiência moderna, da qual a divindade se retirava infinitamente (como o mostrou Hölderlin). A morte de Deus seria um modo de se referir à morte da comunidade, e traria embutida essa

---

[4] NANCY, Jean-Luc. *La communauté désœuvrée*. Paris, Christian Bougois, 1986, que acompanho de perto nesse comentário.

promessa de uma ressurreição possível, numa imanência comum entre o homem e Deus. Toda a consciência cristã, moderna, humanista da perda da comunidade vai nessa direção.

A COMUNIDADE NUNCA EXISTIU

Ao que Nancy responde, simplesmente: *La communauté n'a pas eu lieu*. A comunidade nunca existiu. Nem nos índios Guayaqui, nem no espírito de um povo hegeliano, nem na cristandade. "A *Gesellschaft* (sociedade) não veio, com o Estado, a indústria, o capital, dissolver uma *Gemeinschaft* (comunidade) anterior." Seria mais correto dizer que a "sociedade", compreendida como associação dissociante das forças, das necessidades e dos signos, tomou o lugar de alguma coisa para a qual não temos um nome, nem conceito, e que mantinha uma comunicação muito mais ampla do que a do laço social (com os deuses, o cosmos, os animais, os mortos, os desconhecidos) e ao mesmo tempo uma segmentação muito mais definida, com efeitos mais duros (de solidão, inassistência, rejeição etc.). "A sociedade não se construiu sobre a ruína de uma comunidade... a comunidade, longe de ser o que a sociedade teria rompido ou perdido, é *o que nos acontece* — questão, espera, acontecimento, imperativo — a partir da sociedade. ... Nada foi perdido, e por essa razão nada está perdido. Só nós estamos perdidos, nós sobre quem o "laço social" (as relações, a comunicação), nossa invenção, recai pesadamente..."

Ou seja, a comunidade perdida não passa de um fantasma. Ou, aquilo que supostamente se perdeu da "comunidade", aquela comunhão, unidade, copertinência, é essa perda que é precisamente constitutiva da comunidade. Em outros termos, e da maneira mais paradoxal, a comunidade só é pensável como negação da fusão, da homogeneidade, da identidade consigo mesma. A comunidade tem por condição precisamente a heterogeneidade, a pluralidade, a distância. Daí a condenação categórica do desejo de fusão comunial, pois implica sempre a morte ou o suicídio, de que o nazismo seria um exemplo extremo. O desejo de fusão unitária pressupõe a pureza unitária, e sempre se pode levar mais longe as exclusões sucessivas daqueles que não respondem a essa pureza, até desembocar no suicídio coletivo. Aliás, por um certo tempo, o próprio termo comunidade, dado o sequestro de que foi objeto por parte dos nazistas, com seu elogio da "comunidade do povo", desencadeava um reflexo de hostilidade na esquerda alemã. Foram precisos vários anos para que o termo fosse desvinculado do nazismo e reconectado com a palavra comunismo.[5] Em todo caso, a imolação, por meio ou em nome da comunidade, fazia a morte ser reabsorvida pela comunidade, com o que a morte tornava-se

---

[5] NANCY, J-L. *La communauté affrontée*. Paris, Galilée, 2001, p. 26.

plena de sentido, de valores, de fins, de história. É a negatividade reabsorvida (a morte de cada um e de todos reabsorvida na vida do Infinito). Mas a obra de morte, insiste Nancy, não pode fundar uma comunidade. Muito pelo contrário: é unicamente a impossibilidade de fazer obra da morte que poderia fundar a comunidade.

Ao desejo fusional, que da morte faz obra, contrapõe-se uma outra visão de comunidade, na contramão de toda nostalgia, de toda metafísica comunial. Segundo o autor, não surgiu ainda uma tal figura de comunidade. Talvez isso queira dizer que aprendemos devagar que não se trata de modelar uma essência comunitária, mas antes de pensar a exigência insistente e insólita de comunidade, para além dos totalitarismos que se insinuam de todo lado, dos projetos técnico-econômicos que substituíram os projetos comunitários--comunistas-humanistas. Nesse sentido, a exigência de comunidade ainda nos seria desconhecida, é uma tarefa, mesmo com as inquietudes pueris, por vezes confusas, de ideologias comuniais ou conviviais. Por que essa exigência de comunidade nos seria desconhecida? Pois a comunidade, na contramão do sonho fusional, é feita da interrupção, fragmentação, suspense, é feita dos seres singulares e seus encontros. Daí porque a própria ideia de laço social que se insinua na reflexão sobre a comunidade é artificiosa, pois elide precisamente esse *entre*. Comunidade como o compartilhamento de uma separação dada pela singularidade.

Chegamos assim a uma ideia curiosa. Se a comunidade é o contrário da sociedade, não é porque seria o espaço de uma intimidade que a sociedade destruiu, mas quase o contrário, porque ela é o espaço de uma distância que a sociedade, no seu movimento de totalização, não para de esconjurar. Em outras palavras, como diz Blanchot em seu livro *La communauté inavouable*,[6] na comunidade já não se trata de uma relação do Mesmo com o Mesmo, mas de uma relação na qual intervém o Outro, e ele é sempre irredutível, sempre em dissimetria, ele *introduz* a dissimetria. Por um lado, então, o infinito da alteridade encarnada pelo Outro devasta a inteireza do sujeito, fazendo ruir sua identidade centrada e isolada, abrindo-o para uma exterioridade irrevogável, num inacabamento constitutivo. Por outro lado, essa dissimetria impede que todos se reabsorvam numa totalidade que constituiria uma individualidade ampliada, como costuma acontecer quando, por exemplo, os monges se despojam de tudo para fazer parte de uma comunidade, mas a partir desse despojamento tornam-se possuidores de tudo, assim como no kibutz, ou nas formas reais ou utópicas de comunismo. Em contrapartida, está isso que já mal ousaremos chamar de comunidade, pois não é uma comunidade de iguais, e que seria antes uma ausência de comunidade, no sentido de que é uma ausência de reciprocidade, de fusão, de unidade, de

---

[6] BLANCHOT, Maurice. *La communauté inavouable*. Paris, Minuit, 1986.

comunhão, de posse. Essa comunidade negativa, como a chamou Georges Bataille, comunidade dos que não têm comunidade, assume a impossibilidade de sua própria coincidência consigo mesma. Pois ela é fundada, como diria ele, sobre o absoluto da separação que tem necessidade de afirmar-se para se romper até tornar-se relação, relação paradoxal, insensata. Insensatez que está numa recusa que talvez Bartleby, o personagem de Melville, dramatize da maneira mais extrema: a recusa de fazer obra. É ali onde a comunidade serve para... nada. É ali, talvez, que ela comece a tornar-se soberana. Ousemos levar esse pensamento ao seu extremo, com todo o risco que ele comporta, já que não se trata aqui de transmitir uma doutrina, mas experimentar um feixe de ideias.

COMUNIDADE E SOBERANIA

O que é soberano, rigorosamente falando? É aquilo que existe soberanamente, independente de qualquer utilidade, de qualquer serventia, de qualquer necessidade, de qualquer finalidade.[7] Soberano é o que não serve para nada, que não é finalizável por uma lógica produtiva. Até literalmente, o soberano é aquele que vive do excedente extorquido aos outros, e cuja existência se abre sem limites, além de sua própria morte. O soberano é o oposto do escravo, do servil, do assujeitado, seja à necessidade, ao trabalho, à produção, ao acúmulo, aos limites ou à própria morte. O soberano dispõe livremente do tempo e do mundo, dos recursos do mundo. É aquele cujo presente não está subordinado ao futuro, em que o instante brilha autonomamente. Aquele que vive soberanamente, se o pensarmos radicalmente, vive e morre do mesmo modo que o animal, ou um deus. É da ordem do jogo, não do trabalho. A sexualidade por exemplo é útil, portanto servil; já o erotismo é inútil e, nesse sentido, soberano. Implica um dispêndio gratuito. Do mesmo modo o riso, a festa, as lágrimas, efusões diversas, tudo aquilo que contém um excedente. Bataille, em seu texto *Essai sur la souveraineté*, afirma que esse excedente tem algo da ordem do milagre, até mesmo do divino. Bataille chega a dar razão ao Evangelho, segundo o qual o homem não tem necessidade só de pão, ele tem fome de milagre. Pois o desejo de soberania, segundo Bataille, está em todos nós, até mesmo no operário, que com seu copo de cerveja participa por um instante ao menos, em algum grau, desse elemento gratuito e milagroso, desse dispêndio inútil e por isso glorioso. Isso pode ocorrer com qualquer um, na mesma medida, diante da beleza, da tristeza fúnebre, do sagrado ou até da violência. O mais difícil de entender para Bataille é que essas soberanias,

---

[7] BATAILLE, Georges. "La souveraineté", in *Œuvres complètes*, t. VIII. Paris, Gallimard, 1976.

que interrompem a continuidade encadeada do tempo, não têm objeto nem objetivo, dão em Nada, são Nada (*Rien*, não o *Néant*).

Bem, é claro que o mundo em que vivemos, diz Bataille, é o da utilidade, do acúmulo, do encadeamento na duração, da operação subordinada, das obras úteis, em contraposição a essa dose de acaso, de arbitrário, de esplendor inútil, fasto ou nefasto, que já não aparece em formas rituais consagradas exteriormente, como em outros tempos, mas em momentos e estados difusos e subjetivos, de não servilidade, de gratuidade milagrosa, de dispêndio ou apenas de dissipação. Está em jogo, nessa soberania, uma perda de si, por trás da qual, como em Bartleby, fala uma recusa de servidão. Para jogar com as palavras, diríamos: Da Não-Servidão Involuntária. É algo dessa ordem que está em jogo na noção de soberania tal como ela foi pensada em Bataille, concepção que Habermas considera herdeira de Nietzsche e precursora de Foucault.[8]

MAIO DE 68 E O DESEJO DE COMUNIDADE

Seria preciso retornar agora ao tema da comunidade, tendo por pano de fundo essa ideia nada convencional, pois contraria nossa tradição produtivista e comunicacional, tanto de soberania quanto de comunidade. Poderíamos acompanhar o belo comentário feito por Maurice Blanchot sobre Maio de 68, logo na sequência de suas observações a respeito da obra de Bataille sobre a comunidade impossível, a comunidade ausente, a comunidade negativa, a comunidade dos que não têm comunidade.

Depois de uma descrição da atmosfera de Maio de 68, que inclui a comunicação explosiva, a efervescência, a liberdade de fala, o prazer de estar junto, uma certa inocência, a ausência de projeto, Blanchot se refere à recusa de tomar o poder ao qual se delegaria alguma coisa — é como se fosse uma declaração de impotência. Como uma presença que, para não se limitar, aceita não fazer nada, aceita estar lá, e depois ausentar-se, dispersar-se. Ao descrever o caráter incomum desse "povo" que se recusa a durar, a perseverar, que ignora as estruturas que poderiam dar-lhe estabilidade, nesse misto de presença e ausência, ele escreve: "É nisso que ele é temível para os detentores de um poder

---

[8] HABERMAS, Jürgen. *O discurso filosófico da modernidade*. São Paulo, Martins Fontes, 2000, cap. VIII: "Entre erotismo e economia geral". Deixamos de lado aqui, obviamente, toda discussão do sentido clássico, político ou jurídico da noção de soberania. A respeito, cf. em NEGRI, Antonio. *O poder constituinte* (Rio de Janeiro, DP&A, 2002). Numa nota de rodapé, Negri classifica o ensaio de Bataille sobre a soberania como misterioso e potentíssimo (p. 38n). Confrontar também com as considerações de Agamben sobre a necessidade de abandonar o conceito de soberania, que garante a indiferença entre direito e violência (Cf. *Moyens sans fin*. Paris, Payot, 1995, p. 124), ou sobre o equívoco de base de Bataille, ao tentar pensar a vida nua como figura soberana, inscrevendo-a na esfera do sagrado (*Homo Sacer: o poder soberano e a vida nua*. Belo Horizonte, Editora da UFMG, 2002, p. 119).

que não o reconhece: não se deixando agarrar, sendo tanto a dissolução do fato social quanto a indócil obstinação em reinventá-lo numa soberania que a lei não pode circunscrever, já que ela a recusa"...[9] É essa potência impotente, sociedade associal, associação sempre pronta a se dissociar, dispersão sempre iminente de uma "presença que ocupa momentaneamente todo o espaço e no entanto sem lugar (utopia), uma espécie de messianismo não anunciando nada além de sua autonomia e sua *inoperância*",[10] o afrouxamento sorrateiro do liame social, mas ao mesmo tempo a inclinação àquilo que se mostra tão impossível quanto inevitável — a comunidade.

Blanchot, nesse ponto, diferencia a comunidade tradicional, a da terra, do sangue, da raça, da comunidade eletiva. E cita Bataille: "Se esse mundo não fosse constantemente percorrido pelos movimentos convulsivos dos seres que se buscam um ao outro..., ele teria a aparência de uma derrisão oferecida àqueles que ele faz nascer". Mas o que é esse movimento convulsivo dos seres que se buscam um ao outro? Seria o amor, como quando se diz comunidade dos amantes? Ou o desejo, conforme o assinala Negri, ao dizer: "O desejo de comunidade é o espectro e a alma do poder constituinte — desejo de uma comunidade tão real quanto ausente, trama e modo de um movimento cuja determinação essencial é a exigência de ser, repetida, premente, surgida de uma ausência"?[11] Ou se trata de um movimento que não suporta nenhum nome, nem amor nem desejo, mas que atrai os seres para jogá-los uns em direção aos outros, segundo seus corpos ou segundo seu coração e seu pensamento, arrebatando-os à sociedade ordinária?[12] Há algo de inconfessável nessa estranheza, que, não podendo ser comum, é não obstante o que funda uma comunidade, sempre provisória e sempre já desertada. Alguma coisa entre a obra e a inoperância...

Talvez é o que tenha interessado a Jean-Luc Nancy, requalificar uma região que já nenhum projeto comunista ou comunitário carregava. Repensar a comunidade em termos distintos daqueles que na sua origem cristã, religiosa, a tinham qualificado (a saber, como comunhão), repensá-la em termos da instância do "comum", com todo o enigma aí embutido e a dificuldade de compreender esse comum, "seu caráter não dado, não disponível e, nesse sentido, o menos "comum" do mundo".[13] Repensar o segredo do comum que não seja um segredo comum.[14] O desafio obrigou o autor a um deslocamento, a saber, falar mais em estar-em-comum, estar-com, para evitar a ressonância excessivamente plena que foi ganhando o termo comunidade, cheia de

---

[9] BLANCHOT, M. *La communauté inavouable*, op. cit., p. 57.
[10] Idem, p. 57.
[11] NEGRI, A. *O poder constituinte*, op. cit., p. 38.
[12] BLANCHOT, op. cit., p. 79.
[13] NANCY, J.-L. *La communauté affrontée*, op. cit., p. 38
[14] Idem, p. 41.

substância e interioridade, ainda cristã (comunidade espiritual, fraternal, comunial) ou mais amplamente religiosa (comunidade judaica, *'umma*) ou étnica, com todos os riscos fascistizantes da pulsão comunitarista. Mesmo a comunidade inoperante, como a havia chamado Nancy em seus comentários a partir de Bataille, com sua recusa dos Estados-nação, partidos, Assembleias, Povos, companhias ou fraternidades, deixava intocado esse domínio do comum, e o desejo (e a angústia) do ser-comum que os fundamentalismos instrumentalizam crescentemente.

O SOCIALISMO DAS DISTÂNCIAS

Que esse tema seja mais do que uma obsessão individual de um autor atesta-o sua presença recorrente entre pensadores dos anos 1960-1970. Em curso ministrado no Collège de France em 1976-77, por exemplo, Roland Barthes gira em torno da questão *Comment vivre-ensemble* (Como viver-junto).[15] Ele parte daquilo que considera ser seu "fantasma", mas que, visivelmente, não é apenas um fantasma individual, e sim o de uma geração. Por fantasma Barthes entende a persistência de desejos, o assédio de imagens que insistem num autor, por vezes ao longo de toda uma vida, e que se cristalizam numa palavra. O fantasma que Barthes confessa ser o seu, fantasma de vida, de regime, de gênero de vida, é o "viver-junto". Não o viver-a-dois conjugal, nem o viver-em-muitos segundo uma coerção coletivista. Algo como uma "solidão interrompida de maneira regrada", um "pôr em comum distâncias", "a utopia de um socialismo das distâncias",[16] na esteira do *"páthos* da distância" evocado por Nietzsche.

Barthes refere-se com mais precisão a seu "fantasma", ao evocar a leitura de uma descrição de Lacarrière sobre conventos situados no monte Athos. Monges com uma vida em comum e, ao mesmo tempo, cada um seguindo seu ritmo próprio. "Idiorritmia" (*idios*: próprio, *ruthmos*: ritmo). Nem o cenobitismo, forma excessiva da integração, nem o eremitismo, forma excessiva da solidão negativa. A idiorritmia como forma mediana, idílica, utópica.[17]

O fantasma do viver-junto (ou sua contrapartida: o viver-só) está muito presente em toda a literatura. Por exemplo o viver-junto em *A montanha mágica*, de Thomas Mann, ao mesmo tempo fascinante e claustrofóbico, ou

---

[15] BARTHES, Roland. *Comment vivre-ensemble*. Paris, Seuil Imec, 2002.
[16] Idem.
[17] Segundo Barthes, a idiorritmia pode ser buscada mais nas formas semianacoréticas, do monasticismo oriental, em todo caso anteriores ao século 4. De fato, em 380, por meio do Édito de Teodósio, o eremitismo, o anacoretismo e a idiorritmia foram liquidados — eram considerados marginalidades perigosas, resistentes às estruturas religiosas de poder que se instalavam. Com a queda de Tessalônica, em 1430, a idiorritmia assiste a um renascimento, e sobrevive até os dias de hoje.

o viver-só no *Robinson Crusoé*, de Daniel Defoe. Ou a biografia de alguns pensadores, como é o caso de Espinosa, que no final da vida se retira para Voorburg, perto de Haia, onde aluga um quarto e de vez em quando desce para conversar com seus hospedeiros — verdadeiro anacoreta, comenta Barthes, ao chamar a atenção para o desejo de criar uma estrutura de vida que não seja um aparelho de vida. Em todo caso é um modo de fugir ao poder, negá-lo ou recusá-lo (*anachorein*, em grego: retirar-se para trás). Hoje um tal anseio poderia ser traduzido em termos de distanciamento da gregariedade, com figurações políticas inusitadas.

O COMUM E A SINGULARIDADE QUALQUER

Temos disso um belo exemplo com Giorgio Agamben, em seu livro intitulado *A comunidade que vem*.[18] Ali ele recorda a bela frase de Heráclito: *Para os despertos um mundo único e comum é, mas aos que estão no leito cada um se revira para o seu próprio*. O Comum para Heráclito era o Logos. A expropriação do Comum numa sociedade do espetáculo é a expropriação da linguagem. Quando toda a linguagem é sequestrada por um regime democrático-espetacular, e a linguagem se autonomiza numa esfera separada, de modo tal que ela já não revela nada e ninguém se enraíza nela, quando a comunicatividade, aquilo que garantia o comum, fica exposta ao máximo e entrava a própria comunicação,[19] atingimos um ponto extremo do niilismo. Como desligar-se dessa comunicatividade totalitária e vacuizada? Como desafiar aquelas instâncias que expropriaram o comum, e que o transcendentalizaram? É onde Agamben evoca uma resistência vinda, não como antes, de uma classe, um partido, um sindicato, um grupo, uma minoria, mas de uma singularidade qualquer, do qualquer um, como aquele que desafia um tanque na Praça Tienanmen, que já não se define por sua pertinência a uma identidade específica, seja de um grupo político ou de um movimento social. É o que o Estado não pode tolerar, a singularidade qualquer que o recusa sem constituir uma réplica espelhada do próprio Estado na figura de uma formação reconhecível. A singularidade qualquer, que não reivindica uma identidade, que não faz valer um liame social, que constitui uma multiplicidade inconstante, como diria Cantor. Singularidades que declinam toda identidade e toda condição de pertinência, mas manifestam seu ser comum — é a condição, diz Agamben, de toda política futura. Bento Prado Jr., referindo-se a Deleuze, utilizou uma expressão adequada a uma tal figura: o solitário solidário.

---

[18] AGAMBEN, G. *La communauté qui vient*. Paris, Seuil, 1990.
[19] AGAMBEN, G. *Moyens sans fin: notes sur la politique*. Paris, Payot/Rivages, 1995, p. 95.

BLOOM

Recentemente uma publicação anônima inspirada em Agamben contrapunha à comunidade terrível que se anuncia por toda parte, feita de vigilância recíproca e frivolidade, uma comunidade de jogo.[20] Uma tal comunidade baseia-se numa nova arte das distâncias, no espaço de jogo entre desertores, que não elide a dispersão, o exílio, a separação, mas a assume a seu modo, mesmo nas condições as mais adversas do niilismo, mesmo nessa vida sem forma do homem comum, aquele que perdeu a experiência, e com ela a comunidade, mas a comunidade que nunca houve, como disse Nancy, pois esta comunidade que ele supostamente perdeu é aquela que nunca existiu a não ser sob a forma alienada das pertinências, de classe, de nação, de meio, recusando sempre aquilo que a comunidade teria de mais próprio, a saber, a assunção da separação, da exposição e da finitude, como o havia postulado Bataille.

À vida sem forma do homem comum, nas condições do niilismo, o grupo de *Tiqqun* deu o nome de Bloom[21]. Inspirado no personagem de Joyce, Bloom seria um tipo humano recentemente aparecido no planeta, e que designa essas existências brancas, presenças indiferentes, sem espessura, o homem ordinário, anônimo, talvez agitado quando tem a ilusão de que com isso pode encobrir o tédio, a solidão, a separação, a incompletude, a contingência — o nada. Bloom designa essa tonalidade afetiva que caracteriza nossa época de decomposição niilista, o momento em que vem à tona, porque se realiza em estado puro, o fato metafísico de nossa estranheza e inoperância, para além ou aquém de todos os problemas sociais de miséria, precariedade, desemprego etc. Bloom é a figura que representa a morte do sujeito e de seu mundo, onde tudo flutua na indiferença sem qualidades, em que ninguém mais se reconhece na trivialidade do mundo de mercadorias infinitamente intercambiáveis e substituíveis. Pouco importam os conteúdos de vida que se alternam e que cada um visita em seu turismo existencial, o Bloom é já incapaz de alegria assim como de sofrimento, analfabeto das emoções de que recolhe ecos difratados. Nessa existência espectral, de algum modo se insinua uma estratégia de resistência, em que o Bloom subtrai ao poder (biopoder, sociedade do espetáculo) aquilo sobre o qual este quereria se exercer. O Bloom é o desejo de não viver, de ser nada, ele é o nada mascarado, que assim desmonta a pretensão do biopoder de fazê-lo viver. Bloom é o homem sem qualidades, sem particularidades, sem substancialidade do mundo, o homem enquanto homem, o anti-herói presente na literatura do século passado, de Kafka a Musil, de Melville a Michaux e Pessoa — é o homem sem comunidade.

---

[20] Revista *Tiqqun*. Paris, 2001.
[21] TIQQUN. *Théorie du Bloom*. Paris, La Fabrique, 2000 e a revista *Tiqqun*, 2001.

É onde intervém a possibilidade que o Bloom queira o que ele é, que ele se reaproprie de sua impropriedade, que assuma o exílio, a insignificância, o anonimato, a separação e a estranheza não como circunstâncias poéticas ou apenas existenciais, mas também políticas.

* * *

Ora, feito esse desvio, já estamos em condições de voltar a Deleuze, não só à sua perspectiva teórica, mas talvez mais importante, também ao seu *tom*. A propósito do Bartleby, de Melville, aquele escriturário que a tudo responde que "preferiria não" (precursor do Bloom?), o autor comenta: a particularidade deste homem é que ele não tem particularidade nenhuma, é o homem qualquer, o homem sem essência, o homem que se recusa a fixar-se em alguma personalidade estável. Diferentemente do burocrata servil (que compõe a massa nazista, por exemplo), no homem comum tal como ele aparece aqui se expressa algo mais do que um anonimato inexpressivo: o apelo por uma nova comunidade.[22] Não aquela comunidade baseada na hierarquia, no paternalismo, na compaixão, como o seu patrão gostaria de lhe oferecer, mas uma sociedade de irmãos, *a comunidade dos celibatários*. Deleuze detecta entre os americanos, antes mesmo da independência, essa vocação de constituir uma sociedade de irmãos, uma federação de homens e bens, uma comunidade de indivíduos anarquistas no seio da imigração universal. A filosofia pragmatista americana, em consonância com a literatura americana que Deleuze tanto valoriza, lutará não só contra as particularidades que opõem o homem ao homem, e alimentam uma desconfiança irremediável de um contra o outro, mas também contra o seu oposto, o Universal ou o Todo, a fusão das almas em nome do grande amor ou da caridade, a alma coletiva em nome da qual falaram os inquisidores, como na famosa passagem de Dostoievski, e por vezes os revolucionários. Deleuze pergunta, então: o que resta às almas quando não se aferram mais a particularidades, o que as impede então de fundir-se num todo? Resta-lhes precisamente sua "originalidade", quer dizer um som que cada uma *emite* quando põe o pé na

---

[22] É de se perguntar se algo semelhante não se insinua na reflexão de Max Horkheimer sobre o fim do indivíduo na sociedade de massas. Ele reconhece nos indivíduos um elemento de "especificidade (singularidade)", um "elemento de particularidade do ponto de vista da razão", que estaria desde a primeira infância totalmente reprimido ou absorvido. Ao exemplificar esse elemento irredutível, no final de seu ensaio "Ascensão e declínio do indivíduo", ele evoca a resistência dos anônimos, sugerindo que "o núcleo da verdadeira individualidade" é a resistência: "Os verdadeiros indivíduos de nosso tempo são os mártires que atravessaram os infernos do sofrimento e da degradação em sua resistência à conquista e à opressão. Os mártires anônimos dos campos de concentração são os símbolos da humanidade que luta por nascer". In *O eclipse da razão*. Rio de Janeiro, Labor, respectivamente pp. 158 e 172. Devo a Jeanne-Marie Gagnebin a indicação desta passagem, bem como a de várias outras utilizadas neste capítulo, no rastro de uma interlocução discreta e amiga.

estrada, quando leva a vida sem buscar a salvação, quando empreende sua viagem encarnada sem objetivo particular, e então encontra o outro viajante, a quem reconhece pelo som. Lawrence dizia ser este o novo messianismo ou o aporte *democrático* da literatura americana: contra a moral europeia da salvação e da caridade, uma moral da vida em que a alma só se realiza pondo o pé na estrada, exposta a todos os contatos, sem jamais tentar salvar outras almas, desviando-se daquelas que emitem um som demasiado autoritário ou gemente demais, formando com seus iguais acordos e acordes, mesmo fugidios. A comunidade dos celibatários é a do homem qualquer e de suas singularidades que se cruzam: nem individualismo nem comunialismo.

CONCLUSÕES

Neste percurso ziguezagueante, percorremos a comunidade dos celibatários, a comunidade dos sem comunidade, a comunidade negativa, a comunidade ausente, a comunidade inoperante, a comunidade impossível, a comunidade de jogo, a comunidade que vem, a comunidade da singularidade qualquer — nomes diversos para uma figura não fusional, não unitária, não totalizável, não filialista de comunidade. Resta saber se essa comunidade pode ser pensada, tal como o sugere Negri, como uma ontologia do comum. A resposta está insinuada na primeira parte desse texto: nos termos de Deleuze, a partir de Espinosa e sobretudo em seu trabalho conjunto com Guattari, e nas condições atuais de um maquinismo universal, a questão é a do plano de imanência já dado, e ao mesmo tempo, sempre por construir. Na contramão do sequestro do comum, da expropriação do comum, da transcendentalização do comum, trata-se de pensar o comum ao mesmo tempo como imanente e como em construção. Ou seja, por um lado ele já é dado, a exemplo do comum biopolítico, e por outro está por construir, segundo as novas figuras de comunidade que o comum assim concebido poderia engendrar.

Esse pequeno itinerário pode servir para descobrirmos comunidade lá onde não se via comunidade, e não necessariamente reconhecer comunidade lá onde todos vêem comunidade, não por um gosto de ser esquisito, mas por uma ética que contemple também a esquisitice e as linhas de fuga, novos desejos de comunidade emergentes, novas formas de associar-se e dissociar-se que estão surgindo, nos contextos mais auspiciosos ou desesperadores.

O CORPO DO INFORME

Giorgio Agamben lembra que a literatura e o pensamento também fazem experimentos, tal como a ciência. Mas enquanto a ciência visa provar a verdade ou falsidade de uma hipótese, a literatura e o pensamento têm outro objetivo. São experimentos sem verdade. Eis alguns exemplos. Avicenas propõe sua experiência do homem voador, e desmembra em imaginação o corpo de um homem, pedaço por pedaço, para provar que, mesmo quebrado e suspenso no ar, ele pode ainda dizer "eu sou". Rimbaud diz: "Eu é um outro". Kleist evoca o corpo perfeito da marionete como paradigma do absoluto. Heidegger substitui ao eu psicossomático um ser vazio e inessencial... Segundo Agamben, é preciso deixar-se levar por tais experimentos. Através deles, arriscamos menos nossas convicções do que nossos modos de existência. No domínio de nossa história subjetiva equivalem, lembra ele, ao que foi para o primata a liberação da mão na sua postura ereta, ou para o réptil a transformação dos membros anteriores, que lhe permitiram transformar-se em pássaro. É sempre do corpo que se trata, mesmo e principalmente quando se parte do corpo da escrita.[1]

IMAGENS LITERÁRIAS

É nesse espírito que eu gostaria de partir de uma ou outra imagem literária, e algumas variações em torno delas. A primeira é a do magro corpo do jejuador de Kafka, por cuja arte já ninguém se interessa, abandonado numa jaula situada perto dos estábulos, no fundo do circo. Kafka descreve o homem pálido, fitando o vazio com os olhos semicerrados, com costelas extremamente salientes, braços ossudos, cintura delgada, corpo esvaziado, pernas que, para se sustentarem quando é posto de pé, apertavam-se uma contra a outra na altura do joelho, raspando o chão — em suma, um feixe de ossos. No meio da palha apodrecida, quando os funcionários do circo o encontram meio por acaso e lhe perguntam sobre as razões de seu jejum,

[1] AGAMBEN, Giorgio. *Bartleby ou la création*. Paris, Circé, 1995, p. 59.

ele ergue sua cabecinha excessivamente pesada para o pescoço fraco, e responde falando-lhes dentro da orelha, antes de expirar: "Porque eu não pude encontrar o alimento que me agrada. Se eu o tivesse encontrado, pode acreditar, não teria feito nenhum alarde e me empanturrado como você e todo mundo".[2] Ficamos sabendo, ao final, que a jaula onde ele dá seu último suspiro é usada em seguida para alojar uma pantera de corpo nobre, "provido de tudo o que é necessário", e que dava a impressão de carregar a própria liberdade em suas mandíbulas.

A segunda imagem é a do corpo de Bartleby, o copista, de Melville. De início, trabalhador incansável sentado por trás do biombo, mas sem demonstrar o mínimo gosto pelas cópias que realiza, de repente, a cada ordem que recebe do patrão, começa a responder: Preferiria não. O narrador assim o descreve: o rosto magro e macilento, a face chupada, calma, olhos cinzentos, parados e opacos, por vezes baços e vidrados. O corpo raquítico, que se alimenta de bolinhos de gengibre, a silhueta pálida, às vezes em mangas de camisa, estranho e esfarrapado traje caseiro, uma indiferença cavalheiresca e cadavérica. Em suma, um destroço de naufrágio em pleno Atlântico. E o mais insuportável aos olhos do advogado: a resistência passiva. Impossível "intimidar a sua imobilidade". Mesmo na prisão, ali está Bartleby, só no pátio mais isolado, o rosto voltado para uma alta parede, ou definhado, deitado de lado, recusando-se a alimentar-se. Ao descobrir que esse homem sem passado ocupava-se outrora de cartas extraviadas, o narrador se refere compadecido a esses homens extraviados...

O CORPO E O GESTO

Recusemos as interpretações humanistas, repletas de sentido ou piedade a respeito de tais homens extraviados com seus corpos imóveis e inertes, esvaziados e esquálidos. Teríamos razões de sobra, é verdade, para associá-los a uma cadeia infindável de corpos aviltados, na crueldade e indiferença dos genocídios que povoaram a iconografia de nosso último século. Mas insisto, fiquemos inicialmente apenas com essas posturas esquisitas, esse "de pé frente ao muro", esse "deitado" no meio da palha, essa cabecinha caída mas falando dentro da orelha, esse estar sentado por trás do biombo, esses gestos desprovidos de esteios tradicionais, como diz Walter Benjamin em seu ensaio sobre Kafka, mas que ainda preservam uma certa margem de manobra que a guerra viria abortar. Um gesto é um meio sem finalidade, ele se basta, como na dança. Por isso, diz Agamben, ele abre a esfera da ética, própria do homem. Ainda mais quando ele se dá a partir de um corpo inerte

[2] KAFKA, Franz. *Um artista da fome.* São Paulo, Brasiliense, 1991, p. 35.

ou desfeito, na conjunção impossível entre o moribundo e o embrionário, como é o caso nos personagens literários mencionados.

Pensemos na fragilidade desses corpos, próximos do inumano, em posturas que tangenciam a morte, e que no entanto encarnam uma estranha obstinação, uma recusa inabalável. Nessa renúncia ao mundo pressentimos o signo de uma resistência. Aí se afirma algo essencial do próprio mundo. Nesses seres somos confrontados a uma surdez que é uma audição, uma cegueira que é uma vidência, um torpor que é uma sensibilidade exacerbada, uma apatia que é puro *páthos*, uma fragilidade que é indício de uma vitalidade superior. Para descrever a vida do escritor, Deleuze usa uma imagem semelhante: "[o escritor] goza de uma frágil saúde irresistível, que provém do fato de ter visto e ouvido coisas demasiado grandes para ele, fortes demais, irrespiráveis, cuja passagem o esgota, dando-lhe contudo devires que uma gorda saúde dominante tornaria impossíveis."[3] O que o escritor recusa, tal como o jejuador ou o escriturário, é a gorda saúde dominante, o empanturramento, a obturação inteiriça, a pregnância plena de um mundo por demais categórico, a mandíbula da pantera.

Compreendamo-nos: a debilidade e exaustão do escritor devem-se ao fato de que ele viu demais, ouviu demais, foi atravessado demais pelo que viu e ouviu, desfigurou-se e desfaleceu por isso que é grande demais para ele, mas em relação a que ele só pode manter-se permeável se permanecer numa condição de fragilidade, de imperfeição. Essa deformidade, esse inacabamento, seriam uma condição mesma da literatura, pois é ali onde *a vida se encontra em estado mais embrionário*, onde a forma ainda não "pegou" inteiramente, como o diz Gombrowicz.[4] Não há como, pois, preservar essa liberdade de "seres ainda por nascer" tão cara a tantos autores, num corpo excessivamente musculoso, em meio a uma atlética autossuficiência, demasiadamente excitada, plugada, obscena. Talvez por isso esses personagens que mencionamos precisem de sua imobilidade, esvaziamento, palidez, no limite do corpo morto. Para dar passagem a outras forças que um corpo "blindado" não permitiria.[5]

Será preciso produzir um corpo morto para que outras forças atravessem o corpo? José Gil observou recentemente o processo por meio do qual, na dança contemporânea, o corpo se assume como um feixe de forças e desinveste os seus órgãos, desembaraçando-se dos "modelos sensório-motores interiorizados", como o diz Cunningham. Um corpo "que pode ser desertado, esvaziado, roubado da sua alma", para então poder "ser atravessado pelos fluxos mais exuberantes da vida". É aí, diz Gil, que esse corpo, que já é

---

[3] DELEUZE, Gilles. *Crítica e clínica*. São Paulo, Editora 34, 1997, p. 14.
[4] GOMBROWICZ, Witold. *Contre les poètes*. Paris, Complexe, 1988, p. 129.
[5] PESSANHA, Juliano. *Certeza do agora*. São Paulo, Ateliê, 2002.

um corpo-sem-órgãos, constitui ao seu redor um domínio intensivo, uma nuvem virtual, uma espécie de atmosfera afetiva, com sua densidade, textura, viscosidade próprias, como se o corpo exalasse e libertasse forças inconscientes que circulam à flor da pele, projetando em torno de si uma espécie de "sombra branca".[6]

Não posso me furtar à tentação, nem que seja de apenas mencionar, a experiência da Cia. Teatral Ueinzz. Por vias existenciais e estéticas inteiramente outras, reencontramos entre alguns dos atores, "portadores de sofrimento psíquico", posturas "extraviadas", inumanas, disformes, solitárias, com sua presença impalpável e peso de chumbo, em sua esquisitice e cintilância próprias, rodeados de sua "sombra branca", ou imersos numa "zona de opacidade ofensiva", conforme a expressão cunhada por uma revista recente, num outro contexto.[7] Não é isto que vemos ao redor das posturas de Bartleby ou de alguns personagens de Kafka? Mas por que nos parece tão difícil acolher essas posturas sem sentido, sem intenção, sem finalidade, rodeados de sua sombra branca, de sua zona de opacidade ofensiva?

O CORPO QUE NÃO AGUENTA MAIS

Talvez devido àquilo que David Lapoujade, na esteira de Deleuze e sobretudo de Beckett, definiu da maneira mais coloquial e lapidar possível: trata-se de um corpo *qui n'en peut plus*, que não aguenta mais. "Somos como personagens de Beckett, para os quais já é difícil andar de bicicleta, depois, difícil de andar, depois, difícil de simplesmente se arrastar, e depois ainda, de permancer sentado... Mesmo nas situações cada vez mais elementares, que exigem cada vez menos esforço, o corpo não aguenta mais. Tudo se passa como se ele não pudesse mais agir, não pudesse mais responder... o corpo é aquele que não aguenta mais",[8] até por definição.

Mas, pergunta o autor, o que é que o corpo não aguenta mais? Ele não aguenta mais tudo aquilo que o coage, por fora e por dentro. A coação exterior do corpo desde tempos imemoriais foi descrita por Nietzsche em páginas admiráveis de *Para a genealogia da moral*, é o "civilizatório" adestramento progressivo do animal-homem, a ferro e fogo, que resultou na forma-homem que conhecemos. Na esteira de Nietzsche, Foucault descreveu a modelagem do corpo moderno, sua docilização por meio das tecnologias disciplinares, que desde a revolução industrial otimizaram as forças do homem — e temos

---

[6] GIL, José. *Movimento total*. Lisboa, Relógio d'Água, 2001, p. 153.
[7] Para mais detalhes sobre a Cia. Ueinzz, ver o texto intitulado "Esquizocenia", na Parte VI, p. 145, deste livro.
[8] LAPOUJADE, David. "O corpo que não aguenta mais", in *Nietzsche e Deleuze: que pode o corpo*, D. LINS, Daniel e GADELHA, Silvio (orgs.). Rio de Janeiro, Relume Dumará, 2002, pp. 82 e ss.

disso alguns ecos em Kafka também. Pois bem, o corpo não aguenta mais precisamente o *adestramento* e a *disciplina*. Com isto, ele também não aguenta mais o sistema de martírio e narcose que o cristianismo primeiro, e a medicina em seguida, elaboraram para lidar com a dor, um na sequência e no rastro do outro: culpabilização e patologização do sofrimento, insensibilização e negação do corpo.

Diante disso, seria preciso retomar o corpo naquilo que lhe é mais próprio, sua dor no encontro com a exterioridade, sua condição de corpo *afetado* pelas forças do mundo. Como o nota Barbara Stiegler num notável estudo sobre Nietzsche, para ele todo sujeito vivo é primeiramente um sujeito afetado, um corpo que sofre de suas afecções, de seus encontros, da alteridade que o atinge, da multidão de estímulos e excitações, que cabe a ele selecionar, evitar, escolher, acolher...[9] Para continuar a ser afetado, mais e melhor, o sujeito precisa ficar atento às excitações que o afetam, e filtrá-las, rejeitando aquelas que o ameaçam em demasia. A aptidão de um ser vivo de permanecer aberto às afecções e à alteridade, ao estrangeiro, também depende da sua capacidade em evitar a violência que o destruiria de vez.

Nessa linha, também Deleuze insiste: um corpo não cessa de ser submetido aos encontros, com a luz, o oxigênio, os alimentos, os sons e as palavras cortantes — um corpo é primeiramente encontro com outros corpos. Mas como poderia o corpo proteger-se das grandes feridas para acolher as feridas mais sutis, ou como diz Nietzsche em *Ecce Homo*, usar da "autodefesa" para preservar as "mãos abertas"? Como tem ele a força de estar à altura de sua fraqueza, em vez de permanecer na fraqueza de cultivar apenas a força? É assim que Lapoujade define esse paradoxo: "como estar a altura do protoplasma ou do embrião, estar à altura de seu cansaço ao invés de ultrapassá-lo em um endurecimento voluntarista...?

Assim, o corpo é sinônimo de uma certa impotência, e é dessa impotência que ele agora extrai uma potência superior, liberado da forma, do ato, do agente, até mesmo da "postura".

O CORPO PÓS-ORGÂNICO

Mas talvez o quadro contemporâneo torne tudo isso muitíssimo mais complexo, tendo em vista as novas decomposições do corpo material. Num contexto de digitalização universal, em que uma nova metáfora bioinformática tomou de assalto o nosso corpo, o velho corpo humano, tão primitivo em sua organicidade, já parece obsoleto. Diante da nova matriz tecnocientífica, em que o ideário virtual vê na materialidade do corpo uma viscosidade incômoda,

---

[9] STIEGLER, Barbara. *Nietzsche et la biologie*. Paris, PUF, 2001, p. 38.

um entrave à liberação imaterial, somos todos um pouco handicapés. Nesta perspectiva gnóstico-informática, ansiamos pela perda do suporte carnal, aspiramos por uma imaterialidade fluida e desencarnada. Neocartesianismo high-tech, aspiração incorpórea, platonismo ressuscitado, o fato é que há um tecnodemiurgismo que responde a uma nova utopia sociopolítica, pós--orgânica e pós-humana, como diz Paula Sibilia num trabalho recente...[10] Não há porque chorar que um certo humanismo tenha sido superado, é verdade, mas isso não significa que se possa evitar uma inquietação crescente. Talvez o mais difícil seja saber qual a relação entre o que alguns chamam de corpo pós-orgânico, isto é, este corpo digitalizado, virtualizado, imaterializado, reduzido a uma combinatória de elementos finitos e recombináveis segundo uma plasticidade ilimitada, e o que outros chamaram da conquista de um corpo-sem-órgãos... É verdade que ambos configuram uma superação da forma humana e do humanismo que lhe servia de suporte, mas não seria um o contrário do outro, embora precisamente estejam nesta vizinhança tão provocativa que o pensamento de Deleuze e Guattari nunca cansou de explorar nos vários domínios, tão diferentes nisso de uma certa tradição crítica, seja ela marxista ou frankfurtiana, sempre mais dicotômica? Um pouco como Nietzsche, em que o mais assustador pode trazer embutido o mais promissor. Ele, que se referia à vivissecção operada sobre nós mesmos, e aos riscos e promessas aí embutidos.

Como diferenciar a perplexidade de Espinosa, com o fato de ainda não sabermos o que pode o corpo, do desafio da tecnociência, que precisamente vai experimentando o que se pode com o corpo? Como diferenciar a decomposição e a desfiguração do corpo necessárias, como vimos, para que as forças que o atravessam inventem novas conexões e liberem novas potências, tendência que caracterizou parte de nossa cultura das últimas décadas, nas suas experimentações diversas, das danças às drogas e à própria literatura, como não confundir isto com a decomposição e desfiguração que a manipulação biotecnológica suscita e estimula? Potências da vida que precisam de um corpo-sem-órgãos para se experimentar, por um lado, poder sobre a vida que precisa de um corpo pós-orgânico para anexá-lo à axiomática capitalística.

Talvez essa oposição remeta a duas vertentes já presentes em Nietzsche, na forma paradoxal que assumiram no final de sua existência, conforme a análise de Stiegler. "O sujeito que recebe a potência não sai dela ileso. Ferido, sofrendo com seus ferimentos, depois vivendo dolorosamente seus sofrimentos, coloca-se a ele cada vez mais claramente a questão da sorte de suas próprias lesões: deve ele repará-las por enérgicas medidas terapêuticas ou deixá-las à própria sorte, com o risco de que elas se infectem? ... [eis] a força da aporia

---

[10] SIBÍLIA, Paula. *O homem pós-orgânico*. Rio de Janeiro, Relume Dumará, 2002.

com a qual se enfrenta o vivente humano, o único que é consciente de seus ferimentos: todo sofrer deve chamar um agir, mas um agir que não impeça o sofrer; as patologias do vivente reclamam uma medicina, mas uma medicina que respeite as patologias como uma condição da vida." Assim, o estatuto do corpo aparece como indissociável de uma fragilidade, de uma dor, até mesmo de uma certa "passividade", condições para uma afirmação vital de outra ordem. Apesar das diferentes inflexões, é assim para Nietzsche, para Artaud, para Beckett, para Deleuze, e em certas circunstâncias também para Kafka.

O CORPO DE KAFKA

Em Kafka temos inicialmente a particularidade de ele referir-se em abundância ao seu próprio corpo, seja no diário ou nas cartas, e de maneira sempre negativa. "Escrevo isso certamente determinado pelo desespero por meu corpo e pelo futuro com esse corpo" (1910); "Por certo, o meu estado físico constitui um dos principais obstáculos a meu progresso. Com semelhante corpo, nada se pode alcançar. Preciso me habituar a suas constantes falhas" (21 nov. 1910); "À altura de Bergstein, voltou-me o pensamento sobre o futuro distante. Como farei para suportá-lo com esse corpo tirado de um depósito de trastes?" (24 nov. 1910).

No mesmo sentido, Kafka refere-se às forças que lhe faltam para levar a bom termo sua tarefa literária, ou das forças que deve poupar recusando o casamento ou outros compromissos. "Só o que tenho são certas forças, que, em uma circunstância normal, se concentram em uma profundidade inacessível à literatura, nas quais, em meu presente estado profissional e físico, não ouso confiar."[11] Ou outras menções ao mesmo tema, tais como: "A união com F. dará mais força de resistência à minha vida"; "É preciso reconhecer em mim uma concentração muito boa na atividade literária. Quando meu organismo percebeu que escrever era a direção mais fecunda de meu ser, tudo se dirigiu para aí e foram abandonadas todas as capacacidades outras, as que têm por objeto os prazeres do sexo, do beber, do comer, da meditação filosófica e, antes de tudo, a música. Era necessário, pois minhas forças, mesmo reunidas, eram tão pequenas que só pela metade podiam atingir o objetivo de escrever...". Ou ainda, em 1922, o seguinte desabafo numa estada de hotel: "incapaz de ser conhecido por quem quer que seja, incapaz de suportar um conhecimento, no fundo cheio de um espanto infinito diante de uma sociedade alegre ou diante dos pais com seus filhos (no hotel, naturalmente, não há muita alegria, não chegaria a dizer que sou eu a causa, na minha qualidade de 'homem com uma sombra grande demais', mas efetivamente

[11] KAFKA, Franz. *Carta a Felice*, de 16 de junho de 1913.

minha sombra é demasiado grande, e com um novo espanto eu constato a força de resistência, a obstinação de certos seres em querer viver 'apesar de tudo' nesta sombra, justo nela...); além disso abandonado não somente aqui, mas em geral, mesmo em Praga, minha 'terra natal', e não abandonado dos homens, isso não seria o pior, enquanto eu viver poderei correr atrás deles, mas abandonado por mim em relação aos seres, por minha força em relação aos seres".[12] Nesses fragmentos percebe-se o que notou o crítico Luiz Costa Lima: "Contra um corpo débil, desgracioso, instrumento inseguro para com ele vislumbrar o futuro, Kafka perscruta as forças que poderiam animá-lo, arrancá-lo da incerteza, da confusão e da apatia".[13]

Mas em meio a essa estranha contabilidade energética, em que já não se sabe se o que vem de fora apenas fere ou também nutre o corpo debilitado, uma frase do final de 1913 salta à vista: "Não é de fato necessário nenhum empurrão; apenas a retirada da última força aplicada sobre mim e chegarei a um desespero que me despedaçará". É onde o atrito com o mundo parece tão doído quanto necessário, quase uma prova de existência. Aparece assim a relação intrínseca entre resistir e existir no seio de um corpo debilitado.

Talvez uma tal relação, não só em Kafka, mas também nos autores mencionados, deixe entrever no corpo uma *força de resistir face ao sofrimento*. Ou seja, mesmo ao defender-se das feridas mais grosseiras, ele se abre para acolher a variedade das afecções sutis. E concomitantemente, torna-se ativo a partir de seu *sofrimento* primário, da *sensibilidade* elementar, das dores e ferimentos e afetação originária. Em outros termos, o corpo torna-se ativo justamente a partir dessa passividade constitutiva, sem negá-la, fazendo dela um acontecimento, como em *O artista da fome*. Que isso desemboque por vezes na morte é quase uma necessidade. "O que escrevi de melhor se deve à capacidade de poder morrer contente. Em todas estas boas e convincentes passagens, trata-se sempre de alguém que morre, o que lhe é muito duro, que vê nisso uma injustiça e, pelo menos, um rigor para consigo; ao menos segundo penso, isso é tocante para o leitor. Para mim, entretanto, que creio poder estar contente no leito de morte, tais descrições são secretamente um jogo; alegro-me em morrer na figura que morre..."

Para além de toda uma reflexão possível sobre a morte como parte da própria obra literária, tal como o demonstrou Blanchot de maneira insuperável, talvez tenhamos nesses escritos o indício do que Peter Sloterdijk chamou de uma outra ecologia da dor e do prazer. Ao contrapor-se ao silenciamento do corpo e do sofrimento proposto pela metafísica ocidental desde o seu início, na sua versão filosófica, religiosa ou médica, assistiríamos desde Nietzsche

---

[12] Citado por BLANCHOT, Maurice. *L'espace littéraire*. Paris, Gallimard, 1955, p. 77.
[13] COSTA LIMA, Luiz. *Limites da voz: Kafka*. Rio de Janeiro, Rocco, 1993, cap. 2.

à emergência de uma outra economia da dor, isto é, uma relação outra com a *physis* e com o *páthos*, livre da utopia asséptica de um porvir indolor e imaterial. A dor é reinserida na "imanência de uma vida que não precisa ser redimida", de modo que se realiza, aí, "o ato de suportar o insuportável."[14]

O MORIBUNDO E O RECÉM-NASCIDO

Talvez caiba uma última nota antes de passar às minhas parcas conclusões. Num artigo enigmático, Deleuze lembra o que tinham em comum Nietzsche, Lawrence, Artaud, Kafka: uma aversão à sede insaciável de julgar. Ao sistema do juízo infinito opuseram um sistema dos afetos, cada um a seu modo, em que as dívidas não mais se inscrevem abstratamente num livro autônomo que escapa ao nosso olhar, mas marcam os corpos finitos em seus embates. Não mais as protelações infindáveis, dívida impagável, absolvição aparente, juiz onipresente, mas o combate entre corpos. Ao corpo do juízo, diz Deleuze, com sua organização, hierarquia, segmentos, diferenciações, Kafka teria oposto o corpo "afetivo, intensivo, anarquista, que só comporta pólos, zonas, limiares e gradientes". Desse modo desfazem-se e embaralham-se as hierarquias, "preservando-se apenas as intensidades que compõem zonas incertas e as percorrem a toda velocidade, em que enfrentam poderes, sobre esse corpo anarquista devolvido a si mesmo",[15] ainda que ele seja o de um coleóptero. "Criar para si um corpo sem órgãos, encontrar seu corpo sem órgãos é a maneira de escapar ao juízo." É assim, ao menos, que Gregor escapa do pai, e tenta encontrar uma saída ali onde este não a soube encontrar, "para fugir do gerente, do comércio e dos burocratas"[16]. Há aí, insistem os autores, no corpo desfeito e intensivo que foge ao sistema do juízo ou do adestramento da disciplina, uma vitalidade não-orgânica e inumana. Mesmo nos gestos de combate tão frequentes em Kafka (defesas, ataques, esquivas, paradas), se anuncia uma "poderosa vitalidade não-orgânica, que completa a força com a força, e enriquece aquilo de que se apossa".[17]

Poderíamos encerrar aqui essa menção enigmática a Deleuze, mas não teríamos atingido suficientemente a estranheza desse texto caso não o completássemos com a dupla referência àquilo que melhor encarna uma tal vitalidade não-orgânica. Em *Imanência: uma vida*, comparece o exemplo de Dickens. O canalha Riderhood está prestes a morrer num quase afogamento, e nesse ponto libera uma "centelha de vida dentro dele" que parece poder

---

[14] SLOTERDIJK, Peter. *Le penseur sur scène*. Paris, Christian Bourgois, 2000, p. 172.
[15] DELEUZE, G. *Crítica e clínica*, op. cit., p. 149.
[16] DELEUZE, G. e GUATTARI, F. *Kafka, por uma literatura menor*. Rio de Janeiro, Imago, 1977, p. 21.
[17] DELEUZE, G. *Crítica e clínica*, op. cit., pp. 149-150.

ser separada do canalha que ele é, centelha com a qual todos à sua volta se compadecem, por mais que o odeiem. Eis aí *uma vida*, puro acontecimento, impessoal, singular, neutro, para além do bem e do mal, uma "espécie de beatitude", diz Deleuze. O outro exemplo situa-se no extremo oposto da existência. Os recém-nascidos, "em meio a todos os sofrimentos e fraquezas, são atravessados por uma vida imanente que é pura potência, e até mesmo beatitude". Pois também o bebê, tal como o moribundo, é atravessado por *uma vida*, um "querer-viver obstinado, cabeçudo, indomável, diferente de qualquer vida orgânica: com uma criancinha já se tem uma relação pessoal orgânica, mas não com o bebê, que concentra em sua pequenez a energia suficiente para arrebatar os paralelepípedos (o bebê-tartaruga de Lawrence).[18]

Textos surpreendentes, em que se vai do sistema do juízo aos recém-nascidos, numa sequência vertiginosa de cambalhotas, perscrutando um aquém do corpo e da vida individuada, como se Deleuze buscasse, não só em Kafka, Lawrence, Artaud, Nietzsche, mas ao longo de toda sua própria obra, aquele limiar vital a partir do qual todos os lotes repartidos, pelos deuses ou homens, giram em falso e derrapam, perdem a pregnância, já não "pegam" no corpo, permitindo-lhe redistribuições de afeto as mais inusitadas. Um tal limiar, situado entre a vida e a morte, entre o homem e o animal, entre a loucura e a sanidade, onde nascer e perecer se repercutem mutuamente, põe em xeque as divisões legadas por nossa tradição — e entre elas uma das mais difíceis de serem pensadas, como se verá a seguir.

VIDA SEM FORMA, FORMA DE VIDA

Agamben lembra que os gregos se referiam à vida com duas palavras diferentes. *Zoé* referia-se à vida como um fato, é o fato da vida, natural, biológica, a "vida nua". *Bios* designava a vida qualificada, uma forma-de-vida, um modo de vida característico de um indivíduo ou grupo. Saltemos todas as mediações preciosas do autor a respeito da relação entre vida nua e poder soberano,[19] para indicar simplesmente o seguinte: o contexto contemporâneo reduz as formas-de-vida à vida nua, desde o que se faz com os prisioneiros da Al Qaeda na base de Guantánamo, ou com a resistência na Palestina, ou com detentos nos presídios do Brasil há poucos anos atrás, até o que se perpetra nos experimentos biotecnológicos, passando pela excitação anestésica em massa a que somos submetidos cotidianamente, reduzidos que somos a manso gado cibernético, ciberzumbis, como escrevia Gilles Châtelet em *Viver e pensar como porcos*. Diante da redução biopolítica das

---
[18] Idem, p. 151.
[19] Cf. a respeito o texto intitulado "Vida nua", na Parte II, p. 60, deste livro.

formas-de-vida à vida nua, abre-se um leque de desafios dos quais um dos mais importantes poderia ser formulado da seguinte maneira: como extrair da vida nua formas-de-vida quando a própria forma se desfez, e como fazê-lo sem reinvocar formas prontas, que são o instrumento da redução à vida nua? Trata-se, em suma, de repensar o corpo do informe, nas suas diversas dimensões. Se os personagens que mencionei, juntamente com seus corpos esquálidos, sua gestualidade inerte, sua sombra branca ou demasiado grande, sua opacidade ofensiva, sua passividade originária, repercutem em meio ao espaço literário "neutro" em que surgiram, é porque do interior do que poderia parecer a vida nua a que foram reduzidos pelos poderes, sejam eles soberanos, disciplinares ou biopolíticos, nesses personagens se expressa *uma vida*, singular, impessoal, neutra, não atribuível a um sujeito e situada para além de bem e mal. Talvez por tratar-se de uma vida que não carece de nada, que goza de si mesma, em sua plena potência — vida absolutamente imanente —, que Deleuze referiu-se à beatitude.

Em todo caso, poderíamos arriscar a hipótese de que nesses personagens "angelicais", como dizia Benjamin, fala ainda a exigência de uma forma-de-vida, mas uma forma-de-vida sem forma, e precisamente, sem sede de forma, sem sede de verdade, sem sede de julgar ou ser julgado. Eis aí, como dizíamos no início, experimentos que põem em xeque nossos modos de existência, e que talvez equivalham, no domínio subjetivo, ao que foi para o primata a liberação da mão na sua postura ereta.

* * *

Extrapolando o circuito literário, é talvez esse o paradoxo que nos é proposto pelos tempos presentes, nos diversos âmbitos, da arte à política, da clínica ao pensamento, no seu esforço de reencontrar as forças do corpo e o corpo do informe. Nos termos sugeridos a partir de Agamben e Deleuze, isto significaria o seguinte: no mesmo domínio sobre o qual hoje incide o poder biopolítico, isto é, a vida, reduzida assim à vida nua, trata-se de reencontrar aquela *uma vida*, tanto em sua "beatitude" quanto na capacidade nela embutida de fazer variar suas formas.

PARTE II
TÓPICOS EM BIOPOLÍTICA

BIOPOLÍTICA

1.

O termo "biopolítica" aparece pela primeira vez, na obra de Michel Foucault, em sua conferência proferida no Rio de Janeiro em 1974 e intitulada "O nascimento da medicina social".[1] Segundo o autor, o capitalismo não teria acarretado, como se poderia pensar, uma privatização da medicina, mas, ao contrário, uma socialização do corpo. "Para a sociedade capitalista, é o biopolítico que importava antes de tudo, o biológico, o somático, o corporal. O corpo é uma realidade biopolítica. A medicina é uma estratégia biopolítica".[2]

Dois anos depois, reencontramos a mesma expressão num contexto mais amplo, tanto no último capítulo de *A vontade de saber*, intitulado "Direito de morte e poder sobre a vida", publicado em 1976, como na aula ministrada no Collège de France em março do mesmo ano, publicada posteriormente como *Em defesa da sociedade*. Nesses textos, que podem ser tratados conjuntamente pois se entrecruzam, Foucault situa a biopolítica no interior de uma estratégia mais ampla, que ele denomina "biopoder". E ao diferenciar biopoder do poder de soberania ao qual ele sucede historicamente, insiste sobretudo na relação distinta que entretém, cada um deles, com a vida e a morte: enquanto o poder soberano *faz morrer e deixa viver*, o biopoder *faz viver e deixa morrer*. Dois regimes, duas lógicas, duas concepções de morte, de vida, de corpo.

2.

Na teoria clássica da soberania, lembra Foucault, a vida e a morte não são consideradas como fenômenos naturais, exteriores ao campo político — elas se vinculam ao soberano, ao poder, ao direito: o súdito deve sua vida e sua morte à vontade do soberano. Mais do que a vida, porém, é a morte que ele deve ao soberano. Segundo o autor, "é porque o soberano pode matar que ele exerce seu direito sobre a vida. É essencialmente um direito de espada."[3] Daí a centralidade da morte, ponto em que se manifesta de maneira espetacular o poder absoluto do soberano. Quando se deixa para trás o regime da soberania,

---

[1] Esse texto de Michel Foucault foi publicado por Roberto Machado em *Microfísica do poder*, em 1979 (Rio de Janeiro, Graal) e retomado pelos organizadores de *Dits et écrits*, em 1994 (Paris, Gallimard).
[2] FOUCAULT, Michel. "La naissance de la médecine sociale", in *Dits et écrits*, v. III. Op. cit., p. 211.
[3] FOUCAULT, M. *Em defesa da sociedade*. São Paulo, Martins Fontes, 1999, p. 287.

também a morte muda de figura. Antes ritualizada, indicando a passagem do âmbito de um poder (terreno) a um outro (no além), doravante a morte passa a ser o momento em que o indivíduo escapa a qualquer poder. Cercada outrora da aura de mistério e solenidade, torna-se agora seca e privada. O interesse do poder se desloca para o *fazer viver*, de modo que a morte cai como que fora de seu âmbito.

3.

A passagem do direito de *fazer morrer* e *deixar viver* para o de *fazer viver* e *deixar morrer* deve-se a uma mudança no regime geral do poder. No regime da soberania (isto é, *grosso modo* até o século 17, em alguns casos até o 18) o poder, no fundo, é mais um mecanismo de retirada, de subtração, de extorsão, seja da riqueza, dos produtos, bens, serviços, trabalho, sangue. É um direito de apropriar-se de coisas, de tempo, de corpos, de vida, culminando com o privilégio de suprimir a própria vida.[4] Trata-se de um poder negativo sobre a vida, um poder limitativo, restritivo, mecânico, expropriador.

Já na época clássica, o poder deixa de basear-se predominantemente na retirada e na apropriação, para funcionar na base da incitação, do reforço, do controle, da vigilância, visando, em suma, a otimização das forças que ele submete. Como diz Foucault, nesse novo regime o poder é destinado a produzir forças e as fazer crescer e ordená-las, mais do que a barrá-las ou destruí-las. Gerir a vida, mais do que exigir a morte. E quando exige a morte, é em nome da defesa da vida que ele se encarregou de administrar. Curiosamente, é quando mais se fala em defesa da vida que ocorrem as guerras mais abomináveis e genocidas — o poder de morte se dá como um complemento de um poder que se exerce sobre a vida de maneira positiva. "As guerras não se fazem mais em nome do soberano que é preciso defender; elas se fazem em nome da existência de todos; treinam-se populações inteiras a matarem-se reciprocamente em nome da necessidade para elas de viverem. Os massacres se tornaram vitais."[5] Os poderes levam suas guerras como gestoras da vida e da sobrevida, dos corpos e da raça. É o discurso da vida, da sobrevida, da sobrevivência: poder matar para poder viver, princípio alçado a estratégia de Estado. Se antes tratava-se de defender a soberania de um Estado (lógica da soberania) trata-se agora de garantir a sobrevivência de uma população (lógica biológica).

---

[4] FOUCAULT, M. *La volonté de savoir*. Paris, Gallimard, 1976, p. 179.
[5] Idem, p. 180.

4.

O "fazer viver" a que se refere Foucault, característico do biopoder, se reveste de duas formas principais: a *disciplina* e a *biopolítica*. A primeira, já analisada em *Vigiar e punir*, data do século 17, e surge nas escolas, hospitais, fábricas, casernas, resultando na docilização e disciplinarização do corpo. Baseada no adestramento do corpo, na otimização de suas forças, na sua integração em sistemas de controle, as disciplinas o concebem como uma máquina (o corpo-máquina), sujeito assim a uma anátomo-política. A segunda forma, a biopolítica, surge no século seguinte e mobiliza um outro componente estratégico, a saber, a gestão da vida incidindo já não sobre os indivíduos, mas sobre a população enquanto população, enquanto espécie. Está centrada não mais no corpo-máquina, porém no corpo-espécie — é o corpo atravessado pela mecânica do vivente, suporte de processos biológicos: a proliferação, os nascimentos e a mortalidade, o nível de saúde, a longevidade — é a biopolítica da população.

Daí uma tecnologia de dupla face a caracterizar o biopoder: por um lado as disciplinas, as regulações, a anátomo-política do corpo, por outro a biopolítica da população, a espécie, as performances do corpo, os processos da vida — é o modo que tem o poder de investir a vida de ponta a ponta. Ao lado do sujeitamento dos corpos através das escolas, colégios, casernas, ateliês, surgem os problemas de natalidade, longevidade, saúde pública, habitação, imigração. Ainda separadas no início, a disciplinarização dos corpos e a regulação da população acabam confluindo. Em algumas passagens Foucault chega a associar a emergência do biopoder e de suas duas formas a uma exigência de ajuste do capitalismo: "Este não pode se garantir senão ao preço de uma inserção controlada dos corpos no aparelho de produção e através de um ajuste dos fenômenos de população aos processos econômicos". Numa outra passagem, Foucault lembra que a velha mecânica do poder de soberania tornou-se inoperante diante da explosão demográfica e da industrialização. A primeira acomodação teria sido em cima do corpo individual, a vigilância e o treinamento, na escola, no hospital, na caserna, na oficina — e a segunda acomodação, sobre os fenômenos globais, de população.

Se as disciplinas se dirigiam ao corpo, ao homem-corpo, a biopolítica se dirige ao homem vivo, ao homem-espécie. Se a disciplina, como diz Foucault, tenta reger a multiplicidade dos homens enquanto indivíduos sujeitos à vigilância, ao treino, eventualmente à punição, a biopolítica se dirige à multipicidade dos homens enquanto massa global, afetada por processos próprios da vida, como a morte, a produção, a doença. A uma primeira "tomada de poder" sobre o corpo feita sob o modo da individualização, lembra Foucault, segue-se uma segunda tomada de poder, desta vez massificante, totalizante.

5.

Ao ampliar o espectro de sua análise, Foucault insere a biopolítica no interior de uma relação problemática entre vida e história. Pela primeira vez *a vida entrou na história*, isto é, fenômenos da espécie humana entraram na ordem do saber e do poder, no campo das técnicas políticas. Sempre a vida fez pressão sobre a história, sobretudo através das epidemias e da fome, mas só quando estas foram relativamente controladas é que a vida começou a ser objeto de saber, e a espécie vivente, tomada como uma força que se pode modificar e repartir de maneira ótima, tornou-se objeto de intervenção. Quando o biológico incide sobre o político, o poder já não se exerce sobre sujeitos de direito, cujo limite é a morte, mas sobre seres vivos, de cuja vida ele deve encarregar-se. Se a irrupção da vida na história, por meio das epidemias e fome, pode ser chamada de biohistória, agora trata-se de biopolítica — *a vida e seus mecanismos entram nos cálculos explícitos do poder e saber, enquanto estes se tornam agentes de transformação da vida*. A espécie torna-se a grande variável nas próprias estratégias políticas. Se desde Aristóteles, diz ainda Foucault, numa frase retomada com insistência por seus intérpretes, e revirada por Agamben, o homem era um animal vivente capaz de uma existência política, agora é o animal em cuja política o que está em jogo é seu caráter de ser vivente.

6.

Por que razão Foucault introduz o tema da biopolítica justo na conclusão de sua obra sobre a sexualidade? Pois a sexualidade encontra-se precisamente nesse entrecruzamento entre os dois eixos da tecnologia política da vida, a do indivíduo e da espécie, a do adestramento dos corpos e a regulação das populações, a dos controles infinitesimais, o micropoder sobre o corpo e as medidas massivas, estimações estatísticas, intervenções que visam o corpo social como um todo. De fato, o sexo faz a ponte entre o corpo e a população, a tal ponto que o que era a sociedade do sangue, correspondente ao poder de soberania, na era do biopoder torna-se sociedade do sexo (e depois, talvez, venha a tornar-se sociedade dos gens...). Ainda que encavalamentos diversos tenham mesclado os dois regimes, o do sexo e do sangue, como no nazismo.

7.

A partir desse quadro mais geral da biopolítica e do biopoder, renova-se a reflexão sobre o racismo. Pois se o racismo existia muito antes do surgimento do biopoder, foi este o responsável pela introdução do racismo nos mecanismos do Estado, e como mecanismo fundamental do Estado. Foucault chega a dizer que é isto que faz com que quase não haja funcionamento moderno do estado que, em certo momento, em certo limite e em certas condições, não passe pelo racismo.[6] Basta evocar algumas características do racismo: um corte entre o que deve viver e o que deve morrer; a consigna de que para viver é preciso fazer morrer, mas o que era uma injunção guerreira, torna-se biológica (a morte do outro, da raça ruim, inferior, degenerada, é o que vai deixar a vida em geral mais sadia, mais pura); trata-se de eliminar, não os adversários, mas os perigos, em relação à população e para a população.

8.

Não cabe esmiuçar aqui os demais aspectos dessa problematização tão visionária quanto fecunda, sobretudo hoje. Em todo caso, deixemos registrada uma das "lições" políticas extraídas por Foucault do seu material de pesquisa. Contra esse poder ainda novo no século 19, diz Foucault, as forças que resistem se apoiam sobre aquilo mesmo que ele investe — isto é, sobre a vida e o homem enquanto ser vivo. E esclarece: desde então as lutas não se fazem mais em nome dos antigos direitos, mas em nome da vida, suas necessidades fundamentais, a realização de suas virtualidades etc. Se a vida foi tomada pelo poder como objeto político, ela também foi revirada contra o sistema que tomou seu controle. "É a vida muito mais que o direito que se tornou o verdadeiro campo das lutas políticas, mesmo se estas se formulam através das afirmações de direito." O direito à vida, ao corpo, à saúde, à felicidade, à satisfação de todas as necessidades, é a réplica política aos novos procedimentos do poder, tão diferentes do direito tradicional da soberania.

---

[6] FOUCAULT, M. *Em defesa da sociedade*, op. cit., p. 304.

VIDA NUA

1.

Segundo Giorgio Agamben, os gregos faziam uma distinção entre *zoé*, que expressava o simples fato de viver comum a todos os seres (animais, humanos e deuses), e *bios*, que significava a forma ou a maneira de viver peculiar a um indivíduo ou grupo particular.[1] Agamben sustenta que o poder sempre fundou-se sobre essa cisão entre o *fato* da vida e as *formas* de vida, ao isolar algo como a "vida nua", objeto a um só tempo de exclusão e inclusão, submetida ao soberano e ao seu arbítrio. O regime contemporâneo, ao suscitar um constante "estado de emergência" que ele se encarrega de administrar, em nome da defesa da vida sobre a qual pensa ter direito, apenas prolonga a lógica anterior. Prevalece ainda e sempre a vida nua tomada agora na sua modalidade biológica —, forma dominante da vida por toda parte. Toda a discussão sobre a bioética, hoje em dia, estaria atravessada por uma tal concepção biológica da vida. A medicalização das esferas da existência, as representações pseudocientíficas do corpo, da doença, da saúde, seriam expressões desse domínio da vida nua, e sobretudo da redução das *formas de vida* ao *fato da vida*.

2.

Historicamente, essa vida em nome da qual se exerce o poder (concebida como um fato) e que se diz proteger, esteve submetida ao jugo do soberano. O poder político que nós conhecemos a reivindica na medida em que, no prolongamento do regime de soberania, se dá o direito de separá-la das formas de vida. A vida então aparece, hoje como ontem, apenas como uma contrapartida do direito que a ameaça de morte, num estado de exceção permanente. Como diz Walter Benjamin na oitava tese sobre o conceito de história: "A tradição dos oprimidos nos ensina que o estado de exceção no qual vivemos é a regra. Devemos chegar a um conceito de história que corresponda

---

[1] AGAMBEN, G. *Homo Sacer: o poder soberano e a vida nua I*, Henrique Búrigo (trad.). Belo Horizonte, Editora da UFMG, 2002, e *Moyens sans fin: notes sur la politique*, op. cit.

a esse fato".[2] Para Agamben, essa ideia mantém toda sua atualidade: não só vivemos num estado de urgência que o poder tem interesse em manter e explorar, para justificar-se e intensificar-se, mas ao mesmo tempo a vida nua, que desde sempre foi o fundamento oculto da soberania, tornou-se a norma, e é precisamente o que merece ser pensado.

3.

A politização da vida nua aparece como o evento decisivo da modernidade. Se Foucault teve o mérito de trazer à tona nosso horizonte biopolítico, pondo em xeque, com isso, a validade das categorias políticas vigentes (direita/ esquerda, privado/público, absolutismo/democracia), ele não teria visto suficientemente a que ponto a vida nua é o ponto cego de suas pesquisas, capaz de articular os dois processos que tão bem ele detectou, o das técnicas de individualização e os procedimentos de totalização. A vida nua estaria, ademais, na intersecção entre os dois modelos de poder que ele discriminou ao longo da história, sucessivamente, a saber, o jurídico-institucional e o biopolítico. Como se vê, diferentemente de Foucault, Agamben postula uma continuidade de fundo entre o poder soberano e o biopoder, pelo menos do ponto de vista da incidência sobre a vida nua. Como ele o escreve, "a implicação da vida nua na esfera política constitui o núcleo originário — ainda que encoberto — do poder soberano. *Pode-se dizer, aliás, que a produção de um corpo biopolítico seja a contribuição original do poder soberano.* A biopolítica é, nesse sentido, pelo menos tão antiga quanto a exceção soberana. Colocando a vida biológica no centro de seus cálculos, o Estado moderno não faz mais, portanto, do que reconduzir à luz o vínculo secreto que une o poder à vida nua, reatando assim (...) com o mais imemorial dos *arcana imperii*".

4.

Fazendo recuar a biopolítica até a antiguidade, Agamben toma como ponto de partida a enigmática figura do direito romano arcaico, a do *homo sacer*, a um só tempo insacrificável e matável. O homem sacro é aquele que, julgado por um delito, pode ser morto sem que isso constitua um homicídio, ou uma

---

[2] Agamben mostra que a afirmação de Benjamin se dá sob um fundo histórico preciso: desde 1933 Hitler havia proclamado o estado de exceção, que não foi revogado até o final do regime nazista. In *État d'exception*. Paris, Seuil, 2003.

execução, ou uma condenação, ou um sacrilégio, nem sequer um sacrifício. Subtrai-se assim à esfera do direito humano, sem por isso passar à esfera do direito divino. Essa dupla exclusão é, paradoxalmente, uma dupla captura: sua vida, excluída da comunidade por ser insacrificável, é nela incluída por ser matável. A vida nua está, desse modo, desde o início numa relação de exceção com o poder soberano, numa interdependência recíproca que pode ser expressa do seguinte modo: "Soberana é a esfera na qual se pode matar sem cometer homicídio e sem celebrar um sacrifício, e sacra, isto é, matável e insacrificável, é a vida que foi capturada nesta esfera."[3] Se essa hipótese for correta, e a vida sacra for esse 'préstimo original da soberania', teríamos razões para supor que quando se quer fazer valer a sacralidade da vida contra o arbítrio do soberano, ignora-se que é precisamente tal sacralidade, historicamente, que garante a sujeição da vida a um poder de morte. A vida sacra, que excede tanto a esfera do direito quanto a do sacrifício, é o elemento político originário, e o referente do vínculo soberano, da decisão soberana. Ela é também, por conseguinte, a forma originária da implicação na ordem jurídico-política, sob a forma paradoxal da exclusão-inclusão. O direito à vida, nesse contexto, é a contraparte de um poder que a ameaça de morte.

Se como tal a figura do *homo sacer* está ausente de nossa cultura contemporânea, é porque, talvez, a sacralidade tenha se descolado "em direção a zonas cada vez mais vastas e obscuras, até coincidir com a própria vida biológica dos cidadãos", significando que somos todos virtualmente *homines sacri*.[4]

5.

Em Foucault, quando o poder já não incide sobre um território mas sobre uma população, a vida biológica e a saúde da nação tornam-se problemas políticos, que fazem o governo ser governo dos homens. "Disso resulta uma espécie de animalização do homem efetuada pelas técnicas políticas as mais sofisticadas."[5] Numa direção paralela, já nos anos 50, Hanna Arendt havia chamado a atenção, em seu *A condição humana*, para o processo que por meio do *labor* conduziu ao primado da vida natural sobre a ação política, fazendo declinar o espaço público.

Num sentido muito amplo, ao conectar a pesquisa de Foucault e de Arendt (também sob outros aspectos, sobretudo o do totalitarismo), Agamben pretende mostrar que os regimes políticos contemporâneos,

[3] AGAMBEN, G. *Homo Sacer*, op. cit., p. 91.
[4] Idem, p. 121.
[5] FOUCAULT, M. *Dits et ècrits*, v. III, op. cit., p. 719.

também o nazismo, mas igualmente a democracia, de um ponto de vista histórico-filosófico, apoiam-se sobre o mesmo conceito de vida: a vida nua. A biopolítica do totalitarismo moderno, por um lado, e a sociedade de consumo e de hedonismo de massa, por outro, constituem duas modalidades que se comunicam. Em contrapartida, o que caracterizaria a democracia moderna seria, paradoxalmente, a tentativa de transformar a vida nua em vida qualificada, ou como o disse Agamben, tentar encontrar o *bios* da *zoé*, na lógica já apontada por Foucault, onde se coloca em jogo a liberdade e a felicidade no ponto exato da própria submissão — a "vida nua". O paradoxal, nesse jogo entre a resistência e o poder, é que a cada vez que se conquistam liberdades e direitos, ocorre uma "tácita porém crescente inscrição de suas vidas na ordem estatal, oferecendo assim uma nova e mais temível instância ao poder soberano do qual desejariam liberar-se"[6].

Em todo caso, quando a política não reconhece outro valor senão a vida, e faz do homem vivente não apenas um objeto político, mas um sujeito político, ela expressa imediatamente o contexto biopolítico em que se situa, operando uma politização da vida (a vida nua do cidadão), e tornando indistintos *zoé* e *bios*, fato e direito, voz e linguagem. No fundo, Agamben tenta deslocar o pensamento político da dupla categorial amigo-inimigo (formulada por Carl Schmitt) para este par, mais originário e decisivo, *zoé-bios*.

6.

Na esteira de Foucault, Agamben sustenta que o totalitarismo nazista é essencialmente biopolítico. É o "primeiro Estado radicalmente biopolítico", pois é o Estado tomando decisões sobre a vida, e confundindo um dado natural com uma tarefa política — já que para os nazistas tratava-se de assumir politicamente sua hereditariedade biológica. A política nazista é aquela que realiza a indistinção da vida natural e da vida politicamente qualificada, mas sob fundo de sua separação. Ou seja, o nazismo separa a vida nua das formas de vida, e depois subsume as formas de vida à vida nua. Nesse sentido o racismo é secundário, no nazismo, não no sentido de que ele é menos importante, mas de que é uma decorrência dessa *praxis* biopolítica mais geral. Agamben nota que os historiadores, tão centrados na eliminação dos judeus, não conseguiram suficientemente situá-la no interior de um contexto biopolítico mais geral, uma política de eugenia, de melhoria da raça e de suas condições de reprodução. O antisemitismo deveria ser lido à

---

[6] AGAMBEN, G. *Homo Sacer*, op. cit., p. 127.

luz da produção de um corpo coletivo são. Não é o antisemitismo que pode dar conta do nazismo, ao contrário é sua eficácia na política nazista que se explica por um quadro mais geral, biopolítico.

7.

O campo de concentração é o lugar em que um estado de exceção foi transformado em regra, onde a exceção perdura e onde o homem, privado de seus direitos, pode ser assassinado sem que isso se torne um crime. Não se trata, como quer a historiografia judaica, por vezes, de uma espécie de sacrifício, presente no termo Holocausto, pois é justamente a dimensão sacrificial que está suspensa: o judeu está suspenso da ordem humana e da divina, numa exclusão normatizada. O soberano faz incidir seu poder sobre aquele que sua lei exclui, a vida nua enquanto tal. A saúde da população, por sua vez, exige a eliminação da vida indigna de ser vivida. É a biopolítica transformando-se em tanatopolítica. O campo é o paradigma biopolítico contemporâneo.

Agamben conecta assim as duas pontas de sua pesquisa, o mais arcaico ao mais recente: se o soberano sempre teve a prerrogativa de decidir, num estado de exceção, qual vida podia ser eliminada sem que isso fosse qualificado como homicídio, na época do biopolítico esse poder tende a se emancipar do estado de exceção para transformar-se num poder de decidir a partir de que momento a vida deixa de ser politicamente pertinente. Na biopolítica moderna o soberano é aquele que decide do valor ou da falta de valor da vida enquanto tal ou, mais radicalmente, onde essa prerrogativa desliza para as mãos da própria especialidade que se encarrega da vida, a medicina — coisa já amplamente esboçada no próprio III Reich. O racismo não é o dado fundamental, no sentido de que ele deriva da preocupação com a vida, herdada das ciências da política do século 18, tal como Foucault o mostrou. Ali *política* era luta contra os inimigos, enquanto *polícia* era a preocupação com a vida em todos os seus aspectos. Não entenderíamos nada da situação presente se não víssemos como esses dois planos se tornam indistintos, de modo que a preocupação com a vida torna-se a luta contra o inimigo. É essa identidade entre vida e política que constitui o fundamento do totalitarismo no século que se encerra — é quando a vida e a política se identificam, quando a vida como valor biológico e a política como saúde da vida se conectam.

O campo é um espaço onde norma e exceção se tornaram indiferentes, é a estrutura na qual o estado de exceção é realizado normalmente, de maneira estável. O campo é o espaço biopolítico mais puro pois o que ele tem diante de si é a vida nua, a pura vida, sem nenhuma mediação. A questão não é como se pôde cometer crimes tão hediondos contra seres humanos, mas por quais dispositivos jurídicos e políticos seres humanos puderam ser privados de seus direitos e prerrogativas a ponto de que qualquer ato cometido contra eles deixou de aparecer como delituoso. A essência do campo consiste na materialização do estado de exceção e de um espaço onde a vida nua e a norma entram num limiar de indistinção, e desse ponto de vista, um estádio onde a polícia italiana reuniu imigrantes albaneses clandestinos em 1991, o velódromo de inverno onde os judeus foram reunidos antes de sua deportação pelo regime de Vichy, as zonas de espera dos aeroportos internacionais onde são detidos os estrangeiros, as instituições para menores infratores, a base de Guantánamo, territórios sob ocupação militar, tudo isso pode ser considerado nessa ótica: um espaço onde a ordem jurídica normal é suspensa, e essa suspensão é tornada norma. Na planetarização do estado de exceção, em que uma medida provisória e excepcional se torna técnica de governo, como depois do 11 de setembro, o estado de exceção se torna um limiar de indeterminação entre democracia e absolutismo. Como diz o autor, os talibans capturados no Afeganistão não têm o status nem de prisioneiros nem de acusados, são apenas detidos, portanto completamente subtraídos à lei e ao controle judicial. A única comparação possível é a situação jurídica dos judeus nos campos nazistas, que haviam perdido, com a cidadania, toda identidade jurídica, mas preservavam ao menos a de judeu.[7]

A conclusão do autor é a seguinte: o paradigma biopolítico do Ocidente é hoje o campo de concentração, e não a cidade, e qualquer reflexão política deveria passar por essa constatação de que o que se encontra diante dele é a vida nua. E se a essência do campo consiste na materialização do estado de exceção, e na criação de um espaço para a vida nua enquanto tal, devemos admitir que estamos diante de um campo a cada vez que esse tipo de estrutura é criado, independentemente dos tipos de crime aí cometidos. Não resta dúvida que uma tal estrutura se estende para o planeta como um todo, na progressão irresistível do que foi definido como uma "guerra civil mundial".

8.

Recuemos agora para o conceito central de toda essa reflexão presente ao longo da obra de Agamben, a fim de indicar a partir dele, a direção última de seu pensamento político. A vida nua, como se sabe, não pode ser pensada

---

[7] AGAMBEN, G. *État d'exception*, op. cit., p. 13.

como um estado biológico natural, que existiria originalmente, para depois ser anexada à ordem jurídica pelo estado de exceção. Pois ela é precisamente, junto com o poder soberano, o produto dessa máquina biopolítica. Sendo assim, a partir da indissociabilidade entre vida e direito, de sua imbricação recíproca, talvez possa tentar-se, diz Agamben, mostrar a vida na sua não relação ao direito, sem que seja preciso, nem sequer possível, recuar a um qualquer estágio originário. Ora, uma tal indicação, apenas alusiva, embora carregada de promessas políticas, está em Agamben cercada de cuidados. Por exemplo, não pode significar, como Foucault deixou entrever no final de seu *A vontade de saber*, "uma outra economia dos corpos e do prazer", uma vez que o corpo já está preso a um dispositivo, e não poderia oferecer um terreno firme "contra as pretensões do soberano". Já não temos, tampouco, condições de reeditar a distinção entre *zoé* e *bios* nos moldes antigos, a saber, da vida *em casa* e da vida *na pólis*, pois a vida a mais "privada" tornou-se imediatamente "política", na esteira da definição original de Foucault sobre a biopolítica como "socialização" do corpo, num sentido agora alargado. Em suma, é como se não pudéssemos regressar para aquém da vida nua produzida pelo campo, nem superá-la com um conceito qualquer de corpo prazeiroso ou glorioso. A célebre fórmula de Foucault, de que seríamos animais em cuja política está em questão nossa vida de seres viventes, deveria ser entendida também no sentido inverso, de que somos cidadãos em cujo corpo natural está em questão a própria política.

9.

A conclusão de Agamben é apenas indicativa. Seria preciso, diz ele ao final de seu primeiro livro sobre o *homo sacer*, "fazer da própria vida nua, o local em que constitui-se e instala-se uma forma de vida toda vertida na vida nua, um *bios* que é somente a sua *zoé*". Ideia de todo enigmática, indicando, talvez, um outro sentido possível para essa *zoé* ("se denominamos forma-de-vida este ser que é somente sua nua existência") e que quiçá se ilumine com a afirmação de que a cada dia parece mais inaceitável a cisão operada pelo poder entre o fato da vida e a forma-de-vida, e que só quando a vida deixar de ser concebida como um mero *fato* poderá tornar-se leque de *possibilidades*, isto é, variação de formas de vida. Apenas então pode-se pensar a conjunção indissociável entre vida e forma-de-vida — mas a vida concebida já como potência de variação de formas de vida.[8]

[8] AGAMBEN, G. "A imanência absoluta", in *Gilles Deleuze — uma vida filosófica*, Éric Alliez (org.). São Paulo, 34 Letras, 2000.

10.

Como se vê, o conceito de vida nua parece mais do que pertinente na leitura de um vasto leque de fenômenos contemporâneos, desde a "biologização" da vida até o estado de exceção como política de governo. No entanto, é preciso admitir que ele não é uma unanimidade. Valérie Mérange lembra que os relatos literários dos sobreviventes de campos mostram sempre signos de uma afirmação vital e política. Mesmo no relato de Robert Antelme, *A condição humana*, ou outros, há um elogio do simples fato de viver em si, despojado das superestruturas morais e sociais – uma espécie de vida desculpabilizada (num certo sentido, o próprio Agamben o admite). O que ela quer dizer é simples: não que essa vida que parece nua e animal seja bela, mas que ela só é nua em aparência, pois já é sempre composição de relações, amizades intensas, vida viva, natureza naturante, força produtora de formas de vidas, de estratégias, de avaliações — mesmo a vida daqueles que segundo o relato de Primo Levi eram chamados de muçulmanos. Até o silêncio, a recusa de falar ou de se alimentar já pode ser expressão de uma riqueza de relações.[9] Quando é designada pelos poderes como vida nua, desprovida de toda qualificação que a viria proteger, a vida não tem escolha, para resistir, senão pensar-se para além do julgamento e da autoridade que a condenam, como potência se autorizando a si mesma, recusando toda autoridade. Então, a vida nua já não se submete a uma soberania que lhe é exterior, e afirma a sua própria. É a imanência pura de que nos fala Deleuze a propósito desses momentos extremos em que *uma vida* cessa de ser pessoalmente qualificada e se recusa a todo desdobramento dialético. O erro seria submeter tal imanência como objeto à reflexão do sujeito, que se perguntaria o quê, dessa matéria informe, poderia ele representar-se... Nada. Mas apenas permanecendo na imanência pura, na imanência da imanência, pode-se considerar que também no campo a vida como objeto político se voltou contra o sistema que queria controlá-lo. Algo como: não é preciso do homem para resistir, a vida se basta, às vezes é preciso liberar-se do homem, demasiado humano. A autora usa o exemplo dos autistas, nos limites do humano, ali onde o sistema do juízo estaria suspenso, razão pela qual, diz Deleuze, seria preciso escrever para os idiotas... Mesmo Canguilhem, diz ela, falava na potência artística e linguageira em obra no "maneirismo original da vida"...

[9] MÉRANGE, Valérie. *Chimères*, n. 39. Paris, 2000, p. 59.

BIOFILOSOFIA

Num livro intitulado *Viroid Life*,[1] Keith Ansell Pearson enfrenta a questão do vivo no contexto contemporâneo, desde uma perspectiva "trans-humana". O autor toma sua distância em relação às teorizações dominantes sobre o vivente, identificando nelas uma concepção a um só tempo determinística e catastrofista da evolução, cujo pano de fundo, bem examinados seus pressupostos, não passa de uma perspectiva antropomórfica da vida. É preciso, diz o autor, desconfiar das concepções que postulam um crescente e inevitável domínio tecnológico da vida. Ao profetizar a colonização entrópica do vivente, prevendo o surgimento de uma vida imortal desencarnada, num platonismo *cybercult*, o vitalismo biotecnológico revela ser, afinal, um antropocentrismo paranóide e fóbico. O que ele não consegue realizar é o que hoje mais se imporia: fazer uma crítica do pós-moderno e do pós-humano desde uma perspectiva transhumana. Isto significa, antes de tudo, compreender que a condição "humana" sempre foi objeto de invenção e reinvenção (é isto o "transhumano"), independentemente do impacto da informatização, das novas formas de conhecimento, da criação artificial da vida etc. Portanto, as grandes narrativas lineares que celebram ou deploram o recente e crescente controle sobre a vida são tributárias de uma tradição filosófica tecnofóbica, sobretudo quando afirmam que a tecnologia é o prolongamento da vida por outros meios que não a vida. Como, em contrapartida, construir uma genealogia do pós-humano, e ao mesmo tempo pensar o futuro *trans*-humanamente?

É a partir de Nietzsche que o autor aceita esse duplo desafio. Apesar da relevância de sua interlocução com a biologia de seu tempo, o autor de *Zaratustra* tendia a pensar a "evolução" do animal humano à luz de uma "seleção não-natural". Se a invenção e o artifício fazem parte da natureza como um todo, e não são exclusivos do homem, é preciso reconhecer a especificidade do artifício que ao mesmo tempo foi produzido pelo homem, e que o produziu: as técnicas do si (a invenção da "alma", a formação e deformação da memória). Elas tornaram possível a criação de um meio ambiente extremamente "artificial", num entrelaçado inédito entre memória e

[1] PEARSON, Keith Ansell. *Viroid Life*. London-New York, Routledge, 1997.

promessa. Qualquer referência à civilização biotecnológica como concretização do além-do-homem nietzschiano ignora o essencial do ensinamento de Nietzsche: o além-do-homem faz parte do homem. Pois para Nietzsche, o homem é por definição histórica o animal temporal e futurístico, aquele capaz de prometer. Portanto, o trabalho de superação é sua 'essência', e seu ser está sempre num vir-a-ser e envolvido com um nascimento de futuro. "O homem foi constituído pelo além-homem desde seu 'ponto' de 'origem'."[2] Daí a dificuldade em simplesmente 'reinserir' mecanicamente o homem na natureza, entre os outros animais, já que o homem é um animal doente, um estranho animal discordante, que interioriza sua discórdia, que persegue uma práxis de vida em desafio às leis naturais, e assim se supera. Por isso mesmo, qualquer tentativa de situar o além-do-homem fora do humano, ou da história, ignora que para Nietzsche, o homem é já o lugar de uma superação perpétua: "Devir como invenção, querer a autonegação, autossuperação de si: não sujeito, mas uma ação, um estabelecer, criativo, sem 'causas nem efeitos'".

Ao rastrear os textos do filósofo, o autor dá ao além-do-homem um contorno nada darwiniano, insistindo na criação experimental, complexa, singular, desterritorializada, focando a "seleção artificial" que lhe é própria, inclusive no seu combate à animalização do homem. Pois a teoria da vontade de poder não confere privilégio algum à adaptação, que seria uma noção "reativa" da vida; ao contrário, prioriza as "forças espontâneas, agressivas, expansivas, criadoras de novas formas, interpretações e direções".[3] Nietzsche se opôs a Darwin em vários pontos: contra a supervalorização da utilidade, contra a influência das circunstâncias externas sobre a evolução, contra o privilégio da autopreservação. A vida, segundo Nietzsche, e nisso ele acompanha alguns biólogos de seu tempo, sobretudo Roux, evolui a partir de forças internas do organismo, que criam formas, utilizando e explorando circunstâncias externas como arena para testar suas experimentações extravagantes. A "utilidade" é um resultado indireto desse processo complexo. Mesmo uma deficiência ou uma degenerescência podem ser da maior utilidade, ao estimularem outros órgãos. O próprio sentimento de poder aparece como medida intensiva da força, sem relação com uma vantagem objetiva e comparativa.

Em todo caso, as forças criadoras de novas formas operam de maneira não linear e não teleológica, não antropomórfica, não "natural", não utilitária. A acusação de Heidegger quanto ao caráter metafísico, voluntarista, subjetivista, antropocêntrico, a um só tempo biologista e animalista de Nietzsche, repousa talvez sobre os preconceitos do próprio Heidegger em relação à biologia, pensada como biologismo. Segundo Pearson, Heidegger se move do antropocentrismo à má biologia ao argumentar que o animal, que é deficiente

---

[2] Idem, p. 14.
[3] NIETZSCHE. *Genealogia da moral*, v. II, 13, Paulo César de Souza (trad.). São Paulo, Brasiliense, 1987.

no seu "reconhecimento" de si mesmo, está privado da "possibilidade" na medida em que está capturado pelas coisas. Contra Heidegger, o autor pensa ser preciso levar a biologia de Nietzsche a sério, e insiste também no outro pólo do pensamento nietzschiano tão malcompreendido pelos intérpretes: a importância da potência "animal", inclusive no estado estético, a plenitude do vigor corporal que falta ao homem esgotado de nosso tempo, um certo "fisicalismo" que a filosofia teria denegado. Num certo sentido, trata-se de tomar a animalidade como um signo de poder.

No ensaio final do livro, que poderia ser traduzido por "Considerações tempestivas sobre a condição trans-humana", numa clara alusão ao célebre texto de Nietzsche, o autor aprofunda o diálogo com uma ampla gama de pesquisadores e pensadores da atualidade. Diz ele: não somos nós que investigamos o futuro, mas é o futuro que nos investiga, um futuro aliás que já teria chegado há tempos. Pois o tempo da técnica é o da invenção do futuro. Contudo, todo discurso que se pergunta sobre a instrumentalização do humano por meio da tecnologia, de Heidegger a Adorno, supõe uma dicotomia entre o humano e o não humano, sem levar em conta em que medida a própria tecnologia ajudou a inventar o "humano". Desemboca-se assim fatalmente numa nostalgia de uma esfera humana supostamente original e autônoma, na contramão das evidências históricas e materiais. Mais radicalmente, o autor postula que a imaginação da modernidade revela ser o resultado de uma moralização e humanização das forças da vida. O perigo consiste em supor que o niilismo poderia ser superado através da reafirmação da vontade e da autonomia do humano sobre as forças heterônomas da natureza e da história. Mesmo as teorias que criticam a autonomização e transcendentalização do não vivo, por exemplo sob forma de imagens reificadas (Debord), persistem numa concepção humanista e moralista, em todo caso num maniqueísmo que diaboliza as forças da vida e da história, opondo-lhes uma metafísica da autenticidade, da reconciliação do humano com sua essência, num antropocentrismo com ressonâncias hegelianas.

O desafio consistiria em sondar o futuro trans-humano que se anuncia no seio do niilismo, sem antropocentrismo. Isto é, centrando a investigação nessa singularidade nômade, anônima e livre que atravessa homens e plantas e animais, ou seja, nos poderes da vida e nos seus processos, evacuados de toda teleologia (daí o título do livro, que poderia ser traduzido como *Vida viroide*). O problema das teorizações começa quando a vida desafia nossa lógica antropocêntrica dos meios e fins. Pois quando a vida não está conforme com a vontade, os anseios, os desejos e necessidades do homem, a tendência é caluniá-la, denegá-la, como em Schopenhauer. Uma tal concepção "lunática", diz Nietzsche, só é possível na medida em que se mede a vida a partir da consciência, querendo encaixá-la nos parâmetros dos meios e dos fins, julgando-a a partir de uma suposta evolução desejável. O ponto de vista de um valor além-do-humano deveria considerar as condições "da preservação e intensificação de formas complexas de duração relativa de vida no interior do fluxo do devir" (Nietzsche).

A condição trans-humana diz respeito precisamente ao devir não-teológico, num processo imanente de "desregulação antropológica". Quando Nietzsche pergunta: "o que ainda pode tornar-se o homem?", ele estaria falando de um futuro que não aborta o humano, mas o liga inseparavelmente ao inumano e ao trans-humano. "Nós, filhos do futuro, como *poderíamos* nos sentir em casa neste presente? Somos avessos a todos os ideais que poderiam levar alguém a sentir-se à vontade mesmo neste frágil e fraco tempo de transição..."[4] O niilismo que nos assola serviria para minar nossa perspectiva antropocêntrica. Nesse sentido, lamentar a perda do centro de gravidade é mais do que uma futilidade, é um equívoco. Daí o interesse por uma "filosofia maquínica" da história, que desloca o lugar do homem na história, inserindo-o num contexto rizomático, numa rede intricada de regimes e sistemas adaptativos. Longe de qualquer concepção fáustica da tecnologia, ou do que Toffler chamou de "materialismo macho", que defende um controle sobre a natureza, sobre as máquinas, sobre as técnicas de vida, uma tal concepção nos impeliria numa direção de indecidibilidade. Contrariamente ao ressurgimento de grandes narrativas apocalípticas, inclusive por parte daqueles que declaravam até recentemente o seu esgotamento, e que insistem que cabe à filosofia pensar o acontecimento do fim do acontecimento (o fim do tempo dado pelas tecnologias, tal como Lyotard o anuncia em seu *O inumano*), cuja matriz é ainda inteiramente antropocêntrica, linear, racional, para não dizer hegeliana, o autor insiste em não naturalizar nem reificar o que é da ordem do contingente, do não-linear, e atentar para o caráter rizomático de nosso devir tecnológico. Não reificar os poderes demoníacos que se pretende desmistificar, mesmo quando se trata de pensar o capital e seus efeitos entrópicos. Até Lyotard quando trata do capital, tende a atribuir-lhe um vitalismo e uma teleologia. "Grandes narrativas relacionadas ao futuro neguentrópico acabam cúmplices da imagem que o sistema de controle gosta de projetar de si mesmo, isto é, descrevendo a vida tecnológica avançada como se fosse uma mera continuação da história natural"[5].

A tese do caráter autônomo do desenvolvimento técnico, sustenta o autor, ignora o papel crucial de mediação desempenhado pela máquina social. "Tomadas em si mesmas máquinas não explicam nada, na medida em que são parte dos aparatos e dos agenciamentos, tanto sociais quanto técnicos", cuja história não é linear, nem pode ser pensada em termos de um destino.

---

[4] NIETZSCHE. *Gaia ciência*, 377, Paulo César de Souza (trad.). São Paulo, Cia. das Letras, 2001, p. 281.
[5] PEARSON, Keith Ansell, op. cit., p. 172.

O próprio capital não deveria ser fetichizado, já que ele opera como uma máquina virtual, capturada numa lógica produtivista de uma repetição eterna. Como o diz Brian Massumi, o capital opera virtualmente, no sentido de que ele transforma a produção numa processualidade futura na qual a atividade é fundamentalmente energética, em vez de ser orientada para um objeto. Não se trata, lembra o autor, apenas da sociedade contemporânea capitalizando formas de vida, ao impor-lhes um mecanismo externo de captura quando os põe à venda. Trata-se de formas de vida que nunca existiram, fabricadas artificialmente, sendo comercializadas no ponto de sua emergência. No capital pós-moderno, diz Massumi, a vida humana existe numa modalidade virtual e na perspectiva de sua aptidão à mutação.[6] "A máquina capitalista desenvolveu habilidades perceptivas que a capacitam a penetrar a vida e direcionar seu desdobramento. Ela pode ir diretamente ao código de sua molaridade, decompô-la em suas partes-objetos constituintes (neste caso genes), recombiná-los produzindo um tipo especial de produto (adultos individuais) e comercializar o produto final — ou o processo de transformação em si mesmo, em qualquer uma de suas etapas".[7]

Em todo caso, mesmo aí não cabe tomar a autonomização do capital, na sua lógica sem finalidade, e seu eterno retorno da morte entrópica cultivada como sistema vivo, como um "sujeito" da evolução. "O capital é um certo tipo de agenciamento maquínico, uma máquina social particular que opera no *filum* maquínico mas que não controla nem pilota a evolução maquínica." Mais: "A 'evolução' do sistema do capitalismo pode ser des--reificada expondo-se, através da análise maquínica, a ilusão do controle total ao qual inevitavelmente ele dá origem. Ele precisa ser visto como um sistema de produção que está sujeito a uma evolução complexa que funciona por experimentação e teste, utilizando a adaptabilidade pragmática face a um 'meio ambiente' sempre em transformação que, ele mesmo, foi produzido de maneira imanente e artificial. A função de uma axiomática — seja quando se fala de política, de moral, de ciência, ou de tecnologia — é pôr um freio em fluxos descodificados, interromper seu movimento, para assegurar-se que eles não impelirão em todas as direções levando a trajetórias incontroláveis e imprevistas".[8] Mas aquilo que torna possível o Estado, suas capturas, também recria continuamente possibilidades imprevistas de contra-ataque, máquinas mutantes, devires revolucionários. "Não é uma questão de criatura (pós-) histórica — o animal humano — enfrentando uma morte inevitável e trágica nas mãos de um monstro vindo de um espaço exterior (o capital neguentrópico). Agora trata-se de afirmar nosso envolvimento num devir

---

[6] MASSUMI, Brian. *A user's guide to capitalism and schizophrenia*. Cambridge, Mass., MIT Press, 1992.
[7] Idem.
[8] PEARSON, Keith Ansell, op. cit., p. 176.

maquínico e participar ativamente em nossa inumanização, em contraposição ao pensamento de que o ser humano permanece exterior à máquina com o poder de negar abstratamente suas condições maquínicas de existência".[9]

VIDA GERMINAL

Em seu estudo sobre Deleuze publicado dois anos mais tarde, e intitulado *Germinal Life*, Keith Ansell Pearson retoma vários desses temas, e aprofunda alguns mais ligados à caracterização contemporânea da vida. Ele justifica a escolha do problema da vida com o seguinte argumento: a filosofia da diferença teria emergido num momento da história no qual "as repetições mais mecânicas e estereotipadas pareciam ter tomado conta completamente das forças da vida, sujeitando-a a uma lei da entropia. É isso que motivou seu [de Deleuze] engajamento com a biologia, com a etologia, com a ética e com a literatura, na medida em que ele busca articular uma modernidade crítica que expõe a série das ilusões transcendentais que tomam conta tanto do pensamento científico quanto filosófico. Essas ilusões dizem respeito à natureza do tempo, da consciência, da morte, da subjetividade, e são manifestas em nossos modelos de capital e de entropia, para dar dois dos exemplos mais importantes. As questões críticas que eu coloco à filosofia de Deleuze dizem respeito ao seu esforço em pensar sobre o Ser como imanência e em termos de 'acontecimento'. Temos de determinar como Deleuze visa superar o niilismo através da práxis de uma modernidade crítica".[10]

Pearson evoca ao longo de seu livro a obra de um biólogo do século 19, August Weismann, e sua ideia de vida germinal, da qual reportamos aqui algumas linhas mais gerais, apenas para situar o foco do autor. Para Weismann, a vida é capaz de se replicar e reproduzir devido aos poderes de uma substância hereditária especial, o plasma germinativo (que hoje poderíamos chamar de DNA), que controla e programa com antecipação, sem a intervenção de fatores externos, o desenvolvimento de partes do organismo, e que é transmitido de geração a geração. As células germinativas diferem em sua função e estrutura das células somáticas, e a substância hereditária só pode crescer, multiplicar-se e ser transmitida de geração a geração. Pearson afirma que essa tese foi corroborada pela biologia molecular nos anos 50 ao mostrar que nenhuma informação nas propriedades das proteínas somáticas pode ser transferida para os ácidos nucleicos do DNA, e mais recentemente, pela constatação de que as mutações derivam de mudanças nas sequências do DNA. De todo modo, segundo Weismann, a célula germinativa teria uma

---

[9] Idem.
[10] PEARSON, Keith Ansell. *Germinal life*. London/New York, Routledge, 1999, p. 4.

única função, a de se encarregar de novos organismos. Claro que ele não sabia naquele então que todas as células, inclusive as somáticas, contêm o conjunto das informações herdadas. Notemos a insistência de Weismann na "imortalidade" da linhagem germinativa, pressagiando a antiga ideia de preformacionismo que surge com força com a genética de Mendel. A biologia do plasma germinativo é uma biofilosofia das espécies, não dos indivíduos. A linhagem germinal representa o esqueleto das espécies nas quais os indivíduos surgem como excrescências, as mudanças que os indivíduos mostram são apenas temporárias e desaparecem com os indivíduos, os eventos exteriores são passageiros, afetam formas de vida particulares mas não as espécies. Os novos arranjos que porventura surjam não são criados pelos indivíduos, mas pelo reservatório hereditário contido nas células germinais, e são selecionados pelas condições variáveis da natureza — é o neodarwinismo.

O darwinismo mais clássico, com sua teoria da adaptação, introduzia na biologia uma normalidade, e não é de surpreender que desde cedo ele tenha inspirado uma normatividade social. Embora a norma não seja fixa, a capacidade de se adaptar, sobreviver e conseguir garantir a descendência na luta pela existência está inscrita na natureza; Canguilhem já via aí uma espécie de teleologia vital dissimulada. A teoria de Weismann sobre o plasma germinativo pode ir numa outra direção, que o empirismo vitalista de Bergson já prolongava, ao combater, por meio de sua evolução criadora, tanto o mecanicismo quanto o finalismo. A ideia de plasma germinativo é retomada por Bergson no sentido de uma "corrente vital que passa de germe em germe através de um organismo desenvolvido", espécie de energia genética que, no entanto, diferentemente de Weismann, não existe apenas para garantir a produção do mesmo, mas é fonte de variação, de novidade, de reinvenção. Para Bergson, o que é transmitido não são apenas os elementos fisico-químicos do plasma germinativo, mas também as energias vitais e as capacidades de uma embriogênese e morfogênese que permitem a invenção perpétua. Não se trata, no entanto, de um princípio vital abstrato, embora seja algo que exceda o sistema isolado pela ciência, ou o que é produzido. A vida é uma tendência que cria direções divergentes, dissociando-se e diferenciando-se, princípio de indeterminação introduzido na matéria —, a essência da vida estaria no movimento pelo qual ela é transmitida, no seu caráter germinal, na sua atualização, nisso que Bergson chamou de evolução criadora. Mas evolução compreendida como dissociação de fluxo contínuo da duração *e* limites estabelecidos (espécies). A vida como uma acumulação de energia e a canalização dessa energia em direções indeterminadas. Lenta acumulação, descarga súbita, e as formas vivas como veículos através dos quais o impulso vital descarrega sua energia e se reorganiza para invenções e criações futuras. Bergson não é um finalista, é um virtualista. Deleuze, a partir de um certo momento, teria deixado de lado a palavra evolução pelo termo involução criadora. Nas rupturas do curso germinal da vida não há início nem fim, nem uma genealogia dada nem uma teleologia, mas meios quebrados que permitem novas intersecções, conexões cruzadas, crescimentos imprevistos, como em *La bête humaine*, de Zola. Enquanto Serres enxerga aí uma épica da entropia, com o ciclo de destruição, dispersão, corrida para a morte, desordem e degeneração — termodinâmica da série, Deleuze insiste que a entropia nunca tem a última palavra. Não é a hereditariedade que passa pela ruptura, mas a hereditariedade é a ruptura ela mesma.[11]

Em suma, para Deleuze a vida germinal não está fixada na continuidade do plasma germinativo, mas permite fissuras e rupturas por intermédio das quais nova vida é possível e se afirma o poder monstruoso da diferença e repetição. A vida germinal é profundamente antientrópica, tanto em relação ao rio do DNA (reedição contemporânea do plasma germinativo), imune às perturbações externas, quanto à pulsão de morte. Os organismos, por sua vez, tornam-se veículos para a transmissão e comunicação das intensidades, singularidades e hecceidades. Talvez, como diz Pearson, a originalidade da concepção de Deleuze esteja em situar a vida germinal para além do problema da hereditariedade. Como em Fichte: vida não como um simples momento confrontado a uma morte universal, mas aquilo que está por toda parte, presente em todos os momentos pelos quais um sujeito passa, vida de virtualidades, acontecimentos e singularidades. Fichte, *Iniciação à vida feliz*, Aula 8: "Toda morte na natureza é nascimento... no morrer o aumento da vida aparece. Não é a morte que mata, antes uma mais viva vida que, oculta por trás da velha vida, começa e se desenvolve". A única lei da vida seria a autossuperação.

No novo weismannianismo de Deleuze, a vida germinal está presente num campo de intensidades e na vida encarnada do sujeito. Já em *Mil platôs* tudo é remetido a um agenciamento complexo, menos antropocêntrico e humano, *filum* maquínico que bifurca em diferentes linhagens, com o que a ideia de uma evolução criadora é remanejada. O maquínico como acoplamento de componentes heterogêneos, orgânicos e não orgânicos: o corpo da estepe, o corpo pleno do cidadão grego, da fábrica industrial etc. Trata-se sempre de desbancar um ponto de vista excessivamente evolucionista, biológico, humanista, acentuando os movimentos transversais de desterritorialização. Mesmo a concepção de Bergson a respeito da duração da evolução criadora é remodelada por linhas maquínicas. Cabe mostrar, em vez de um evolucionismo cósmico, uma dança desterritorializada, relações rizomáticas. Passagem de um modelo genealógico e filiativo de evolução para um modelo maquínico e rizomático. Afinal, Deleuze é um filósofo do crack, da fissura, das rupturas

---

[11] Idem, p. 117.

de vida e dos modos de comunicação. São tais rupturas que permitem novos devires e transformações, escapando das leis rígidas da vida implícitas na teoria do plasma germinativo de Weismann.

Na esteira de Weismann, tanto Bergson quanto Deleuze dão primazia não ao organismo, mas aos fluxos de intensidade vital. Em vez do orgânico, o orgiástico. Deleuze nunca subscreveu o determinismo genético, seja nos moldes do plasma germinativo seja na cadeia do DNA. A evolução é muito mais do que a hereditariedade, a transmissão ou a reprodução. A teoria da complexidade da biologia contemporânea, segundo Pearson, corrobora um tal antideterminismo, ao dissolver a oposição organismo-meio, sujeito-objeto, desfazendo os modelos de adaptação passiva. Coevolução. Organismos, segundo Goodwin, são agentes com poder imanente, autogenerativo, criativo, ou, segundo uma perspectiva vizinha, organismos são agentes autopoiéticos. A vida ela mesma não pode ser reduzida ao nível bioquímico, a vida é concebida como sistema autopoiético complexo. O organismo desdobra capacidades inovadoras de auto-organização e autorregulação. Assim, a vida não é DNA mas "uma rede complexa de relações facilitadoras". O problema com uma concepção weismanniana seria a reificação do papel do plasma germinativo. A teoria da biologia da complexidade sustenta que os mecanismos moleculares compreendem uma versatilidade, uma fluidez, e o acento é colocado antes num contexto dinâmico, num campo de forças dinâmico do que numa essência física. "O DNA nu não se replica a si mesmo, ele requer um agenciamento complexo de enzimas protéicas".

Deleuze e Guattari já criticavam fortemente o dogma e a mitologia do DNA, recusando-se a compará-lo a uma linguagem, já que não há propriamente tradução, mas antes sínteses sucessivas que reordenam, metabolismo, seleção natural, reprodução, transferência virótica. E quanto mais meios interiores tem um organismo, garantindo sua autonomia, mais desterritorializado ele é. Curiosa inversão, em que a reprodução é inseparável da desterritorialização, em que as populações são responsáveis pelos processos mútuos de codificação, descodificação, desterritorialização.

Num modelo rizomático, não se trata de evolução, com seu viés perfeccionista e progressivo, mas de passagens, pontes, túneis: nem regressão nem progressão, mas devires. A própria mudança não como passagem de uma forma pré-estabelecida a outra, mas como processo de descodificação. Teoria moderna das mutações, segundo a qual um código goza de uma margem de descodificação que oferece suplementos capazes de variação. Mais valia de código, comunicação lateral.

A involução produz a dissolução das formas e liberação de tempos e velocidades, tornando possível modos transversais de devir, comunição entre sistemas vivos, que sempre envolvem populações heterogêneas e agenciamentos — a evolução pode ser contagiosa e epidêmica, ação genética à distância, rede de campos de influência, rede de poder fenótipo. Mesmo o retorno ao corpo-sem-órgãos como lugar de devires criadores não deve ser concebido como uma regressão, mas um redesenho do campo de intensidades e de singularidades (Brian Massumi: Não regressão, invenção (...) a função do corpo-sem-órgãos não é a de negar, abstratamente, o organismo, mas abrir para dimensões criativas de evolução por meio de seu caráter maquínico).

Segundo o autor, a concepção autopoiética, embora muito valiosa, não consegue apreciar a que ponto os sistemas vivos e suas fronteiras estão inseridos num agenciamento que envolve modos de devir transversais — ainda trata de sistemas demasiado fechados. Se há autopoiese, ela deve ser concebida como operando no nível maquínico. Autopoiese maquínica como heterogênese maquínica.

É aqui que esse conjunto de considerações tem de ser referido ao *socius* e seu modo de produção contemporâneo. De fato, lembra o autor, estamos na fase do capitalismo endocolonialista, em que os humanos foram colonizados pelo capitalismo, e tornaram-se adjacentes às máquinas técnicas. Sob o capital, a substância humana deixou de ser o capital variável para tornar-se elemento de servidão maquínica. Numa época em que deus morreu e tudo é permitido, sobretudo o movimento de autovalorização do capital, a principal tarefa de um projeto crítico seria identificar modos de devir que resistam ao processo de valorização entrópico que o capital move e a captura das forças de vida biocósmica. É, como intui Marx, o próprio capital que desenvolve uma metafísica da energia (e não *O anti-Édipo,* conforme uma acusação frequente). Seria possível, segundo Deleuze e Guattari, produzir uma crítica do capital autopoiético sem recorrer a um humanismo. Na esteira de Marx, mas para além dele, seria preciso pensar a mais valia maquínica, a servidão maquínica. No capitalismo, a mais valia deixaria de ser localizável, já que a circulação do capital desafia a distinção entre capital constante e variável. Há um trabalho excedente que opera cada vez menos por intermédio do estriamento do espaço-tempo correspondente ao conceito psicossocial de trabalho. A alienação humana através do excedente de trabalho é substituída pela servidão maquínica generalizada, extensiva às crianças, desempregados, aposentados, e envolvendo a mídia, entretenimento, estilos de vida, novos modelos urbanos, com o capital circulante recriando-se a si mesmo num espaço liso. A distinção chave não é mais entre capital constante e capital variável, ou mesmo entre capital fixo e capital circulante, mas entre capital estriado (aparelhos do estado moderno) e capital liso (multinacionais e globalização). Em todo caso o capitalismo é incapaz de absorver o excedente maquínico e os fluxos que ele gera apesar de suas tentativas de repressão ou de sobrecodificação através seja do controle e regulação estatal seja da infantilização midiática. Ainda que em certa medida o capitalismo seja dono da mais valia e de sua distribuição, ele não domina os fluxos dos quais deriva a mais valia. Assim, a subjetividade maquínica que emerge da produção capitalista é rizomática, vem de várias direções e também extrapola a lógica produtivista e utilitarista do capital, em direções imprevisíveis e incalculáveis.

Com isso, Deleuze teria mostrado o movimento imanente que está por trás do niilismo, apontando para as rupturas que desafiam as leis imutáveis da vida e do capital, e que condenariam a vida individual e social ao eterno retorno niilista, dissipando assim as forças do fora e minimizando seus poderes de renovação.

Talvez a questão maior nesse esforço de pensar a criação do novo esteja ligada precisamente ao capitalismo. A questão da filosofia nesse contexto estaria vinculada à relação crítica e clínica da filosofia com os movimentos niilistas do capital. São como que dois niilismos: aquele que destrói valores antigos para conservar a ordem estabelecida e que nunca produz nada de novo, e o outro que extrai do niilismo algo que pertence ao intempestivo, ao monstro futuro, comprometido com um "tempo por vir". É o desafio de pensar para além do homem, numa ética "trans-humana" e germinal.

Se o humano não está fixado nem determinado em sua função, mas aberto a um devir afetivo no interior de agenciamentos não-humanos ou extra-humanos, impõe-se a pergunta: com quais outras forças será ele capaz de desenvolver-se num jogo de acaso e necessidade? Podem-se evocar as dobras das cadeias do código genético, a desterritorialização etológica, o potencial do silício nas máquinas cibernéticas e na tecnologia da informação etc. "O além-do-homem é, segundo a fórmula de Rimbaud, o homem carregado dos próprios animais (um código que pode capturar fragmentos de outros códigos, como nos novos esquemas de evolução lateral ou retrógrada). É o homem carregado das próprias rochas, ou do inorgânico (lá onde reina o silício)." Nesse sentido, as novas formas de vida emergentes sinalizam "muito menos que o desaparecimento dos homens existentes e muito mais que a mudança de um conceito: é o surgimento de uma nova forma, nem Deus, nem o homem, a qual, esperamos, não será pior que as duas precedentes."[12]

---

[12] DELEUZE. *Foucault*. São Paulo, Brasiliense, 1988, pp. 141-2.

PARTE III
CAPITALISMO E SUBJETIVIDADE

IMPÉRIO E BIOPOTÊNCIA

Escrito a quatro mãos pelo pensador e militante italiano Toni Negri juntamente com o jovem filósofo americano Michael Hardt, *Império* é a primeira grande cartografia do terceiro milênio. Os autores tiveram a coragem de pensar o presente contexto na sua abrangência maior, planetária, com um fôlego que não se via há tempos — recorte ao mesmo tempo histórico e filosófico, cultural e econômico, político e antropológico. Com clareza perturbadora aparecem os processos de dominação e assujeitamento que se instalaram nos últimos anos, bem como algumas indicações, ainda embrionárias, sobre as possibilidades de reversão.

O ponto de partida é um diagnóstico inequívoco: estamos no tempo do Império. O Império é uma nova estrutura de comando, em tudo pós-moderna, descentralizada e desterritorializada, correspondente à fase atual do capitalismo globalizado. O Império, diferentemente do imperialismo, é sem limites nem fronteiras, em vários sentidos: engloba a totalidade do espaço do mundo, apresenta-se como fim dos tempos, isto é, ordem a-histórica, eterna, definitiva, e penetra fundo na vida das populações, nos seus corpos, mentes, inteligência, desejo, afetividade. Totalidade do espaço, do tempo, da subjetividade. Jamais uma ordem política avançou a tal ponto em todas as dimensões, recobrindo a totalidade da existência humana. No entanto, esse poder já não se exerce verticalmente, desde cima, de maneira piramidal ou transcendente. Sua lógica, em parte inspirada no projeto constitucional americano, é mais "democrática", horizontal, fluida, esparramada, em rede, entrelaçada ao tecido social e a sua heterogeneidade, articulando singularidades étnicas, religiosas, minoritárias. O Império coincide com a sociedade de controle, tal como Deleuze, na esteira de Foucault, a havia tematizado. Em substituição aos dispositivos disciplinares que antes formatavam nossa subjetividade, surgem novas modalidades de controle. Em lugar do espaço esquadrinhado pela família, escola, hospital, manicômio, prisão, fábrica, tão característicos do período moderno e da sociedade disciplinar, a sociedade de controle funciona através de mecanismos de monitoramento mais difusos, flexíveis, móveis, ondulantes, "imanentes", incidindo diretamente sobre os corpos e as mentes, prescindindo das mediações institucionais antes necessárias, que de qualquer forma entraram progressivamente em colapso. O novo regime de controle em espaço liso e aberto se exerce através de sistemas de comunicação, redes de informação, atividades de enquadramento, e é como que interiorizado e reativado pelos próprios sujeitos, no que os autores chamam de um estado de alienação autônoma.

Através de redes flexíveis, moduláveis e flutuantes, o poder muda de figura, amplia seu alcance, penetração, intensidade, bem como sua capacidade de mobilização. Prolongando uma intuição foucaultiana, os autores assinalam que agora o poder não é apenas repressivo, restritivo, punitivo, mas ele se encarrega positivamente da produção e da reprodução da própria vida na sua totalidade. É a dimensão biopolítica da sociedade de controle. Ela corresponde à entrada do corpo e da vida, bem como de seus mecanismos, no domínio dos cálculos explícitos do poder. Trata-se de uma forma de poder que rege e regulamenta a vida social desde dentro, seguindo-a, interpenetrando-a, assimilando-a e a reformulando. O poder não pode obter um domínio efetivo sobre a vida inteira da população a menos que se torne uma função integrante e vital que cada indivíduo abraça e reativa por sua própria conta e vontade. É nesse sentido que a vida torna-se um objeto de poder, não só na medida em que o poder tenta se encarregar da vida na sua totalidade, penetrando-a de cabo a rabo e em todas as suas esferas, desde a sua dimensão cognitiva, psíquica, física, biológica, até a genética, mas sobretudo quando esse procedimento é retomado por cada um de seus membros. O que está em jogo nesse regime de poder, de qualquer modo, é a produção e a reprodução da vida ela mesma. Não é só o domínio sobre um território, ou sobre a produção de riqueza, nem apenas a administração da reprodução da vida com a finalidade de garantir a produção da riqueza, mas é a própria vida que é visada, no seu processo de produzir e de reproduzir-se. Claro que aqui os autores já ampliaram a acepção de Foucault, que num primeiro momento referia-se mais precisamente ao modo em que o poder começou a preocupar-se com a população enquanto espécie, mas essa ampliação já está virtualmente no próprio Foucault, se considerarmos o último capítulo da *História da sexualidade* I, ou uma conferência dada no Rio de Janeiro, ou o curso ministrado no Collège de France em 1978 e 1979 (*Naissance de la biopolitique*).

SOCIEDADE DE CONTROLE E CONTEXTO BIOPOLÍTICO

A partir daí, Negri e Hardt tentam articular essas duas contribuições de Foucault, dizendo que só uma sociedade de controle pode adotar o contexto biopolítico como seu terreno exclusivo de referência. A sociedade disciplinar não conseguia penetrar inteiramente as consciências e os corpos dos indivíduos a ponto de organizá-los na totalidade de suas atividades. A relação entre poder e indivíduo era ainda estática, e além disso era compensada pela resistência do indivíduo. Na sociedade de controle, o conjunto da vida social é abraçado pelo poder e desenvolvido na sua virtualidade. A sociedade é subsumida na sua integralidade, até os centros vitais de sua estrutura social; trata-se de um controle que invade a profundidade das consciências e dos corpos da população, atravessando as relações sociais e as integralizando.

Num certo sentido não é um tema novo. Marx já falava em subsunção real do trabalho ao capital, e a escola de Frankfurt tematizou a subsunção da cultura. Mas essa passagem, tal como Foucault e Deleuze, aos olhos de Hardt e Negri, a entendem, significa algo um pouco diferente. Sim, é a subsunção da economia, da cultura, também do *bios* social a um poder que assim engloba todos os elementos da vida social, mas é um domínio que produz algo muito paradoxal, e nada linear, dizem os autores, pois ao invés de unificar tudo cria um meio de pluralidade e de singularização não domesticáveis. Daí a inversão não só semântica, mas também cultural e política, proposta por um grupo de teóricos, majoritariamente italianos, e entre eles o próprio Negri. Com ela, o termo de biopolítica deixa de ser prioritariamente a perspectiva do poder e de sua racionalidade refletida tendo por objeto passivo o corpo da população e suas condições de reprodução, sua vida.

A VIDA

A própria noção de vida deixa de ser definida apenas a partir dos processos biológicos que afetam a população. Vida agora inclui a sinergia coletiva, a cooperação social e subjetiva no contexto de produção material e imaterial contemporânea, o intelecto geral. Vida significa inteligência, afeto, cooperação, desejo. Como diz Maurizio Lazzarato, a vida deixa de ser reduzida, assim, a sua definição biológica para tornar-se cada vez mais uma virtualidade molecular da multidão, energia aorgânica, corpo-sem-órgãos. O bios é redefinido intensivamente, no interior de um caldo semiótico e maquínico, molecular e coletivo, afetivo e econômico. Aquém da divisão corpo/mente, individual/coletivo, humano/inumano, a vida ao mesmo tempo se pulveriza e se hibridiza, se moleculariza e se totaliza. E ao descolar-se de sua acepção predominantemente biológica, ganha uma amplitude inesperada e passa a ser redefinida como poder de afetar e ser afetado, na mais pura herança espinosana. Daí a inversão do sentido do termo forjado por Foucault: biopolítica não mais como o poder *sobre* a vida, mas como a potência *da* vida. Definir o Império como regime biopolítico implica esse duplo sentido: significa reconhecer que nele o poder sobre a vida atinge uma dimensão nunca vista, mas por isso mesmo nele a potência da vida se revela de maneira inédita. Muito cedo o próprio Foucault intuiu a natureza desse paradoxo: aquilo mesmo que o poder investia — a vida — era precisamente o que doravante ancoraria a resistência a ele, numa reviravolta inevitável. Ao poder *sobre* a vida deveria responder o poder *da* vida, a potência "política" da vida na medida em que ela faz variar suas formas e reinventa suas coordenadas de enunciação.

Daí a tentação dos autores de inverter o sentido pejorativo do biopoder e da biopolítica, que originalmente incidiria sobre a produção e reprodução da vida, e pensarem a partir do corpo biopolítico coletivo, onde se dá a produção e reprodução da vida, levando em conta sua nova potência. A esse corpo biopolítico coletivo, em seu misto de inteligência, conhecimento, afeto, desejo, os autores deram o nome de multidão.

Quando ficamos numa descrição molar sobre o *Império*, cuja arquitetura jurídica, econômica, política, o livro disseca em centenas de páginas, revelando seus mecanismos e seu poder gigantesco, na medida em que detém os pilares absolutos da destruição e do controle, isto é, a bomba atômica, o dinheiro e o éter comunicacional, temos por vezes a impressão que a totalização conseguida pelo poder imperial é tão exaustiva que ela seria capaz, por si só, de esvaziar o campo da conflitualidade política. É aí que o livro atinge um de seus aspectos mais instigantes, ao conduzir a análise para o nível do corpo biopolítico coletivo, de sua produtividade própria e do espaço de comunialidade que ele cria.

Tomemos o exemplo do trabalho contemporâneo, pós-fordista. Baseado na informação, na ciência, na comunicação, nos serviços, esse trabalho dito "imaterial", que já não produz só sapatos e geladeiras, mas principalmente informação, conhecimento, imagens, tendencialmente tem traços singulares: ele transborda o tempo de trabalho para coincidir com o tempo de vida, confundindo tempo de produção e de reprodução. Ele depende da criatividade coletiva; tende a funcionar em rede; deriva da cooperação intelectual; instaura espaços comuns de produção. Mais e mais o trabalho contemporâneo aparece como atividade produtiva da multidão (e não do capital), de sua inteligência coletiva, de seu conhecimento comum, de sua paixão, afetividade, inventividade, em suma, de sua vitalidade. Nem por isso deixa ele de ser explorado e expropriado pelo capital, antes pelo contrário, o capital encontra aí, nessa força-invenção disseminada por toda parte, uma reserva inesgotável. Resta o fato incontestável que a potência de vida da multidão, no seu misto de inteligência coletiva, afetação recíproca, produção de laço, capacidade de invenção, que é cada vez mais a fonte primordial de riqueza do próprio capitalismo, deborda a axiomática capitalística. Pois é também o lugar onde se gestam novas modalidades de insubmissão, de rede, de contágio, de inteligência coletiva, a exemplo dos engenheiros de informática que desenvolvem programas socializados gratuitamente, burlando as regras do *copyright*, ou de cientistas se rebelando contra o patenteamento de invenções por parte das multinacionais. Portanto, mesmo que o poder abrace a vida como um todo, intensiva e extensivamente, no avesso dessa integralização exaustiva aparece a potência biopolítica, a biopotência da multidão na sua desmesura.

Conclusão: é a Multidão, e não o Império, em última instância, que cria, gera e produz novas fontes de energia e de valor que o Império tenta modular, controlar, capitalizar. O poder do Império é apenas organizativo, não constituinte, ele parasita e vampiriza a riqueza virtual da multidão, é o seu resíduo negativo. "O próprio Império não é uma realidade positiva", dizem os autores, numa inversão que abre uma poderosa linha de escape para pensar a resistência constituinte.

É como se os autores dissessem: a lógica imperial do pós-moderno, com seu espaço liso e desterritorializante, removeu os últimos obstáculos para a subsunção real e total da sociedade ao capital. Foram varridos com isso os Estados-nação, a separação público/privado, a sociedade civil, instituições com função de mediação, e como nunca o *bios* social foi sequestrado. Mas com isto, ao mesmo tempo, essa lógica pôs a nu as sinergias de vida, os poderes virtuais da multidão, o poder ontológico da atividade de seus corpos e mentes, a força coletiva de seu desejo, e por conseguinte a possibilidade real de ela reapropriar-se dessa sua potência.

Algumas palavras sobre multidão. Tradicionalmente o termo é usado de maneira pejorativa, indicando um agregado disforme que cabe ao governante domar e dominar. Em contrapartida, o povo é concebido como um corpo público animado por uma vontade única. Mas os autores escolhem outra perspectiva, numa tradição que por um lado remonta a Espinosa, por outro se baseia na mutação do trabalho contemporâneo. A multidão, por definição, é pura multiplicidade, ela é plural, heterogênea, centrífuga. Por conseguinte, ela é refratária à unidade política, não assina pactos com o soberano e não delega a ele direitos, seja ele um mulá ou um cowboy. Ela inclina-se a formas de democracia não representativa. A multidão, na sua configuração acentrada e acéfala, é também o oposto da massa. Como bem o lembra Canetti, a massa é homogênea, compacta, contínua, unidirecional, todo o contrário da multidão: heterogênea, dispersa, complexa, multidirecional.

A RESISTÊNCIA

Obviamente, a pergunta que fica é como esses elementos de virtualidade que constituem a multidão podem atingir um limiar de realizações conforme o seu poder, driblando as estratégias imperiais que se esforçam em neutralizar sua potência subjetiva e explosiva. O único ponto de partida possível é o espaço biopolítico (e não público) da multidão, considerado do ponto de vista do desejo, da produção, do coletivo humano em ação. Como dizem os autores: "*nós* somos os senhores do mundo porque *nosso* desejo e *nosso* trabalho o regeneram continuamente". É a multidão contra o Império, sua força irreprimível de criação de valor, seu trabalho imanente, suas modalidades de cooperação, de comunidade, mas também de êxodo, de escape, de deserção.

A multidão é essa figura contemporânea que conjuga multiplicidade e singularidade, que é fonte absoluta de energia e valor, que é virtualidade pura. Por isso ela está fora de qualquer medida, ela é além de qualquer medida. Na sua incomensurabilidade, ela é próxima do monstro — é o que faz, talvez, a força e a fraqueza dessa categoria a meio caminho entre o filosófico, o sociológico e o teratológico. Em todo caso, se é visível a dificuldade de fazer dela um operador político concreto, não é pequena sua capacidade de irrigar nosso imaginário político, sobretudo quando se explicita o enquadre teórico em que aparece. Pois ao proporem seu método de análise, os autores esclarecem o duplo objetivo, ou melhor, o método duplo. Por um lado, é crítico e desconstrutivo, subvertendo as linguagens e estruturas sociais hegemônicas, e revelando uma base ontológica substitutiva que reside nas práticas criativas e produtivas da multidão. Mas o outro aspecto é construtivo e ético-político: busca conduzir os processos de produção de subjetividade para a constituição de uma solução de substituição social e política efetiva — o que Negri, na esteira de seu trabalho anterior, chama de novo poder constituinte. Portanto, a desconstrução não é apenas textual, deve buscar a natureza dos acontecimentos, e a determinação real dos processos, e assim abrir para o substrato ontológico das soluções concretas, as forças subjetivas, o cenário de atividades, resistências, vontades e desejos que recusam a ordem hegemônica, bem como para as linhas de fuga, os percursos alternativos e constitutivos.

BIOPOTÊNCIA

O leitor tem o direito de perguntar-se qual é a positividade real dessa multidão, que nutre o Império e ao mesmo tempo o ameaça, que é sua condição biopolítica e igualmente seu inimigo virtual. Os próprios autores ampliam a pergunta, num sentido ainda mais político, e o formulam nos seguintes termos: Como a produção material e imaterial dos cérebros e dos corpos de muitos pode construir um sentido e uma direção comuns, num momento na qual a forma em que o político poderia ser expresso em subjetividade ainda não é clara? Quando não existe nem Deus, nem mestre, nem sequer homem, essa fase anárquica significa, numa pós-humanidade de nossos corpos e espíritos, uma certa ideia de vida...

Pois trata-se sempre da vida, na sua dimensão de produção e de reprodução, que o poder investe, e que no entanto é o caldo a partir do qual emergem os contra-poderes, as resistências, as linhas de fuga. Daí a presença insistente do prefixo *bio* nesse leque conceitual. *Biopoder* como um regime geral de dominação da vida, *biopolítica* como uma forma de dominação da vida que pode também significar, no seu avesso, uma resistência ativa, e *biopotência* como a potência de vida da multidão, para além das figuras históricas que até há pouco tentaram representá-la. A biopotência inclui o trabalho vital, o poder comum de agir, a potência de autovalorização que se ultrapassa a si mesma, a constituição de uma comunialidade expansiva — enfim, trata-se de um dispositivo ontológico (pois não é material apenas, nem só imaterial, nem objetivo nem subjetivo, nem apenas linguístico, ou apenas social). Por isso mesmo, ele não é suscetível de nenhuma mensuração: é uma virtualidade desmedida, é um poder expansivo de construção ontológica e de disseminação... Para usar uma concepção mais nietzschiana, embora a base de Negri seja mais espinosista, pode-se pensar numa vontade de poder, que na sua expansividade tem por efeito a transvaloração dos valores, destruição e criação de novos valores, e sobretudo tem o poder de apropriar-se das condições de produção de valor. Poder positivo, poder constituinte.

Para Negri, em última instância, a vida é isto: produção e reprodução do conjunto dos corpos e cérebros. A vida, portanto, não é aquilo que caracteriza apenas a reprodução, sendo subordinada à jornada de trabalho, mas é o que penetra e domina toda a produção. Vida e produção tornam-se assim uma única coisa. A questão é: em que medida essa virtualidade extrapola a vampirização do capital e das instituições que a parasitam? Em que medida, portanto, essa virtualidade pode ser máquina de inovação?

Nesse contexto, o espaço biopolítico, argumenta Negri, é mais interessante do que o espaço político, na medida em que ele é o caldo em que se misturam o político, o social, o econômico, o afetivo; é ele que reúne o ponto de vista do desejo, da produção concreta, da coletividade humana em ação. O mundo biopolítico é uma tessitura incessante de ações geradoras cujo motor é o coletivo, o desejo da multidão, nessa hibridação do natural e do artificial, dos homens e máquinas, na sua força de geração e regeneração. A multidão, portanto, aparece imediatamente como uma auto-organização biopolítica. Para os autores, com a dissolução da figura do povo, o militante já não pode ser um representante. Mas agente biopolítico, que é incumbido de uma atividade constituinte, positiva, construtiva e inovadora. Os autores escrevem: "Os militantes resistem à autoridade imperial de uma maneira criativa: dito de outro modo, a resistência está ligada imediatamente a um investimento constitutivo no domínio biopolítico e à formação dos dispositivos cooperativos de produção e de comunidade". Se ele herda a experiência de dois séculos de ação insurrecional, ao mesmo tempo ele se liga a um mundo novo, sem exterioridade, que implica uma participação vital, numa cooperação produtiva da intelectualidade de massa e das redes afetivas. É onde a resistência torna-se contrapoder.

CONCLUSÃO

O leitor termina esse livro com alguns vislumbres vertiginosos, mas sem palavras de ordem conclusivas, nem propostas concretas, salvo uma sobre cidadania global e outra sobre renda de cidadania. É verdade que se insinuam nas entrelinhas tentações por vezes leninistas, de dar a esse conjunto multifacético uma direção organizacional, molar, imperativa, mas também há advertências de sobra contra essa tentação. Em todo caso, ao recensear as formas de resistência atuais, desde certos modos de deserção e defecção, de evacuação dos lugares de poder, até a explosão de revoltas virulentas, ora incomunicáveis entre si, ora "globalizadas", os autores insistem em que se trata de lutas a um só tempo econômicas, políticas, culturais, "biopolíticas" — pois são lutas que têm por objeto a forma de vida, já que o Império é acima de tudo controle de forma de vida. No entanto, apesar de sua intensidade, e por mais que criem novos espaços e novas formas de comunidade, e pensemos na linhagem que vai de Seattle a Gênova, passando por Chiapas, ou mesmo a mobilização contra a guerra do Iraque, essas revoltas ainda parecem obsoletas. É que uma exigência maior se impõe a cada dia: o de ir além da recusa, transpor o Império para "sair do outro lado". Trata-se de construir, no não-lugar que as desconstruções das últimas décadas deixaram e no vazio que o Império produziu, um lugar novo, a partir da sinergia da multidão, tecendo ontologicamente novas determinações do humano, de vida. A utopia que se entrevê nesse tom a um só tempo cáustico e terno não configura um contorno acabado com cores de um outro mundo, mas apenas prolonga as linhas de força já presentes neste mundo, num *telos* coletivo e experimental da multidão. Em vez de utopia, seria mais apropriado falar em *desutopia*, um vazio de projeto, que nada tem a ver com um desencanto pós-moderno ou qualquer volúpia niilista, mas antes com a ousadia de sustentar um espaço de abertura, de indeterminação, um pleno de possíveis, uma crise a partir da qual múltiplas virtualidades possam ser atualizadas.

Inspirados num arco conceitual que vai de Maquiavel a Guy Debord e Foucault, de Espinosa e Marx a Deleuze-Guattari, passando pela rica experiência da autonomia italiana, numa empreitada a um só tempo desconstrutiva e afirmativa, a própria filosofia ganha um novo estatuto: deixa de ser a coruja que levanta voo depois do fim da história, a fim de celebrar seu final feliz, para tornar-se proposição subjetiva e desejo, *praxis*. Se neste livro há passagens que soam como um manifesto político, com momentos épicos ou líricos, isto se deve, sem dúvida, à função ético-política que os autores atribuem ao pensamento. Cabe a ele não apenas determinar a natureza dos processos em curso, mas igualmente sondar as forças subjetivas implicadas, as vontades e desejos que recusam a ordem hegemônica, as linhas de fuga que forjam percursos alternativos.

Muitas perguntas ficam em aberto ao final da leitura desta obra, e algumas delas são irrespondíveis teoricamente, como se a resposta só pudesse vir precisamente da multidão, na sua heterogeneidade, no seu hibridismo, no seu nomadismo forçado ou voluntário, no sofrimento e miséria que as novas segmentações do Império produzem a cada dia, naquele ponto em que o poder sobre a vida se revela tão total que faz aparecer, afinal, o seu avesso, um meio de pluralidade poderoso em que o Império soa apenas como um espectro, como a organização do medo, como superstição.

Num conto conhecido, Kafka relata que o imperador da China ordena a construção de uma muralha para se proteger dos bárbaros, mas essa muralha é feita de blocos esparsos, com lacunas quilométricas entre um bloco e outro, que não protegem de nada nem de ninguém. Em todo caso, de nada adiantaria, visto que os bárbaros já estão acampados a céu aberto no coração da capital, diante do palácio do Imperador. O Império contemporâneo não é feito de trincheiras e muralhas para se proteger dos nômades. O próprio império já é nômade, ou melhor, ele é a resposta política e jurídica à nomadização generalizada, de fluxos de toda ordem, fluxos de capital, de informação, de imagem, de bens, mesmo e sobretudo de pessoas. Resta a intuição visionária de Kafka. Há algo no funcionamento do Império que é puro disfuncionamento. Como diz ele num outro contexto: "Não vivemos num mundo *destruído*, vivemos num mundo *transtornado*. Tudo racha e estala como no equipamento de um veleiro destroçado." Talvez é esta rachadura, neste momento em que sofre-se de enjoo marítimo mesmo em terra firme, que um livro como Império pode nos ajudar a pensar, com todas as reservas que se possa ter a várias das categorias por ele propostas. Em todo caso, ele pode ser útil para pensar a lógica imanente do poder contemporâneo, e nesse contexto concreto, biopolítico, para repensar a relação entre capital e vida, controle e desejo, política e subjetividade. Mais amplamente, permite retomar a relação sempre problemática e explosiva entre o poder e a potência, entre o constituído e o constituinte, entre a soberania e a imanência — em suma, foi isso tudo que nele me interessou, e por isso deixo de lado, aqui, todas as possíveis divergências ou reticências, analíticas, doutrinárias ou estilísticas, minhas ou de seus inúmeros críticos, bem como outras vias interessantes nele presentes para pensar a guerra, o estado de exceção, a polícia global, a militarização atual do psiquismo mundial. Parafraseando Benjamin, é como se a partir de uma redescrição de nosso presente pós-moderno, esse livro tentasse escová-lo a contrapelo, e examinasse as novas possibilidades de reversão vital que se anunciam. Pois no interior dessa megamáquina de produção de subjetividade e de terror a que se chama Império, o livro prospecta a positividade constituinte e antagônica da multidão, que anuncia novas modalidades, talvez pós-humanas, de se agregar, de combater, de trabalhar, de criar sentido, de inventar dispositivos de valorização e de autovalorização capazes de nos fazer "sair do outro lado" do Império. Negri e Hardt flertam com o demônio, mas para transpô-lo.

NEUROMAGMA

1.

Bifo lembra que já não se pode expressar o conjunto dos processos em curso em termos de uma física dos corpos sólidos, mas só em termos de uma psicoquímica dos fluxos tecnoneuronais.[1] A sociedade aparece como uma imensa solução fluida na qual se difundem, se diluem, se mesclam e se confudem substâncias psicoquímicas de cores diferentes. Crenças, tradições, ilusões, fés, ódios, desejos que provêm de vários estratos do inconsciente antropológico, fluxos midiáticos oriundos de fontes diversas do ciberespaço, fluxos subculturais provenientes de diferentes níveis do imaginário planetário. E longe de reduzir ou uniformizar o comportamento cultural, a integração planetária produziu uma multiplicação de refrações, esfumaçamentos, meios-tons que dependem dos diversos graus de contaminação. É verdade que a economia funciona como código semiótico transversal, capaz de comandar a gama infinita da diferenciação. Mas ela não unifica, não ajuda a encontrar um elemento universal humano no caleidoscópio das diferenças. Ao contrário, inocula agressividade nas relações e rigidificações identitárias.

2.

As consequências de um tal contexto, do ponto de vista de uma suposta democracia, são imponderáveis. As decisões globais dependem cada vez menos da opinião e da vontade, e cada vez mais dos fluxos psicoquímicos (hábitos, medos, ilusões, fanatismos) que atravessam a mente social. O lugar de formação da esfera pública se transferiu da dimensão do confronto entre opiniões ideologicamente fundadas para o magma do oceano neurotelemático,

[1] As ideias expostas a seguir foram colhidas nos seguintes livros de BERARDI, Franco (Bifo). *Politiche della mutazione*. Bolonha, A/Traverso, 1991; *Mutazione e cyberpunk*. Genova, Costa & Nolan, 1994; *Neuromagma*. Roma, Castelvecchi, 1995; *La nefasta utopia di Potere peraio*. Roma, Castelvecchi, 1998; *Felix*. Roma, Luca Sossela, 2001. Esses textos dialogam com uma vasta rede de autores contemporâneos. Mais do que subscrever ou polemizar com as hipóteses do autor, ou com o tom mitopoético em que estão formuladas, tratou-se, aqui, de com elas desenhar um panorama genérico em torno das relações entre tecnologia, política e subjetividade.

no qual as coisas se determinam fragmentariamente, imprevisivelmente, por efeito de tempestades psicomagnéticas e cada vez menos referidas a esquemas políticos definidos. Claro que há divergência de opiniões, cada um pode se expressar como quiser, mas isso já não tem importância, não significa nada, não tem efeito nenhum. A proliferação ilimitada das fontes de informação, por sua vez, não necessariamente implica uma abertura democrática, talvez porque o efeito sociedade não se encontra mais na esfera do discurso, porém na psicoquímica. Ali não temos discurso, mas imagens, estratégias mais ou menos conscientes de pervasão subliminar. A partir dos anos 70, sobretudo, e do encontro entre política e publicidade, com a difusão da televisão como eletrodoméstico viral omni-invasivo, e a concomitante abolição da distinção entre esfera onírica e esfera da vida cotidiana, o destino coletivo se decide cada vez menos no âmbito da política democrática, e cada vez mais na esfera psicodélica das aparições de fantasmas inconscientes. Diante da decomposição da mente moderna, resultante dessa mutação do ambiente em que se forma essa mente, do adensamento da crosta infoesférica, da expansão do ciberespaço, não cabem mais as modalidades lógico-críticas.

3.

Há uma defasagem entre a conexão virtualmente infinita dos sujeitos de enunciação no ciberespaço, e o tempo necessário ao cérebro orgânico a fim de elaborar a informação que o circunda (cibertempo). Enquanto os fluxos de solicitação informacional e sensorial aumentam vertiginosamente, o núcleo subjetivo está preso ainda ao ritmo lento da matéria orgânica, da corporeidade, do gozo e do sofrimento. E a exposição do organismo às informações não pode ser intensificada além de um certo limite sem provocar uma diminuição e uma perda de intensidade, com consequências éticas e estéticas importantes, desde a perda de interesse na alteridade, até a irritação, fastio, ansiedade, medo e agressividade. Em suma, o ciberespaço invade, até o estrangulamento, a esfera da sensibilidade cibertemporal, pois a sensibilidade está no tempo, e o espaço tornou-se denso demais para que o tempo possa elaborá-lo com algum desfrute. Não há como fazer uma análise do momento atual sem levar em conta essa brutal desterritorialização tecnológica, em que a experiência cotidiana banha num Neuromagma modulável, disponível para uma recombinação ininterrupta, mas submetida a uma semiotização econômica.

4.

Com a integração da mente no processo de produção capitalista e a incorporação da inteligência na lógica do capital, não há mais sentido em falar da restauração das condições democráticas da política, pois, como vimos, a formação livre de opinião, condição necessária para o exercício do que nos acostumamos a chamar de democracia, tende a diluir-se. Os que pregam a participação têm por vezes a impressão de apenas prolongar o exaurido espetáculo da política do qual a maioria está excluída. Só as forças cegas do Neuromagma estão em condições de dominar a totalidade da sociedade, embora esse domínio não tenha o caráter do governo político, da mediação democrática — evoca antes a força do inevitável, que hoje vai de par com o inevitável da força. Será que só nos resta abandonar-nos à ideia de ser parte de uma totalidade irreversível, irrecusável? Como subtrair-se à psicopatia que deriva da exposição ao Neuromagma?

5.

Segundo Bifo, uma estratégia evolutiva nessa mutação pode nascer por uma via cismogenética: separação mais ou menos consciente de células independentes. Estratégia não de domínio, mas de "adesão ao devir cósmico" e de separação no interior dele. A identidade, a responsabilidade, a participação política, a pretensão de um governo da totalidade são obsessões que impedem algo mais elementar, uma espécie de criatividade caosmótica e recombinações singulares, eventos libertários que uma célula independente pode experimentar por si e propor como exemplo, como contágio, fazendo rizoma sem precisar dominar. Seria uma maneira de pensar alternativas no interior desse caldo, onde se dissolveram os corpos compactos, como classes, ideologias, todas essas figuras simplificadas que já não agregam qualquer constelação de acontecimentos, de ações, de projetos. O fato é que hoje, em vez do sujeito, proliferam singularidades, e é a partir desse dado elementar que seria preciso repensar novas composições. Assim, trata-se de cartografar esse Neuromagma seguindo um método composicionista, neurocomposicionista, diz Bifo, que consiste em seguir os fluxos tecnomidiáticos que modelam a cognição e os fluxos de desejo do psiquismo social. Mais do que tentar prever o futuro, trata-se de funcionar como um terminal esquizo que emite profecias diversas conforme as redes às quais está conectado, segundo um vetor de imaginação. Nas condições muito concretas da experiência italiana dos anos 70, Bifo realizou parcialmente essa consigna, ao animar a rádio livre Alice, que Félix Guattari considerou como o início de um processo de proliferação dos agentes enunciativos, destinados a fazer explodir o modelo massmidiático. O movimento das rádios livres antecipava a tendência pós-midiática que o filósofo preconizava e antevia. Guattari jamais concordou com a diabolização das tecnologias da comunicação, e deu o suporte teórico para um pensamento tecno-nômade, confiando no poder de auto-organização molecular no interior dos fluxos semióticos desterritorializados que o capitalismo libera, nos vetores de resingularização ali presentes, na criatividade social e até numa civilização pós-midiática. Guattari referia-se a uma época em que a mídia hegemônica perderia sua centralidade e sua verticalidade, dando lugar a processos de auto-organização tecnocomunicativa, numa sensibilidade pós-midiática.

6.

A economia capitalista só venceu a batalha no século 20 ao integrar a atividade intelectual no processo produtivo. Com isso, o capital foi obrigado a liberar-se da forma industrial e reduzir-se à sua essência de código abstrato capaz de modelar processos concretos de elaboração e de produção. Bifo lembra que os fatores econômicos não são mais, como no tempo de Marx, a terra, o trabalho e o capital. Aliás, Marx insistia em que o capital não é um mero acúmulo de mercadoria e recursos, mas sobretudo uma relação de produção, uma forma. Entretanto, no seu tempo tal relação de produção formatava conteúdos de tipo físico, mecânico, e um tempo quantificável (o tempo do trabalho manual, o tempo dos gestos repetitivos da indústria). Hoje o capital tornou-se uma relação de produção que formata meros processos de elaboração formal, forma que organiza forma, código semiótico que exercita sua ação performativa sobre a atividade semiótica ela mesma. Os fatores que determinavam a produção não são mais quantificáveis pois o trabalho cognitivo não pode ser calculado em termos de tempo sequencial, visto que a esfera do ciberespaço é uma esfera de expansão ilimitada. Assim, a ciência econômica que repousa sobre um paradigma quantitativo e mecanicista não consegue acompanhar um processo de produção que se funda sobre uma atividade aleatória como a atividade mental. Peter Drucker se pergunta se numa época em que a informação se tornou força produtiva direta e mercadoria geral, a economia ainda é capaz de dar conta dos fenômenos do mundo contemporâneo. Se o objeto da ciência econômica é o universo dos atos de produção e de troca, e sua finalidade é tornar possível uma teoria da utilização otimizada dos recursos, e tornar previsíveis as probabilidades futuras, nada disso existe mais. A terra, o capital, o trabalho cederam lugar agora à inteligência, que está longe de ser um recurso escasso ou calculável, com o que as categorias da ciência econômica clássica são varridas.

7.

Os intelectuais no século 20 queriam encontrar um lugar orgânico na transformação da sociedade. A vanguarda sonhava em abolir a separação entre arte e movimento real da sociedade, chamando a imaginação ao poder. Tudo isso aconteceu, de certa maneira, quando a inovação tecnológica permitiu que o capital pusesse para trabalhar os fragmentos separados da atividade cognitiva social. A subordinação à máquina informática permitiu a integração do trabalho intelectual, mas expropriou sua capacidade de produzir sentido, reduzindo-o a mercadoria no processo de produção complexo. Nesse momento, em que o trabalho intelectual se torna trabalho produtivo, parece que se dissolve toda uma problemática do século 20, inclusive um *páthos* cultural e estético característico do movimento revolucionário e das vanguardas.

8.

A recusa do trabalho industrial que se manifestou através das lutas operárias dos anos 60-70 suscitou o desenvolvimento de um nootrabalho, o trabalho mental. A mentalização do processo de produção social levou a humanidade para além da era neolítica, isto é, da esfera de transformação física da matéria através do trabalho físico, introduzindo uma civilização noolitica, na qual regiões cada vez mais amplas da produção tornam-se puro e simples processo de elaboração da informação. Nesse contexto, planejamento, execução, invenção entram em tal regime de continuidade que as funções ideativas e executivas acabam coincidindo. Isso tem consequências drásticas no campo da política, da organização e do governo. A mentalização do processo produtivo significa que as próprias funções do governo sobre o processo são introjetadas no processo produtivo, não havendo mais distinção entre a atividade produtiva da sociedade e o momento de coordenação do governo. Na sociedade da informação o governo, a produção e a circulação das informações são uma única coisa. Por isso o *general intellect*, a intelectualidade de massa, a força social da produção mental deve emergir como ator político direto. Mas não o fizeram ainda, senão repercorrendo a modalidade de organização herdada do movimento operário do século 20. Os movimentos estudantis teriam representado, a partir dos anos 60, a emergência do trabalho intelectual de massa como força social. Contudo, ficaram submetidos à perspectiva global do movimento operário e não souberam assumir a especificidade do trabalho mental como âmbito das determinações e explicitações das alternativas de que eram portadores. Só marginalmente apareceu a consciência da necessidade de se investir o conteúdo da atividade intelectual, só aí começa a se manifestar a consciência do papel diretamente político da atividade mental organizada. Mas para isso seria preciso abandonar a ideia de que a política é o governo totalizante da sociedade, e caberia repensá-la como atividade de projeção e programação (no sentido informático do termo) de segmentos específicos e independentes da vida social, produção de interfaces sociais (que outrora eram delegadas ao Estado ou aos partidos políticos). Na época do trabalhador industrial, o lugar da reflexão, da invenção e da criatividade era separado do lugar da produção; quando o operário queria levar a reflexão para o lugar de trabalho, precisava bloquear a linha de montagem. No trabalho mental, a atividade mental criativa se distingue da atividade mental dependente pela sua modalidade epistêmica, pelo investimento psíquico desejante, não pela sua consistência prática.

Bifo quer dizer que o problema da política se dissolve enquanto separado da prática específica, ela torna-se função interiorizada da produção social, e o Estado, como esfera separada, não tem outra função senão a de perpetuar a existência de uma casta burocrática incapaz de governar a complexidade social. Daí o quadro triste dos políticos, cada vez mais incapazes, débeis, péssimos atores, delinquentes. Daí também a ideia do pós-nacional, pós-estatal, pós-capitalístico...

CAPITALISMO RIZOMÁTICO

Luc Boltanski e Ève Chiapello publicaram um livro intitulado *Le nouvel esprit du capitalisme*. É uma obra de 850 páginas, com muitas perguntas interessantes que aqui serão deixadas de lado — como por que o capitalismo "pega", se ele exclui tanta gente, que mecanismos de adesão ele usa, que justificativas ele inventa, como ele desarma os seus críticos, por que a partir dos anos 80 essa crítica reflui inteiramente etc. Concentremo-nos em algumas poucas teses gerais que atravessam o livro inteiro. A primeira delas é que o capitalismo retomou muitos aspectos da crítica formulada contra ele nos anos 60-70, e os incorporou ativamente, construindo assim um poderoso revide para uma crise não só de credibilidade, mas também econômica que ele enfrentou com a onda de maio de 68. Forjou-se assim um novo espírito do capitalismo, com ingredientes vindos do caldo de contestação ideológico, político, filosófico e existencial dos anos 60. Digamos, em linhas gerais, que as reivindicações por mais autonomia, autenticidade, criatividade, liberdade, até mesmo a crítica à rigidez da hierarquia, da burocracia, da alienação nas relações e no trabalho, foi inteiramente incorporada pelo sistema, e faz parte de uma nova normatividade que está presente nos manuais de *management* que seus executivos seguem hoje. Essa recuperação não é só ornamental, nem tem o sentido de apenas desarmar seus detratores, mas constituiu um ponto de apoio importante para uma realavancagem nos anos 80. Significa que ao satisfazer em parte as reivindicações libertárias, autonomistas, hedonistas, existenciais, imaginativas, o capitalismo pôde ao mesmo tempo mobilizar nos seus trabalhadores esferas antes inatingíveis. Por exemplo, nos anos 60-70 os empresários notaram uma recusa crescente, sobretudo dos jovens que ingressavam no mercado de trabalho, de cumprirem tarefas mecânicas, automatizadas, repetitivas, emburrecedoras. A reivindicação por um trabalho mais interessante, criativo, imaginativo obrigou o capitalismo, através de uma reconfiguração técnico-científica de todo modo já em curso, a exigir dos trabalhadores uma dimensão criativa, imaginativa, lúdica, um empenho integral, uma implicação mais pessoal, uma dedicação mais afetiva até. Ou seja, a intimidade do trabalhador, sua vitalidade, sua iniciativa, sua inventividade, sua capacidade de conexão foi sendo cobrada como elemento indispensável na nova configuração produtiva. Claro que isso implicava um desmanche das estruturas rígidas, hierárquicas, autoritárias herdadas do fordismo ou do taylorismo, um funcionamento muito mais aberto, flexível, num certo sentido mais autônomo e horizontalizado, em equipe, atendendo assim a toda a crítica do trabalho massificado e homogeneizador. A partir daí, cada qual deveria descobrir seu potencial específico no interior de uma estrutura mais maleável, com conexões mais abertas, mais ágeis, mais desenvoltas. Os manuais de *management* que os autores consultaram insistem numa palavra chave: conexão. O poder de conexão, a capacidade de conectar-se, com pessoas do seu meio de trabalho, com pessoas de outros meios, com pessoas de outros universos, ampliando suas informações, seu horizonte, sua capacidade de navegação no magma de oportunidades, sua possibilidade de inventar projetos interessantes. O que se desenha aí, através desse estímulo a uma navegação mais aberta, a uma maleabilidade sem precedentes, é o que os autores chamam de um *capitalismo em rede*, um *capitalismo conexionista*.

CAPITALISMO CONEXIONISTA

O ideal hoje é ser o mais enxuto possível, o mais leve possível, ter o máximo de mobilidade, o máximo de conexões úteis, o máximo de informações, o máximo de navegabilidade, a fim de poder antenar para os projetos mais pertinentes, com duração finita, para o qual se mobilizam as pessoas certas, e ao cabo do qual estão todos novamente disponíveis para outros convites, outras propostas, outras conexões. A própria figura do empreendedor já não coincide com aquele que acumula tudo, capital, propriedades, família — ao contrário, é aquele que pode deslocar-se mais, de cidade, de país, de universo, de meio, de língua, de área, de setor. O mundo conexionista é inteiramente rizomático, não finalista, não identitário, favorece os hibridismos, a migração, as múltiplas interfaces, metamorfoses etc. Claro que o objetivo final do capitalismo permanece o mesmo, visa ao lucro, mas o modo pelo qual ele agora tende a realizá-lo, e essa é a tese dos autores, é prioritariamente através da rede.

Capitalismo em rede, conexionista, rizomático. A ironia é grande, quando sabemos que a própria lógica do rizoma, sem dúvida elaborada em jatos diversos ao longo do século 20, mas cuja formulação mais explícita e acabada veio pela filosofia de Deleuze e Guattari, em *Mil platôs*, em 1980, tinha por objetivo explicitar a lógica da máquina de guerra dos tempos por vir, mas também dos tempos presentes. Ora, os movimentos mais interessantes que saíram dos anos 60 recusaram precisamente a forma hierárquica e burocrática do partido ou do sindicato, bem como o modelo do Estado. Via de regra tinham um funcionamento mais flexível, ondulante, aberto, com contornos menos definidos, conexões mais múltiplas, em suma, eram mais rizomáticas. Que o capitalismo tenha se apropriado desse espírito, dessa lógica, desse funcionamento, não poderia deixar-nos indiferentes. Seria preciso interrogar-se sobre a natureza da relação entre a filosofia de Deleuze-Guattari e o capitalismo, à luz dessa apropriação. Antes de tentar responder a essa pergunta, convém trazer mais alguns elementos aportados pelos autores sobre essa apropriação, suas causas, o seu preço, suas contrapartidas etc.

Como foi dito acima, os autores percorreram textos de administração, de *management*, dos anos 90, e viram nessa literatura uma nova normatividade do capitalismo, uma nova lógica, uma nova política, uma nova ética, muito distante daquela herdada dos anos 30, por sua vez muito distinta daquela predominante no século anterior. Esses textos na sua maioria foram escritos para os administradores de empresa, funcionários de alto escalão, e nas consignas de reengenharia, revelam a ideia de uma empresa magra, equipes pluridisciplinares orientadas para projetos específicos, com grande autonomia, sem toda a escala hierárquica tradicional, com alianças pontuais com outras equipes ou empresas. Trabalho em rede, equipes auto-organizadas, nova função do *manager*, em que não é propriamente o diretor que manda, calculista e frio administrador, mas aquele líder visionário e intuitivo, capaz de catalisar uma equipe, animá-la, inspirar confiança, comunicar-se com todos, com uma intuição criativa — um humanista. É o homem da rede, da complexidade, do mundo reticulado. É o homem da mobilidade, que atravessa fronteiras, geográficas, culturais, profissionais, hierárquicas, capaz de estabelecer contatos pessoais com atores muito diferentes dele.

CONTROLE E CRIATIVIDADE NO FUNCIONAMENTO EM REDE

O problema do *neomanagement* é precisamente o do controle: como controlar o incontrolável, a criatividade, autonomia e a iniciativa alheias, senão fazendo com que as equipes auto-organizadas se controlem a si mesmas? Daí as noções de implicação, mobilização, prazer no trabalho — nada que lembre controle ou manipulação. Por outro lado a importância da satisfação do cliente transfere parte do controle para fora, é o cliente que deve exercer o controle. Os autores resumem esse movimento como sendo uma passagem do controle ao autocontrole, uma externalização dos custos de controle antes assumidos pela empresa em direção aos próprios assalariados e aos clientes. O toyotismo, em oposição ao taylorismo, não vê diferença entre concepção, controle e execução. Com isso, os trabalhadores tornam-se mais responsáveis pelo processo produtivo como um todo, menos alienados.

Ao lado disso, a proposta é de uma certa liberação generalizada, à medida que uma mobilidade é estimulada, é valorizado aquele que pode trabalhar com pessoas muito diferentes, que está aberto e flexível para trabalhar em projetos distintos, adaptar-se a circunstâncias diversas, e cada projeto é uma oportunidade para enriquecer as competências próprias e aumentar sua empregabilidade. Com isto, de fato o neomanagement responde às críticas anteriores no tocante ao controle hierárquico, outorgando uma margem de liberdade, reivindicando mesmo uma autonomia, uma espontaneidade, uma mobilidade, uma pluricompetência, uma convivialidade, uma abertura à novidade, à criatividade, à sensibilidade, a escuta do vivido e o acolhimento de experiências múltiplas, contatos interpessoais etc. É, como dizem os autores, o repertório de Maio de 68. Mas se esses temas eram associados a uma crítica radical ao capitalismo, agora, são valorizados por si mesmos e postos a trabalhar em favor daquilo que ontem eles criticavam. Toda a defesa das relações humanas, da autenticidade, de um "saber-ser" (mais do que um saber-fazer), do que é "humano". O taylorismo, no seu aspecto rudimentar e robótico, "não permitia pôr diretamente a serviço da busca de lucro as propriedades mais humanas dos seres humanos, seus afetos, o sentido moral, sua honra, sua capacidade de invenção. Em contrapartida, os novos dispositivos, que reclamam um engajamento mais completo e que se apoiam sobre uma ergonomia mais sofisticada, integrando os aportes da psicologia pós-behaviorista e das ciências cognitivas, precisamente, porque são mais humanos, penetram também mais profundamente na interioridade das pessoas, das quais esperam que elas se "entreguem" — como se diz — a seu trabalho e tornam possível uma instrumentalização dos homens no que eles têm de propriamente mais humano."[1]

Detenhamo-nos nessa reviravolta. De repente os aspectos mais humanos do homem, seu potencial, sua criatividade, sua interioridade, seus afetos, tudo isso que ficava de fora do ciclo econômico produtivo, e dizia respeito antes ao ciclo reprodutivo, torna-se a matéria-prima do próprio capital, ou torna-se o próprio capital. Isso tudo que antes pertencia à esfera privada, da vida íntima, ou até mesmo do que há de artístico no homem, daquilo que caracteriza mais o artista do que o operário, passa a ser requisitado na produção. Não há como escapar à impressão de que essa "liberação" é uma liberação tambem do capital, de sua fronteira antes restrita, estanque, pesada, mecânica, podendo agora, no ciclo produtivo (nem falamos do consumo) mobilizar o homem por inteiro, sua vitalidade mais própria e visceral, sua "alma".

---

[1] BOLTANSKI, Luc e CHIAPELLO, Ève. *Le nouvel esprit du capitalisme*. Paris, Gallimard, 1999, p. 152.

A OBSESSÃO DO "PROJETO"

Ao situar o capitalismo em rede, os autores se referem ao que eles chamam de uma "cidade por projetos". Trata-se de uma cidade onde há, mais do que trabalho, atividades que visam gerar projetos, que dependem dos encontros. Então a atividade por excelência, que não existe *a priori*, consiste em inserir-se nas redes e explorá-las, a fim de engendrar um projeto. Um projeto é um dispositivo transitório, e a vida é concebida como uma sucessão de projetos, tanto mais válidos quanto mais diferentes uns dos outros, e o que importa é ter uma ideia, um projeto, algo em vista ou em preparação, com outras pessoas, mesmo sabendo que esse projeto é transitório, que a associação com essas pessoas é temporária — isso em nada deve arrefecer o entusiasmo. O termo projeto mascara a diferença entre projetos capitalistas ou políticos, tudo é projeto, com isso mesmo as forças hostis ao capitalismo são facilmente recrutadas por projetos.

"Justamente porque o projeto é uma forma transitória que ele é ajustado a um mundo em rede: a *sucessão dos projetos* ao *multiplicar as conexões* e ao fazer *proliferar os laços*, tem por efeito *estender as redes*."[2] Num mundo conexionista, os seres têm o desejo de se conectarem, de entrar em relação, de fazer ligações, de não ficarem isolados, o que exige confiança, comunicação, flexibilidade, atividade, autonomia, riscos, estar atento como um radar, e poder "pilhar ideias", com habilidade e talento, sabendo antecipar, pressentir, farejar as ligações que merecem ser feitas. Uma coisa é o capital econômico, outra é o capital social (capital de relações), e outra é o capital de informação, e esses dois últimos, num mundo em rede, são correlatos.

Para o homem conexionista, o mundo é uma rede de conexões potenciais. Mas ele não pode ser apenas um pilhante, um gatuno, ele é aquele que sabe estar lá, que põe em valor sua presença, sabe escutar, trocar, ecoar, é toda uma estratégia de monitoramento de si, apresentar a faceta que mais possa conectar, por isso ele é afetivo, amigável, é uma pessoa de verdade, não realiza nada mecanicamente, e ainda põe o que tem ou sabe a serviço de um certo bem comum, impulsionando um meio, facilitando, dando alento, insuflando, impulsionando com vida, dando sentido e autonomia. Ele é um conector, uma ponte, e quanto mais ele conseguir pela sua pessoa realizar um papel ativo na expansão e na animação de redes, tanto mais será valorizado.

Seria preciso atentar para o fato de que nesse mundo conexionista, um projeto é sempre já uma aglutinação de uma matéria social preexistente, ao menos virtualmente, é a capitalização de relações, afetos, ideias já em circulação, é a ativação de um caldo biopolítico em efervescência, de uma vitalidade social. A tradição intelectual e política, tanto do liberalismo

[2] Idem, p. 167.

quanto de seus críticos, quer que o lugar de criação do valor por excelência seja a empresa, mas a teoria econômica mais recente vê o verdadeiro lugar de criação do valor no território produtivo, isto é, na sociedade em seu conjunto, na qualidade da população, na cooperação, na convenção, na aprendizagem, nas formas de organização que hibridizam o mercado, a empresa, a sociedade. Ou, como diz Yann Moulier Boutang: "Situar a fonte da produtividade a montante e a jusante da empresa, na 'performance global', situar a lucratividade na apropriação pelo empreendedor da informação e da organização espontânea oferecida gratuitamente pela organização social e estatal na multidão não é um devaneio utopista, mas o discurso dos chefes de empresa". A nova riqueza é como uma corrida ao ouro do conhecimento e da produção do conhecimento vivo por meio do conhecimento vivo, ele repousa portanto sobre o infinito das externalidades da cooperação humana. "A apropriação capitalista dessas riquezas é predadora de externalidades assim como a conquista do Oeste era devoradora de espaços naturais. Há... nessa predação... a movimentação de uma massa considerável de trabalho intelectual, afetivo, fornecido gratuitamente ou a tarifas ridiculamente baixas. É a nova miséria como condição da riqueza... o trabalho que permite o funcionamento da economia cognitiva é largamente oculto, não reconhecido."[3]

Ora, curiosamente, nesse contexto, um chefe de projeto, de *managers*, de parceiros de espíritos, tem por modelo os artistas. "A malhagem informal é o modo de organização preferido dos artistas, cientistas e músicos que evoluem em domínios onde o saber é altamente especializado, criativo e personalizado." É um tipo que, como o artista, deve lidar com a desordem, estar à vontade no flou, ter capacidade de atravessar distâncias, geográficas, institucionais, sociais. Daí porque, contrariamente ao velho burguês, o conexionista é legitimamente um errático, e o que importa é seu capital de experiências, os diversos mundos que ele atravessa, a sua adaptabilidade. Tendo em vista que o que importa é intangível, impalpável, informal, é na natureza interpessoal da conexão que recai o peso todo. Mas o mais importante é a mobilidade, não a propriedade, o nomadismo, não a segurança, a leveza, não o enraizamento, o deslocamento.

Com tudo isso, a metáfora da rede tende a constituir uma nova representação geral das sociedades. Os autores dizem, com razão, que nesse contexto a problemática do laço, da relação, do encontro, da ruptura, da perda, do isolamento, da separação como prelúdio de novos laços, a tensão entre a exigência de autonomia e o desejo de segurança, estão no coração da vida pessoal, amistosa e sobretudo familiar. O laço como problemático, frágil, a fazer ou refazer, e o mundo vivido como conexão, desconexão, inclusão e exclusão. Tudo aí aponta para uma nova moral cotidiana, como se pode presumir.

[3] *Multitudes*, n. 2. Paris, Exils, 2000, p. 11.

CRÍTICA SOCIAL E CRÍTICA ARTISTA

Os autores fazem uma diferenciação entre dois vieses que a crítica ao capitalismo seguiu no século 20, que correram em geral de modo independente, mas às vezes se cruzaram. Uma é a crítica social, que consiste na denúncia da exploração e na reivindicação por mais justiça e igualdade. Outra, que eles chamam de crítica artista, é mais centrada na denúncia da alienação, da hierarquia, do autoritarismo, da burocracia, da massificação, numa reivindicação de autonomia, de liberdade, de espontaneidade, de criatividade. Maio de 68 teria assistido à conjunção desses dois vetores, embora os estudantes tenham sido porta-vozes da crítica artista e os operários da crítica social.

Bem, toda essa teorização da rede, proveniente da crítica artista, e que os autores localizam em vários filósofos, não só em Deleuze-Guattari, segundo eles tinha um sentido liberador, visava desfazer a rigidez da família burguesa, da escola, do Estado, da Igreja, do sujeito identitário, das burocracias e tradições. Ao mesmo tempo, permitia desfazer-se de compartimentações entre esferas, campos, classes, instâncias que o marxismo havia hipostasiado. Assim, essa crítica liberava cada um de suas fidelidades pessoais e institucionais, "servidões agora sem fundamento", mas também das hierarquias dos vários aparelhos, seja partidários, seja sindicais, que em algum momento serviram à consolidação de direitos.

Curiosamente, essa luta pela supressão de instâncias transcendentes que sobredeterminassem as forças sociais foi a estratégia do capitalismo para tornar-se mais imanente. Diante das críticas que ele sofreu nos anos 60, o capitalismo "endogeneizou" as reivindicações por autonomia e por responsabilidade até então consideradas como subversivas, e conseguiu substituir o controle pelo autocontrole, tornando o trabalho mais atraente para uma mão de obra jovem e com mais escolaridade do que nas décadas anteriores. A mudança na organização do trabalho permitiu virar a balança do poder, desfavorável ao empresariado até então. Ao endossar a crítica ao capitalismo planificado ou estatal, considerado já obsoleto e coercitivo, e ao endossar a crítica artista e sua reivindicação por autonomia e criatividade, o capitalismo sai da crise dos 60-70 e se revaloriza. Cria-se uma nova forma, liberada e "libertária", de fazer lucro, que inclui a realização pessoal, a livre associação etc. Capitalismo de esquerda, que na França, ao menos, mas também em outros países, conta com a colaboração ativa de antigos militantes de 68.

Deixo de lado, por ora, todos os efeitos sociais importantíssimos que acompanharam essa reconfiguração, notadamente a precarização do trabalho, a supressão de direitos trabalhistas diversos, o novo desemprego, a nova seletividade em função das novas normas valorizadas pelo conexionismo, excluindo vastos contingentes cuja subjetividade não se coaduna com os novos parâmetros pessoais, relacionais, comunicacionais, afetivos, uma exploração que se intensifica face a uma pulverização da resistência, a uma individualização dos contratos e da remuneração, a dessindicalização, a desintegração da comunidade de trabalho, a desconstrução da própria ideia de classe social, a tematização crescente, em substituição ao tema das classes, dos excluídos como agregados.

A NOVA MILITÂNCIA

A militância, nessa desmobilização geral da crítica devida ao acaparamento de suas argumentações e posições por um capitalismo revitalizado, concentrou-se numa posição caritativa ou humanitária. Centrou-se num face a face com a situação localizada e presente, em vez de uma defesa de um porvir longínquo. Concentrou-se em ações diretas destinadas a aliviar o sofrimento dos infelizes, num refluxo para microanálises, e passou a privilegiar estratégias de ação conforme a outras exigências, não totais. Em relação a seus militantes, por exemplo, cada um passou a ter o direito de se associar de maneira mais fluida numa ação conjunta, sem filiação partidária. Haveria como que uma "homologia morfológica" entre os novos movimentos de protesto e as formas do capitalismo que se instalaram ao longo dos últimos vinte anos.

Em compensação, a ruína de vários tabus, morais, familiares, sexuais, expandiu paradoxalmente o mercado de bens ou serviços em direções antes exteriores ao mercado — como a sexualidade.

A tentativa dos autores, nesse contexto, é reinventar a força crítica, tanto social quanto artista, levando em conta a reconfiguração do capitalismo e da militância, e contribuir para uma teorização, por exemplo, das novas formas de exploração num mundo conexionista. Numa análise que não cabe reproduzir aqui, eles tentam entender em que medida a mobilidade de uns depende da imobilidade de outros, e o quanto essa dissimetria é interdependente, e constitui uma exploração de uma modalidade nova — o diferencial de mobilidade. Há por conseguinte várias propostas concretas de ajuste e compensação, novas formas de remuneração no contexto da precarização, garantias de empregabilidade, mas também a reivindicação por uma igualdade na oportunidade à mobilidade, consolidação jurídica da noção de atividade, mesmo nos tempos mortos —, ou seja, a ideia é de inscrever essa cidade dos projetos no mundo do direito.

Quanto à revitalização da crítica artista, seria preciso atentar para novas formas de inquietude e de angústia social, advindas precisamente de um mundo conexionista, com suas incertezas, dificuldades de projetar um futuro, mas também com sua exigência constante de autonomia coercitiva. Uma tal exigência, sem a contrapartida de uma segurança mínima, torna-se precarização. A obrigação torturante de autorrealização ilimitada em condições mais solitárias, com novas formas de controle informático ou mesmo grupal, torna-se uma coerção mais pesada do que as anteriores, já que procede dos pares, numa espécie de policiamento permanente.

Também seria preciso examinar em que medida a crítica artista liberou algo que o capitalismo aproveitou largamente. "A aspiração das pessoas à mobilidade, à pluralização das atividades, ao aumento de possibilidades de ser e de se fazer, se apresenta como um reservatório de ideias quase sem limites para conceber novos produtos e serviços a serem colocados no mercado. Poderíamos mostrar que quase todas as invenções que alimentaram o desenvolvimento do capitalismo foram associadas à proposição de novas maneiras de se liberar", e isso desde a parafernália eletrodoméstica, informática, até o turismo, a sexualidade, o entretenimento. Os autores aqui chegam a uma conclusão que nos interessa especialmente. O capitalismo mercantilizou o desejo, sobretudo o desejo de liberação, e assim o recuperou e o enquadrou.

A AUTENTICIDADE

Mesmo um certo desejo de autenticidade foi transformado em mercadoria. A crítica à massificação, o desejo de singularidade, de diferenciação, foi endogeneizado, mercantilizado, e seguiu-se a produção de produtos autênticos, "diferentes", o que representou uma ocasião para os empresários superarem uma saturação do mercado, adentrando domínios antes alheios ao mercado. Sob pretexto de humanização, tomaram a cargo a produção de bens "autênticos". Transformação do não-capitalizável em capitalizável, seres, valores, bens, tesouros. O capitalismo transforma o não-capital em capital, não só paisagens, ritmos, mas também maneiras de ser, de fazer, de ter prazer, atitudes, e nisso consiste sua inventividade nos últimos anos, na intuição de antecipar os desejos do público, com a importância crescente dos investimentos culturais e tecnológicos. Mercantilização da diferença, da originalidade — que, claro, logo se perde —, de um novo sentido, que também se esvai, gerando novas formas de inquietude e talvez novos limites. O exemplo dos produtos ecológicos é gritante, na medida em que eles foram incorporados ao mercado, ao passo que uma suspeita crescente derrubou sua lucratividade, dada essa dinâmica própria ao desgaste inerente à mercantilização da autenticidade.

Uma nova forma de mercantilização da autenticidade está na espetacularização da própria experiência e da vida, espetacularização que Debord entendeu com razão como sendo o último estágio da mercadoria.

CONTRASSENSOS SOBRE A DIFERENÇA: FILOSOFIA E SOCIOLOGIA

Os autores não defendem um retorno da autenticidade, ou de seus direitos, já escaldados precisamente pela ineficácia dessa reivindicação num mundo que mercantiliza todas as esferas da existência. Eles chegam a localizar na filosofia ou no pensamento a desconstrução das bases mesmas de uma reivindicação por autenticidade. Por exemplo, a tematização do simulacro, tal como Deleuze o defende em *Lógica do sentido*. Os autores perguntam em que bases a crítica pode denunciar a falsa autenticidade se ela demoliu a base da própria ideia de autenticidade verdadeira? Do mesmo modo, se tudo é espetáculo, que exterioridade pode ancorar a crítica a isso? Talvez a pergunta seja irrespondível por estar mal colocada, pois há muito que a crítica não precisa de base para se efetuar, e talvez a própria ideia de crítica mereça ser repensada — não é uma crítica que torna algo caduco, mas um novo agenciamento, inclusive de ideias.

De qualquer modo os autores não veem muito bem, na desconstrução subjetiva, como ancorar uma crítica à mercantilização generalizada: "Depois de numerosos desvios, a endogeneização pelo capitalismo de um paradigma, o da rede, saído de uma história autônoma da filosofia e construído em parte contra a noção de autenticidade, acaba fornecendo hoje argumentos e mesmo legitimando um aumento da mercantilização, sobretudo dos seres humanos. As diferentes críticas da autenticidade, que se difundiram no final dos anos 70 e sobretudo na primeira metade dos anos 80, contribuíram assim para desacreditar a rejeição artista dos bens de consumo, do conforto, da 'mediocridade cotidiana'".[4] Talvez a frase que melhor traia o mal-entendido na relação entre sociologia e filosofia por parte dos autores, seja a seguinte: "O capitalismo adquiriu assim uma liberdade de jogo e de mercantilização num grau que ele jamais havia atingido, pois num mundo onde todas as diferenças são admissíveis mas onde todas as diferenças se equivalem precisamente enquanto tais, nada merece, apenas a título de sua existência, ser protegido da mercantilização e tudo poderá, desde então, ser objeto de comércio".

Resta saber se a ideia de diferença tal como as filosofias da diferença a desenvolvem teria algo a ver com a diferença que o capitalismo explora, justamente quando transforma todo diferente em mercadoria, isto é, no mesmo. Não é o desbloqueio filosófico da noção de diferença que abriu a esfera do

---

[4] BOLTANSKI e CHIAPELLO, op. cit., p. 567.

mundo humano para o investimento capitalista, este apenas se apropriou de um termo, e não do conceito, que continua um conceito anticapitalístico por excelência, uma vez que ele ainda é capaz de pensar a produção desatrelada do Mesmo que a máquina capitalista encarna.

DESEJO E CAPITALISMO

Se é verdade que a liberação do desejo não enterrou o capitalismo, tal como anunciado pelo freudo-marxismo dos anos 30 aos 60, já que o regime do capital tem uma conivência profunda com o desejo, sobre o qual ele repousa em larga medida, se é verdade que a crítica artista pôs abaixo várias formas de controle e abriu a via para novas formas de controle, se é verdade que a antiga denúncia da família, religião, Estado, moral é hoje totalmente insuficiente, uma vez que faz par com os interesses do próprio capitalismo atual, se por sua vez a postura aristocrática que condena todo e qualquer aspecto da sociedade de massas é apenas passadista e nostálgica, a solução dos autores parece tímida, ao defender a estabilidade mínima, a assunção de uma herança, uma identidade privilegiada, um espaço não fragmentado. Sim, ralentar, diferir, retardar, espaçar, construir espaços-tempo mais amplos, limitar a extensão da esfera do mercado, sobretudo em direção ao humano — mas ainda assim tudo isso parece defensivo, insuficiente. Os autores supõem que a crítica é menos móvel que o capitalismo, dada sua necessidade de se apoiar nas leis, mas ainda assim isto parece pouco para dar conta desse quadro que eles mesmo pintaram com tamanha justeza. Talvez seja pertinente lembrar o que diz Bruno Karsenti num artigo sobre esse livro: a crítica tem uma dimensão inventiva, cabe a ela não só denunciar, mas inventar formas de vida.[5] Isso porque, num "plano ontológico, pode-se dizer que as forças são realidades que tendem sempre a transbordar as fronteiras a partir das quais se opera sua repartição. Elas são inventivas, imprevisíveis, criativas. Elas inventam modalidades de exercício que ou bem permitem a introdução de outras forças no campo fechado que se quis traçar, ou as transformam a ponto de elas se tornarem inteiramente outras do que as que se quis especificar".

Uma das muitas questões que se coloca, ao final desse livro tão sugestivo, sobretudo na descrição de um certo ideário contemporâneo, porém com seus limites teóricos evidentes, poderia ser formulada como segue: seria o caso de revigorar a crítica, renová-la, reinstrumentalizá-la, ou antes de mapear as forças reais que a estão "operando" e tornando caducas as velhas formas?

[5] *Multitudes*, n. 5. Paris, Exils, 2000, pp. 158 e ss.

PARTE IV
AFETOS (BIO)POLÍTICOS

DA FUNÇÃO POLÍTICA DO TÉDIO E DA ALEGRIA

Toni Negri tem razão. Apesar da catástrofe que parece estar no fundo da obra de Giacomo Leopardi (por exemplo, a memória dos vários fracassos históricos, como o do século das Luzes e da Revolução Francesa), sua poesia é uma lufada de imaginação, de transgressão e de ressurgência. Que o leitor me perdoe o longo desvio aqui proposto, mas não há como deixar de aludir a um dos mais belos textos sobre o tédio e a alegria escritos pelo poeta italiano, publicado como parte de seus *Opúsculos morais*, em junho de 1827, intitulado "História do Gênero Humano".[1]

A ÂNSIA DO IMPOSSÍVEL

Era uma vez uma terra, muito menor do que a nossa, com regiões planas, céus sem estrelas, sem mar, homens todos da mesma idade, em suma: por toda parte havia muito menor variedade e magnificência do que hoje. Contudo, os homens compraziam-se insaciavelmente em observar e admirar o céu e a terra, consideravam-nos lindíssimos, imensos, infinitos tanto em majestade como em graça, e extraíam de cada sentimento incríveis delícias, crescendo contentíssimos, com um pouco menos do que se chama felicidade. Mas passada a infância e a adolescência, diminuiu aquela vivacidade nos seus espíritos. Passaram a andar pela Terra, e perceberam que embora grande, tinha limites certos e não tão vastos que fossem inatingíveis. Pelo que crescia o seu dissabor, de modo que um manifesto tédio de existir os invadia universalmente. Aos poucos, com a saciedade, ficaram tão desesperados, não mais suportando a luz e o ar que respiravam antes, que cada um a seu modo foi se privando deles.

Isso pareceu horrendo aos deuses, que a morte fosse preferida à vida pelas criaturas humanas, cuja espécie haviam formado com tão singular apuro e com maravilhosa excelência. Júpiter deliberou então, para melhorar a condição humana, e orientá-la para a felicidade com maiores subsídios, mas sem poder satisfazer plenamente ao desejo de infinito que ambicionavam os homens em toda coisa e neles mesmos, e de juventude eterna, que contrariava as leis da natureza e os decretos divinos, e de perfeição, Júpiter resolveu então propagar os termos da criação, enfeitá-la: engrandeceu a terra, infundiu o mar para diversificar-lhe a aparência e introduzir distâncias, aumentando os confins incognoscíveis, pôs em tudo ares de imensidão, em profundidade,

---

[1] LEOPARDI, Giacomo. *Poesia e prosa*. Rio de Janeiro, Nova Aguilar, 1996, pp. 311-21.

em altura, na noite, na luz, na temperatura. Mas também diversificou as idades, de modo que a velhice de uns sorvesse a juventude de outros, e vice-versa. Para multiplicar ainda mais o infinito, nutrindo a imaginação dos homens, criou o eco, escondeu-o nos vales e nas cavernas, proveu as selvas de ruído surdo e profundo, e criou os sonhos, encarregados de iludir os homens com aquela plenitude de uma incompreensível felicidade, com imagens obscuras e indeterminadas, pelas quais os homens suspirariam incessante e ardentemente.

Levantou-se assim o ânimo dos homens, e voltou a graça e o amor à vida, a delícia e o espanto com a imensidão das coisas terrenas. Esse estado de coisas durou mais que o primeiro, principalmente porque os mais velhos reviviam com a juventude dos moços, mas à medida que o tempo progredia, voltou a faltar a novidade, ressurgiu o tédio e a desestima pela vida, reduziram-se os homens a tal abatimento, de modo que passaram a chorar a cada recém-nascido. Daí nasceu a iniquidade, da própria calamidade do desencanto.

Punidos com o dilúvio, restaram apenas dois sobreviventes, que pouco a pouco restauraram a espécie humana. Júpiter, que entendeu a ânsia de impossível que atormentava os humanos, e que essa ânsia aumentava na proporção em que diminuíam os demais males com os quais deviam preocupar-se, decidiu entreter os homens em mil atividades e desviá-los o máximo possível do diálogo com o próprio espírito. Difundiu entre eles doenças e desventuras, a ver se se contentavam com o bem que possuíam. Sabia que com a dor aumenta a esperança e o apego à vida, que os infelizes têm certeza de que seriam felicíssimos caso se livrassem de sua dor presente. Lançou também trevas, raios, eclipses, e estabeleceu o espanto entre os mortais, a ver se se reconciliariam os homens com os momentos de apaziguamento. Enviou igualmente para eles alguns espectros, como Justiça, Virtude, Glória, Amor-pátrio, Verdade. Tais visões fizeram bem aos homens, mas cobraram deles muito esforço e vida e sangue. Mas também elas com o tempo deterioraram-se e cresceu entre os humanos o fastio, e o amargo desejo de felicidade desconhecida.

NIILISMO E HORROR

É hora de interromper o pastiche que fiz do texto de Giacomo Leopardi sobre a História do Gênero Humano, do qual usei trechos inteiros e deformei muitos outros, omitindo várias passagens. Meu propósito inicial é desprender-me do encanto que suscitou em mim essa historinha que teria agradado a Schopenhauer ou Cioran, grandes admiradores de Leopardi, mas também a Nietzsche, no polo oposto da alma filosófica. Qual é o moto desse texto, ou pelo menos um deles? É a ideia de uma roda do tédio que arruína o homem e contra o qual o deus luta, a cada vez inventando um expediente novo, mais engenhoso ou alambicado, seja de diversificação, de tortura, de elevação, de aspiração, de humilhação. A ideia, de qualquer modo, é que a existência não basta para dar ao homem a alegria que lhe caberia. Tampouco o mundo se basta. Tudo advém dessa indigência, que nenhum deus pode jamais preencher. Um pouco rapidamente, e de modo expeditivo, vejo nessa ideia como que um horizonte moderno de desencanto, cuja teoria Schopenhauer desenvolveu com maestria filosófica, e em cujo oco vem alojar-se de maneira compensatória a ideia de prazer, alegria, felicidade. Não é fácil escapar dessa dinâmica, o Nada e o Infinito, a Indigência e a Promessa, a Tortura e o Repouso... Não está claro, tampouco, a que ponto em Leopardi, assim como em Schopenhauer, não é essa uma antecipação visionária da absorção da sociedade pela artificialidade capitalista, na sua homogeneização indiferente e no misto de tédio e horror que ela inspira.[2]

O fato é que vivemos um momento particularmente aflitivo, no tocante aos afetos que o contexto social nos inspira. Poderíamos evocar os acontecimentos do 11 de setembro em Nova York e o clima de estupor, terror, paranoia, mobilização bélica que se seguiu, mas é preciso dizer que a sensação de niilismo que o atentado apenas escancarou o antecede em muito. Em todo caso, numa atmosfera dessas falar sobre alegria é uma tarefa impossível, e no entanto, talvez tanto mais necessária. No belo diário de Victor Klemperer, um professor de literatura judeu que descreve o dia a dia durante a ascensão do nazismo, as poucas vezes em que aparece a palavra alegria é para falar da relação da esposa com os gatos, "a única coisa que significa uma alegria genuína e uma ligação autêntica com a vida".[3] Pois bem, nossa época obviamente é outra, não estamos presenciando a ascensão do nazismo, mas temos a impressão, por vezes, de que carecemos de instrumentos conceituais para apreciar o que nos acontece com luzes diferentes daquelas que iluminam o proscênio da comédia social. Daí o entusiasmo que me inspirou o estudo de um italiano radicado em Paris, Maurizio Lazzarato, que pôs em questão tantos lugares-comuns sobre afetos sociais.[4] Eu vou resumir em poucas palavras uma teoria rica e complexa, inspirada em Gabriel Tarde, sociólogo-filósofo do final do 19, que desenvolveu o que se poderia chamar de uma economia afetiva, ou uma economia psicológica, numa direção inteiramente estranha ao século positivista em que viveu.

---

[2] NEGRI, Antonio. "Leopardi européen", in *Futur antérieur*, n. 41-42. Paris, 1997, p. 17.
[3] KLEMPERER, Victor. *Os diários de Victor Klemperer*. São Paulo, Cia. das Letras, 1999.
[4] Cf. LAZZARATO, Maurizio. *Puissances de l'invention*. Paris, Les empêcheurs de penser en rond, 2002.

DESEJO E SIMPATIA

Comecemos pelo tema do desejo. O desejo em Tarde é um pleno, um absoluto ao qual nada falta. Trata-se de uma virtualidade que tende à sua atualização, uma força que tende a ir ao limite de sua potência. Mesmo o que se poderia chamar de desejo aquisitivo encontra sua base, não numa incompletude do ser, mas numa expansividade essencial, numa ambição propagatriz. Na sua irradiação infinita a força encontra outras forças com as quais se compõe segundo interferências felizes, ou infelizes, estabelecendo relações de comando e obediência, ou de cooperação. Nessa espécie de metafísica de Tarde, a força não faz a experiência da falta, mas do limite. Toda força se associa ou entra em conflito com outras forças para satisfazer sua avidez conquistadora, para aumentar sua irradiação e transformar o limite num obstáculo a transpor.

Concedamos a Tarde esse ponto de partida, sejam quais forem as objeções que se possam evocar a respeito. O passo seguinte é examinar como essa força afetiva opera. Para Tarde, tudo se passa por imitação e invenção, todos imitam e inventam, imitam e impõem variações ao que imitam, e a vida social inteira poderia ser reconstruída à luz dessas duas constantes. Daí segue-se que todos e qualquer um inventam, na densidade social da cidade, no trabalho, na conversa, nos costumes, no lazer — todos inventam, mas inventam o quê? Novos desejos e novas crenças, novas associações e novas formas de cooperação. A invenção não é prerrogativa dos grandes gênios, nem monopólio da indústria ou da ciência, ela é a potência do homem comum. Quando eu imito um gesto e o submeto a uma pequena variação, por minúscula que seja, isso constitui uma invenção, à medida que ao ser imitado, tal gesto torna-se quantidade social, e pode ensejar outras invenções e novas imitações, novas associações e cooperações. Quando foi que o primeiro jovem começou a usar o boné virado para trás? Difícil dizer quem foi o inventor desse gesto minúsculo que posteriormente se tornou a marca de toda uma geração, que ensejou novas associações, cumplicidades, hostilidades, agrupamentos etc.

À luz dessa economia afetiva, inaugurada por Tarde, a subjetividade aparece como uma força viva, até mesmo uma potência política. Pois as forças vivas presentes na rede social, com sua inventividade intrínseca, criam valores próprios, e manifestam sua potência própria. A essa potência de vida do coletivo alguns chamam de biopotência. É um misto de inteligência coletiva, afetação recíproca, produção de laço. Os economistas se deram conta, nos últimos anos, que a natureza do trabalho contemporâneo solicita cada vez mais tais ingredientes. Alguns setores de ponta, como tecnociência, mídia, publicidade, requerem mais imaginação do que esforço, mais criatividade do que operações maquinais, mais invenção do que repetição, mais solidariedade entre cérebros do que isolamento. Estamos distantes do trabalho automático, burro e repetitivo cuja versão cinematográfica está em Chaplin de *Os tempos modernos*. Segundo a interpretação de alguns sociólogos e até economistas, tal mudança na natureza do trabalho, sobretudo a partir do final da década de 60, deve-se à recusa crescente da repetição tediosa, expressando o desejo de liberar a inventividade (força-invenção), e igualmente, diria Tarde, a "alegria" da cooperação. A aspiração dos homens teria se voltado para a cooperação interpsicológica, intermental, e a Internet é um pequeno exemplo de concretização dessa direção histórica, visando ao que o autor chamaria de "simpatia". A simpatia como uma potência constitutiva, um princípio cooperativo, uma relação social fundamental.

DIFERENÇA E INVENÇÃO

Mas um tal princípio de cooperação e de simpatia é todo o contrário de uma concórdia homogeneizante. O universo de Tarde é proliferante, múltiplo, diverso. "Existir é diferir, a diferença, a bem dizer, num certo sentido é o lado substancial das coisas, o que elas têm de mais próprio e de mais comum. ... A diferença é o alfa e o ômega do universo; por ela tudo começa... Por toda parte uma exuberante riqueza de variações e de modulações inauditas jorra [das] espécies vivas, sistemas estelares, ... e acaba por destruí-los e renová-los inteiramente... Se tudo vem da identidade e se tudo visa e vai à identidade, qual é a fonte desse rio de variedades que nos encanta? Estejamos certos, o fundo das coisas não é tão pobre, tão terno, tão descolorido quanto se supõe. Os tipos não passam de freios, as leis não são senão diques em vãos opostos ao transbordamento de diferenças revolucionárias, intestinas, em que se elaboram secretamente leis e tipos de amanhã..."[5]

Numa tal perspectiva tudo é novidade. A própria invenção é um acontecimento jubiloso, uma combinação singular, encontro, hibridação, novo agenciamento das relações entre as forças, rearranjo. A invenção é uma pequena diferença introduzida no mundo. Como se vê, entramos numa atmosfera muito distinta daquela presente no conto de Leopardi, em que o tédio levava os homens ao desespero e ao suicídio.

É que no pensamento de Tarde, inventar é uma grande alegria. A alegria da invenção tem que ver com as novas formas de cooperação que ela enseja. Tarde chega a falar de uma alegria "social". Diz ele: "Quem diz sociedade diz alegria; a alegria é a flor natural da sociabilidade". A alegria tem que ver com agir conjuntamente. Mesmo na grande indústria, com toda a exploração ali

[5] TARDE, Gabriel. *Monadologie et sociologie*. Paris, Collection Les empêcheurs de penser en rond, s.d.

presente, a cooperação e o agir conjuntamente introduzem alegria na ação. E assim chegamos à tese mais radical de Tarde: toda ação que empenha forças psicológicas, visa "à aquisição da alegria mais do que o evitamento da dor". É um ponto de vista curioso para alguém com tamanho trato social e econômico como o autor, já que a economia política e a sociologia, mas também algumas vertentes do discurso *"psi"*, estão fundadas sobre a falta, a carência, o sofrimento, a dor. Segundo Tarde, são marcas de um pensamento teológico-político. Ele o diz claramente: "Ao ler [tais autores] parece que todas as necessidades dos homens são negativas, que eles têm por objetivo a supressão de um sofrimento, tais como: a fome, a sede, o frio, de natureza orgânica; ou então essas outras privações de natureza intelectual: a ignorância, por exemplo. É verdade, como o quer Schopenhauer, que só a dor é real, que o prazer nada mais é do que sua ausência, sua negação, sua isenção"?

Numa obra de ficção científica estranhamente premonitória, Tarde se refere a um momento futuro em que um Império único terá recoberto o planeta, conquistando os confins mais longínquos, numa homogeneização crescente, de linguagem, de cultura, de modos de vida, com o que se teria reintroduzido um tédio universal, uma monocronia, uma insipidez global que fará bocejarem os homens, lembrando curiosamente a situação evocada por Leopardi em seu relato. A partir dessa abolição de toda exterioridade, porém, Tarde não evoca o surgimento de novos valores superiores que pudessem entreter o homem entediado, tal como o fez Leopardi — ao contrário. Uma catástrofe ecológica, a ação de um bárbaro dissidente, o bastardo Miltíade, misto de eslavo e bretão, precipitariam uma transvaloração de todos os valores, ao apontar a necessidade de abandonar o alto e os valores transcendentes, e voltar-se para baixo, para as profundidades vulcânicas do planeta, o incomensurável da criação, a invenção comum, a relação verdadeiramente social do que hoje se convencionou chamar de Multidão, a partir de suas virtualidades inexploradas.[6]

A MULTIDÃO

Eu gostaria, de posse desses poucos elementos, de fazer uma ponte com um pequeno texto escrito por Toni Negri a respeito do momento que vivemos hoje, nessa estranha transição do moderno para o pós-moderno. Diz Negri que estamos no fim de uma guerra monstruosa que cobriu todo o século 20 e que teve resultados tão dramáticos como os da Guerra dos Trinta Anos, vivida no início do século 17 por Descartes. Mas, acrescenta ele, dessas perturbações nasce o novo. O novo, em Descartes, teve as características

[6] Cf. LAZZARATO, Maurizio. *Puissances de l'invention*, op.cit.

do sujeito individual. Entre nós, tem as características de uma multidão ético-política. "Mas para ambos, tanto para Descartes quanto para nós, esse filho recém-nascido [seja o sujeito individual ou a multidão] está sujo com todas as dores de sua geração. Padecemos esse momento sem conseguirmos apreender interiormente a alegria da nova descoberta, e estamos confusos diante da potência do acontecimento assim como, introspectivamente, atordoados com nosso estupor."

Duas palavrinhas sobre multidão. Tradicionalmente um termo pejorativo, designava um mundo pré-social que era preciso transformar numa comunidade política. A teoria política distingue multidão e povo, sendo o povo um corpo público animado por uma vontade única, e a multidão um simples agregado, que o governante enfrenta, e que cabe a ele domar, dominar. Diferentemente de Hobbes ou Rousseau, na sua caracterização negativa da multidão, Espinosa enxergava a democracia como a acentuação máxima da atividade criadora da multidão. Ora, a multidão, e nas condições contemporâneas isso é ainda mais visível, como o diz Virno, é plural, centrífuga, ela foge da unidade política, não assina pactos com o soberano, não delega a ele direitos, resiste à obediência. O povo, ao contrário, converge numa vontade geral, se reflete no soberano ou no Estado. Com a desagregação das classes sociais e a emergência de um proletariado imaterial, ou intelectualidade de massa, que trabalha com informação, programação, imagens, imaginação, nessa pluralidade de cérebros e afetividade conectados em rede, um certo caráter da riqueza coletiva vem à tona. Negri fala justamente da potência dessa reserva coletiva, da construção do comum, e da alegria aí embutida.

De fato, temos a impressão que a emergência da Multidão na cena contemporânea, que se pode situar em 68, e cuja ressurgência paulatina, pelo menos a mais espetacular, vai de Seattle a Gênova, passando talvez por Porto Alegre, e a alegria correspondente, foi ofuscada subitamente pelo desmoronamento das torres gêmeas e por afetos de massa alternados, de terror, compaixão, solidariedade, júbilo, ódio, rebeldia. É como se víssemos desfilarem diante de nós signos arcaicos, signos futuros, no mais dramático e imprevisível cenário desde a Segunda Grande Guerra. Em todo caso, se alguém pensava que vivíamos o plácido e tedioso fim da História, subitamente tal impressão cedeu lugar a um estrondoso terremoto, deixando entrever o mais sinistro ou o mais auspicioso.

IMPASSES

Tentei colher alguns elementos que nos ajudassem a pensar a dimensão política da alegria e a alegria como uma dimensão do político. Não é um assunto fácil, dada a instrumentalização da alegria como pão e circo, como diversionismo, até as formas mais contemporâneas de capitalização e investimento na alegria com fins mercadológicos inegáveis. E num momento tão dramático como esse que vivemos, em que se enfrentam duas "justiças" infinitas, dois fundamentalismos especulares e complementares, a Lei do Mercado e a de Deus, em que a militarização do confronto e a generalização do terror nos enchem de angústia, temos a impressão de que o niilismo contemporâneo chega a seu ápice. Impossível tematizar a alegria sem referir-se a esse pano de fundo, o da mercantilização da afetividade, da militarização do cotidiano, da psicopatia política. Diante desse quadro, porém, e justamente devido a sua gravidade, não seria o caso de finalizar evocando pequenas notas dissonantes?

Num contexto inteiramente outro, uma psicanalista surpreende-se que a alegria tenha insignificante lugar na teoria psicanalítica, quando ela é um afeto tão precoce quanto a angústia. Ao lado da série da castração, constituída pela frustração e renúncia, Radmyla Zygouris propõe alinhar a série da jubilação, a alegria, o júbilo liberador em relação ao domínio do Outro. Na filosofia, e na esteira de Plotino, Deleuze evoca uma outra série jubilosa: somos água, terra, luz e ar contraídos. Nossa sensibilidade vital primária percebe que somos aquilo que contraímos, e nós contemplamos jubilosamente aquilo de que procedemos. Beatitude em que se contempla em si mesmo não a si mesmo, mas àquilo de que se procede. Assim, o lírio, unicamente pela sua existência, canta a glória dos céus, das deusas e dos deuses, isto é, dos elementos que ele contempla, contraindo. Mesmo sob a palavra eu, há pequenos eus, almas contemplativas. Sujeitos larvares, onde o eu dissolvido canta a glória de Deus, isto é, do que ele contempla, contrai e possui.[7] É a maneira pela qual o mundo é dobrado no sujeito, maneira pela qual o sujeito apreende o que o rodeia, e se preenche; maneira pela qual o sujeito se alegra à medida que se preenche daquilo que o constitui — *self--enjoyment*, dizia Whitehead.

Como isso poderia servir de contraponto à profecia presente na novela de Tarde, a respeito de uma catástrofe ecológica ou da ação de um bárbaro dissidente? De fato, não sabemos se os acontecimentos do 11 de setembro prenunciam uma transvaloração dos valores ou apenas reforçarão micro e macrofascismos os mais atávicos e retrógrados. Em todo caso, podemos reivindicar uma reconversão dos afetos, uma nova economia afetiva, em que as máquinas de guerra não se apropriem por inteiro dos afetos de revolta e na qual se redesenhe uma nova equação entre alegria privada e alegria política, abrindo espaço também para as séries jubilosas.

---

[7] DELEUZE, G. *Diferença e repetição*, Luiz Orlandi e Roberto Machado (trads.). São Paulo, Graal, 1988, p. 141.

UM OLHAR A CADA DIA

O título original do filme de Angelopoulos é *O olhar de Ulisses*. Ulisses é o herói grego que retorna à sua pátria após um longo périplo, na epopeia de Homero intitulada *A Odisseia*. Mas o herói desse filme retorna a uma pátria que ele não reconhece, e o filme é a imagem cruel, melancólica, carregada dos pressentimentos os mais sinistros, de um mundo em ruína. Não é a nostalgia natural de um adulto retornando a lugares de infância ou adolescência e constatando que tudo mudou, mas a constatação de que o próprio mundo se está esfacelando, que um canto fúnebre se eleva de cada vilarejo, habitante, paisagem. É uma espécie de velório itinerante sobre o estado do mundo, e não apenas sobre os Bálcãs, com suas guerras intestinas e fratricidas, massacres recíprocos, fundamentalismos e intolerâncias. É um filme sobre a balcanização do mundo. A atualidade dele, portanto, cresce a cada dia.

Um cineasta grego exilado nos EUA volta ao seu país de origem em busca de três bobinas de um filme perdido, talvez os primeiros testemunhos cinematográficos da região filmados por dois irmãos no início do século, e em meio às brumas, neve, fronteiras incompreensíveis que o cineasta é obrigado a atravessar, o espectador vai se dando conta que as bobinas perdidas talvez sejam o rastro possível de um olhar inocente sobre aquele mundo já desaparecido, ou daquilo que se poderia chamar da alma europeia, da civilização, e que a Europa dilacerada parece incapaz de reencontrar. Por trás da Europa que todos conhecemos, viceja aquilo que alguns chamam de Europa espectral, aquela que subjaz ao cotidiano de mercadorias e luzes, de divertimento e consenso, de política e luxúria — a xenofobia, o patriotismo, a purificação étnica, o orgulho da identidade. E tudo isto no lugar que já foi o berço da civilização europeia.

Segundo Samuel Huntington, a situação contemporânea só poderia ser compreendida a partir do choque de civilizações.[1] O embate entre as civilizações nada tem que ver com conflito entre ideologias, como no século passado quando o mundo era dividido em dois blocos, nem com choque de interesses econômicos, como se pensava há alguns anos ao se fazer referência a Norte e Sul, Primeiro e Terceiro Mundo etc. Choque de civilizações significa embate entre culturas distintas, cada uma com seus valores, instituiçoes, religião, traços étnicos etc. A civilização ocidental é apenas uma, nem sequer majoritária, entre as várias outras existentes no mundo, embora ela se considere universal e pretenda impor-se a todas as outras. Além dela temos a civilização sínica (chinesa), a budista (japonesa), a hindu, a africana, a islâmica, a ortodoxa (russos e eslavos), e a sul-americana, espécie de subproduto da ocidental. Ora,

[1] HUNTINGTON, Samuel. *O choque de civilizações*, M.H.C. Côrtes (trad.). Rio de Janeiro, Objetiva, 1997.

essas civilizações são muito distintas entre si, num certo sentido incompatíveis, e toda geopolítica deveria contemplar essa rivalidade multicivilizacional e multipolar. No filme de Angelopoulos, o cineasta vem exibir um filme seu e desperta um conflito entre culturas, e ao longo de seu périplo atravessamos a região muçulmana, a ortodoxa, a ocidental, numa vizinhança explosiva que parece confirmar a tese de Huntington. Ao escrever esse livro há já alguns anos, ele previra o choque provável entre a civilização ocidental e a islâmica, de modo que ganhou muita celebridade a partir do 11 de setembro.

Plausível à primeira vista, a tese de Huntington é no fundo extremamente conservadora, pois alega que o multiculturalismo americano erode a civilização ocidental. Assim, ele faz uma espécie de apologia de purismo da cultura ocidental, essencializando a própria ideia de cultura. O que autores mais interessantes têm feito é mostrar a que ponto a cultura em si mesmo, e qualquer uma delas, já é uma mistura, uma hibridação de elementos muito díspares, uma negociação entre fronteiras, uma composição heterogênea. Tome-se o próprio americano, o que é ele sem os chicanos, os negros, os italianos, os judeus, os próprios índios que ele dizimou e/ou incorporou? Qualquer fronteira enunciativa é também uma gama de outras vozes e histórias dissonantes, dissidentes, de mulheres, colonizados, grupos minoritários, portadores de sexualidades policiadas. Como diz um analista de origem indiana residente nos EUA, Homi Bhabha, a demografia do novo internacionalismo é a história da migração pós-colonial, as narrativas da diáspora cultural e política, os grandes deslocamentos sociais de comunidades camponesas e aborígines, as poéticas do exílio, a prosa austera dos refugiados políticos e econômicos. Então o que é um sujeito, nesse contexto, senão aquele que se forma nos entrelugares, nas fronteiras, na itinerância? Poderíamos mencionar vários filmes com essa temática, como *Barril de pólvora*, *Bela aldeia bela chama*, *Trem da vida*, *Underground*. Andréa França defendeu recentemente uma tese a respeito, com o belo título: "Terras e fronteiras, imagens de itinerância no cinema contemporâneo".[2] Ela insiste em que nos trânsitos e fluxos de população contemporâneos, nos deslocamentos de massa a que assistimos com a derrocada dos Estados-nação, criam-se novas comunidades sensíveis, novos sentidos de mundo, novas terras imaginadas. A desterritorialização brutal dos últimos anos faz com que as pessoas inventem, também através do cinema e das imagens, novas terras, novas nações, novos povos ali onde eles ainda nem sequer existem. Essas novas terras não são geográficas, são territórios sensíveis, afetivos, espaços de solidariedade, novos mapas de pertencimento e de afiliação translocais. Nesse contexto, a autora insiste em que o pensamento cinematográfico é um "apesar de tudo" diante da barbárie e da obscenidade, é uma dissidência para com as imagens do

---

[2] O trabalho de FRANÇA, Andréa foi publicado como *Terras e fronteiras no cinema político contemporâneo*, Rio de Janeiro, 7Letras/Faperj, 2003.

mundo. E cabe ao cinema se rebelar contra as leituras étnicas e belicistas que a mídia fabrica, quando ela naturaliza hostilidades em função de uma temporalidade cósmica que ela supõe necessária, em vez de historicizar os conflitos, pondo-os em perspectiva também em função das arbitrariedades políticas vindas das grandes potências, nas suas divisões, na violência de suas intrusões, nos efeitos de seu descaso econômico. Pois nos Bálcãs, a situação das fronteiras étnicas se agravou com o fim do socialismo e a introdução selvagem do livre mercado, momento em que as etnias foram colocadas como rivais para partilhar agressivamente umas contra outras as migalhas do capitalismo mundial, como diz Toni Negri.

Tudo isso nos leva a uma conclusão que mais e mais vai furando o nosso consenso: não se trata de um conflito metafísico entre civilizações, nem do passado arcaico contra o futuro democrático, mas sim de um conflito no interior do capitalismo internacional. O desafio maior num momento globalizado, em que ficamos cada vez mais perturbados com os termos crescentemente dissimétricos dessa globalização, obviamente, é repensar todo o tema das etnias, das comunidades, das hibridações, das fronteiras, das itinerâncias — em suma, das culturas e sua capacidade de forjar comunialidade. Mas nisso tudo o cinema tem sua função maior, qual seja a de nos fornecer uma imagem *necessária*. E a imagem que o cinema pode oferecer, a partir das brumas, da neve, da lama, da poeira, dos tiros, dos gritos de terror, não é a mesma imagem que a mídia nos fornece, com seus clichês, com seu sensacionalismo, com sua hipnose paralisante. Franco Berardi dizia recentemente, ao comentar a frase que todos repetiam sobre a derrubada das torres gêmeas: "Certo, parece um filme de ficção científica, mas os filmes de ficção científica são destinados a se realizarem. Todos. Num momento ou em outro, num planeta ou em outro. O imaginário não é a irrealidade, mas a câmara de produção da realidade por vir". Então seria preciso entender o cinema nessa direção, não como a representação de um estado de coisas, embora possa ser também isso, mas como câmara de produção da realidade por vir.

As neblinas do filme de Angelopoulos talvez se encaixem no que Emmanuel Levinas evoca ao descrever a existência crepuscular da imagem estética, a imagem da arte como o "próprio evento do obscurecer, uma descida para a noite, uma invasão da sombra". Trata-se de um tempo ético da narração onde "o mundo real aparece na imagem como se estivesse entre parênteses". Mais radicalmente, porém, poderíamos acrescentar: a bruma não é apenas aquele momento em que a civilização iluminista se apaga, mas também aquele em que uma certa narratividade iluminista se quebra e permite, quiçá, uma imagem que Bhabha chama de intervalar, imagem dos interstícios. É possível que nos falte esta imagem necessária — a imagem do hibridismo constitutivo de nossas culturas.

CHOQUE DE CIVILIZAÇÕES, SATANIZAÇÃO DO OUTRO

Conta Kafka que o Imperador da China mobilizou todas suas forças na construção de uma Muralha esburacada contra os nômades vindos do Norte, enquanto eles já estavam instalados no coração da capital.[1] Essa deliciosa narrativa nos permite introduzir um primeiro paradoxo. Por mais poderoso que seja, um Império já é vazado por todos os lados, infiltrado por todos os poros e subvertido desde o seu centro por esse Outro vindo de longe. Se o Império insiste tanto em demarcar-se e defender-se dessa alteridade que o rasga por dentro é porque, de algum modo, ela já está desde sempre em seu próprio coração, e seu rumor não pode ser abafado. A polarização binária que o Império propõe, portanto, é uma tentativa de compensar a permeabilidade, a contaminação, a miscigenação que a própria dilatação das fronteiras do Império provocou. Os estudiosos notam que a identidade dos povos europeus, ainda nos primórdios do estado nacional, forjou-se em oposição dialética a seus Outros nativos, num racismo colonial que eliminava as diferenças internas e espiritualizava uma unidade fictícia com finalidades políticas, em contraposição a uma alteridade fabricada. Daí uma primeira premissa histórico-filosófica: nessa dicotomia entre o Mesmo e o Outro, o Outro não é dado, mas produzido. Numa outra escala, Edward Saïd mostrou da maneira mais convincente que o conhecimento que o Ocidente tem do Oriente não passa de uma racionalização construída a partir e com o objetivo de perpetuar uma dominação real. O Oriente concreto foi apenas o palco onde o Ocidente projetou sua representação do Oriente, forjada previamente com uma quantidade imensa de discursos, no sentido que Foucault deu ao termo. O Ocidente forjou um Oriente feito inteirinho com seu próprio repertório (ocidental), seus esquemas mentais, sua lógica, seus preconceitos, hierarquizações, interesses, fantasias, racismos, ciências, religiosidade, literatura etc. O Oriente *do* Ocidente é um objeto, uma fabricação, um constructo do Ocidente — daí porque o diálogo com esse Oriente concreto está fadado de

---

[1] KAFKA, Franz. "Durante a construção da Muralha da China", in *Narrativas do espólio*, Modesto Carone (trad.). São Paulo, Cia. das Letras, 2002; e "Uma folha antiga", in *Um médico rural*, Modesto Carone (trad.). São Paulo, Cia. das Letras, 1999.

antemão ao fracasso mais retumbante. Algo similar ocorreu com a loucura, tal como foi analisada por Foucault: também a psiquiatria não é o conhecimento objetivo da doença mental, mas a racionalização de uma dominação concreta, e a loucura que a psiquiatria conhece é um objeto contruído a partir dessa dissimetria de base. De modo que a psiquiatria, e as disciplinas que dela derivam, são incapazes por vício de origem de encetar um diálogo com as vozes da desrazão. E assim como o contraste com a loucura é fundante para a constituição da subjetividade racionalista (a desrazão é o Outro necessário porém descartável do cogito cartesiano), do mesmo modo a suposta barbárie e licensiosidade do nativo foram necessárias para fundar a civilidade do europeu moderno. A subjetividade moderna está intimamente vinculada a essa dialética que essencializa o Outro para, negando-a, constituir-se a si. A transformação do Outro num absoluto essencializado é parte dessa estratégia de divisão binária que serve à constituição de si do sujeito ocidental. Como diz Negri, o colonialismo é uma máquina abstrata, de repartição de identidades e alteridades.[2] É vão colocar-se nesse campo dialético e reivindicar, por exemplo, a assunção positiva dessa alteridade negada, tal como algumas décadas atrás alguns sugeriam, inclusive Sartre. Seria preciso, talvez, desfazer-se de antemão de uma tal lógica dialética e da máquina binária que a preside — e a partir daí repensar o próprio conceito de identidade e de alteridade. Como o sugere o crítico hindu Homi Bhabha, qualquer cultura já é uma formação parcial e híbrida, e uma totalidade nacional ou uma binariedade colonial não passam de recortes impostos que se abatem sobre elas. Nem sequer a nova ordem imperial, exceto em momentos de crise maior como o atual, já não procede predominantemente por binariedades, tendo incorporado em suas estratégias parte da reivindicação dos pós-modernistas relativa à diferença, à multiplicidade, à diversidade, ao fluxo livre. Há quem sustente, e Deleuze-Guattari entre eles, que o próprio racismo já era menos binário do que se supõe, já operava por graus de desvio em relação ao homem branco, com inclusões diferenciadas. É como se a supremacia branca funcionasse atraindo a alteridade e subordinando as diferenças de acordo com graus de desvio da brancura. Ou seja, não seria um ódio nascido da distância, mas da proximidade. Negri prolonga o raciocínio e mostra que se a soberania moderna dependia da dialética entre o europeu e o nativo, numa binariedade que levava o Outro a seu extremo e depois o negava para constituir-se, a soberania imperial é mais ardilosa pois integra os outros a sua ordem e então orquestra essas diferenças num sistema de controle, na administração de microconflitualidades.

[2] HARDT, Michael e NEGRI, Antonio. *Império*. Rio de Janeiro, Record, 2001, p. 145.

O MESMO E O OUTRO

Se isso parece verossímil, um momento de crise como o nosso tem algo de perturbador. Parece reativar a dialética mais binária entre a identidade e a alteridade, levando-a ao paroxismo. Eis alguns dos postulados de Samuel Huntington, em seu livro *O choque de civilizações*, escrito muitos anos antes do 11 de setembro. Diz ele: as diferenças religiosas ou civilizacionais não são negociáveis (diferentemente das diferenças ideológicas no seio de uma mesma civilização), odiar é humano: para sua autodefinição, as pessoas precisam de inimigos; o conflito entre a democracia liberal e o marxismo-leninismo é um fenômeno fugaz e superficial se comparado com a relação continuada e profundamente conflitiva entre o Islamismo e o Cristianismo. Para onde quer que se olhe ao longo do perímetro do Islã, os muçulmanos tiveram problemas para viver em paz com seus vizinhos.[3] Ao comentar o número de conflitos em que estão engajados os muçulmanos na última década, afirma: as fronteiras do Islã são sangrentas, como também o são suas entranhas. A propensão muçulmana para o conflito violento é evidente, basta olhar a que ponto as sociedades muçulmanas são militarizadas. Seguem-se algumas causas que explicariam essa propensão: a origem bélica do próprio islamismo (religião da espada); a indigestibilidade dos muçulmanos (fé absolutista); sua condição de vítima, a inexistência de um Estado-núcleo, a explosão demográfica e a grande quantidade de jovens e desempregados, fonte natural de instabilidade. Percebe-se que por trás de um estudo histórico, geopolítico, pretensamente objetivo e repleto de estatísticas, vai aparecendo paulatinamente a diabolização do Outro, a construção progressiva dessa alteridade demonizada, a perspectiva subreptícia da superioridade da civilização ocidental cristã diante da barbárie alheia.

Se na dialética colonial a identidade nacional dos povos europeus foi construída na base de um racismo de cunho biológico, no pós-colonialismo a segregação ganha uma fundamentação cultural. A substituição da raça pela cultura tem efeitos ainda mais perversos. Tudo se explica em termos de cultura, o atraso de uns, a superioridade de outros, a corrupção de terceiros, a crise, a fome, o analfabetismo, o despotismo, de modo que a cultura é essencializada numa concepção concorrencialista entre as diversas civilizações. Na concepção de Huntington, por exemplo, a cultura islâmica basta para explicar porque a democracia deixou de emergir na maior parte do mundo muçulmano. Em contrapartida, a influência do colonialismo, da guerra fria, a cooptação das elites locais, a globalização, nada disso tem importância, pois o único fator decisivo é o embate entre as culturas rivais. A civilização ocidental por um lado, e o resto, como diz o mapa presente no seu livro, sendo esse resto a

[3] HUNTINGTON, Samuel. *O choque de civilizações*, op. cit., respectivamente pp. 160, 262, 326.

civilização sínica (chinesa), a islâmica, a hindu, a africana, a ortodoxa (russa), a budista (japonesa) — a latino-americana não passa de um subproduto da ocidental, com componentes indígenas. A luta entre ricos e pobres, ou entre ideologias, ou a análise das circunstâncias concretas cede o passo à primazia da identidade cultural, do sistema de valores, instituições, traços religiosos, étnicos. Ao postular o mundo multipolar e multicivilizacional Huntington ignora que pertencem todos a um mesmo Império econômico atravessado por *n* linhas de fratura de outra ordem, no qual há dominantes e dominados que obedecem a ditames mais complexos. Pelo menos o autor tem a honestidade de admitir que a hegemonia da civilização ocidental não foi conquistada pela força de seus valores, ideias e religião, mas pelo uso da força, isto é, pela sua capacidade de aplicar a violência de maneira organizada e racional. Poderíamos ampliar essa constatação histórica, e notar a que ponto a pretensa universalidade ocidental, imposta pela força, obedece a um padrão muito pouco universal, o do homem-macho-branco-racional. Não é à toa que mulheres, índios, negros, loucos, homossexuais e tantas outras "minorias" e "derivas" custa(ra)m tanto para serem reconhecidos como sujeitos de direito. Um certo universalismo humanista pode facilmente camuflar a dominação de um padrão dito majoritário que lhe serve de sustentação, com suas regras implícitas do que deve ser considerado humano, racional, sensato, do que é um diálogo ou uma comunicação intersubjetiva válida, em detrimento de toda uma agonística das diferenças, das singularidades, das estranhezas. Tudo isso para lembrar que o consensualismo do Ocidente, com suas crenças em torno da verdade, da ciência, do progresso, do mercado, da democracia, do Estado-nação, podem trazer embutida uma dose não desprezível de racionalismo eurocêntrico. Seria preciso, como diz Yann Moulier Boutang, pensar uma razão mestiça,[4] em ressonância com o que a filosofia das últimas décadas suscitou, ao pôr em xeque uma racionalidade humanista e seu niilismo inconfessável.

Voltando a Huntington: bem antes do atentado em Nova York, ele afirmava que o problema do Ocidente não era o fundamentalismo islâmico, mas o Islã. Uma civilização diferente, cujas pessoas estariam convencidas da superioridade de sua cultura e obcecadas com a inferioridade de seu poderio, contrariamente ao Ocidente, onde as pessoas estariam convencidas da universalidade de sua cultura e da superioridade de seu poderio, levando-os a estender sua cultura por todo o mundo. Seja como for, muitos autores já se referiam, há mais de década, a conflitos e guerras civilizacionais. Mesmo a guerra soviético-afegã foi considerada uma guerra desse tipo, onde era invocado um princípio puramente islâmico, com repercussão extraordinária no mundo muçulmano. Assim como a guerra árabe-israelense, ou a guerra

[4] BOUTANG, Yann Moulier. "Raison Métisse", in *Multitudes* n. 6, Paris, 2001.

do Golfo, e depois o conflito na ex-Iugoslávia. Mas com o 11 de setembro a tese de Huntington parecia confirmar-se. Inclusive parecia explicar a conjunção da fé e da tecnologia. Pois Huntington defende que a agenda de modernização adotada por alguns países do mundo muçulmano dá alento, paradoxalmente, a uma islamização crescente. Pois estabelece-se uma ampla rede de entidades que prestam serviços de saúde, assistência, educacionais e outros, suprindo as lacunas dos governos e deitando raízes entre os mais desassistidos pelo processo de modernização, também entre migrantes urbanos e massas desenraizadas recentemente. Ao mesmo tempo, a expressão política islâmica exerce grande atração entre universitários, engenheiros e médicos, intelectuais, filhos de uma geração mais secularizada, e cresce na mesma proporção em que as oposições seculares são reprimidas por governos despóticos. De fato, poderíamos dizer que a islamização responde a um processo de desterritorialização do capitalismo, oferecendo uma reterritorialização subjetiva, jurídica, semiótica. Mas também social, econômica, educacional, política. Huntington, a partir de sua lente civilizacional, o formula assim: num mundo muito fluido, as pessoas estão em busca de identidade e segurança. O ressurgimento islâmico seria uma reação contra o Ocidente e a ocidentalização, não contra a modernização.

Numa perspectiva distinta, Toni Negri vê no fundamentalismo não um fluxo histórico reverso, ressurreição de identidades e valores primordiais, arcaicos, pré-modernistas, mas um repúdio à transição histórica contemporânea em curso, ou seja, não um movimento pré-moderno, mas pós-moderno, uma vez que rejeita os poderes que emergem da nova ordem imperial. Essa rejeição é "atual", no sentido em que se refere a uma situação presente e a um domínio euro-ocidental que também o pós-modernismo ocidental contesta. Nesse sentido, o pós-modernismo seria a concepção de contestação predominante entre os vitoriosos, ao passo que o fundamentalismo, entre os perdedores. Como diz Robert Kurz: "O fundamentalismo do humilhado mundo islâmico não é uma tradição do passado mas um fenômeno pós-moderno: a invisível reação ideológica ao fracasso da modernização ocidental".

SUBJETIVIDADE MULTITUDINÁRIA

Duas últimas palavrinhas sobre Huntington. Sua concepção do choque das civilizações desemboca num purismo cultural e numa condenação peremptória das misturas. No caso americano, por exemplo, o autor diz que o multiculturalismo enfraquece o tesouro ocidental. Como se vê, não se trata de purificação étnica, mas cultural. O mais espantoso, ou o mais compreensível, é que isso seja defendido precisamente no momento de tamanha internacionalização, quando seria o caso de repensar justamente o princípio da identidade nacional ou civilizacional, à luz dessas misturas. É o que outros autores, na outra ponta do espectro político, têm proposto, ao mostrar a que ponto a cultura em si mesmo, e qualquer uma delas, já é uma mistura, uma hibridação de elementos muito díspares, uma negociação entre fronteiras, uma composição heterogênea. Tome-se o próprio americano, o que é ele sem os chicanos, os negros, os italianos, os judeus, os próprios índios que ele dizimou e/ou incorporou? No caso do Brasil essa perspectiva é ainda mais pertinente. Qualquer fronteira enunciativa é também uma gama de vozes e histórias dissonantes, dissidentes, de mulheres, colonizados, grupos minoritários, portadores de sexualidades policiadas. Como diz ainda Homi Bhabha, a demografia do novo internacionalismo é a história da migração pós-colonial, com as narrativas da diáspora cultural e política, os grandes deslocamentos sociais de comunidades camponesas e aborígenes, as poéticas do exílio, a prosa austera dos refugiados políticos e econômicos.[5] Então o que é um sujeito, nesse contexto, senão aquele que se forma nos entrelugares, nas fronteiras, na itinerância? Daí os vários estudos mostrando que nos trânsitos e fluxos de população contemporâneos, nos deslocamentos de massa a que assistimos com a derrocada dos Estados-nação, criam-se novas comunidades sensíveis, novos sentidos de mundo, novas terras imaginadas (Benedict Anderson). A desterritorialização brutal dos últimos anos faz com que as pessoas não só recorram a fundamentalismos reterritorializados, mas também inventem, por meios os mais diversos, inclusive através do cinema e das imagens, mas por que não através da Internet, da música, da dança, dos protestos políticos (como quando se diz "povo de Seattle"), novas formas de associação e aglutinação, novas "terras", novas "nações", novos "povos" ali onde eles ainda nem sequer existem. Não se trata de "terras" geográficas, mas de territórios sensíveis e afetivos, espaços de solidariedade, novos mapas de pertencimento e de afiliação translocais. Como diz Negri, a constituição do mercado mundial, com sua prática cotidiana, com a mobilidade dos sujeitos que suscita, apesar do vazio de universalidade que ele pressupõe, incitando à mais absoluta agressividade de um contra o outro para disputar as migalhas desse mercado, como se vê nos vários Balcãs espalhados pelo mundo, poderia, paradoxalmente, dar ensejo a uma reinvenção da universalidade.[6] Vários filmes recentes, sobretudo da região dos Balcãs, dão testemunho dessa abertura. A cooperação produtiva se alarga, as trocas e as redes se intensificam e se estendem, uma universalidade material e móvel aparece no horizonte. A desagregação do social pode dar lugar a novas tendências de comunidade,

---

[5] BHABHA, Homi K. *O local da cultura*. Belo Horizonte, Editora da UFMG, 1998, p. 24.
[6] NEGRI, Antonio. "Nações, racismo e nova universalidade", in *Lugar Comum* n 4, Rio de Janeiro, 1998, pp. 45-51.

não mais ligadas à proximidade tradicional, mas à contiguidade de trajetórias nômades, numa nova relação entre a desterritorialização obrigatória e uma nova territorialidade desejada. Negri pergunta: não seria possível começar uma reconstrução do mundo, uma nova universalidade, que, evitando as proximidades tradicionais (família, etnia, nação) reencontrasse nas necessidades da mobilidade, da produção flexível, de uma nova cooperação ampliada, uma via para construir grupos, associações, contiguidades, políticas novas, comunicantes, produtivas, liberadoras? Nesse caso, contrariamente à purificação civilizacional de Huntington, diante dos fluxos incessantes de mobilidade que o mercado mundial suscita, trata-se de defender as misturas sacrílegas, as hibridações linguísticas e culturais. As mestiçagens que se incorporam nos corpos dos homens talvez prescindam do fator nacional para poderem efetuar a força de utopia que em outros momentos a própria ideia de nação veiculava. Trata-se então de criar novos parâmetros que subsidiem o desejo de comunidade.

A multidão, concebida como um corpo biopolítico coletivo, nos seus poderes de constituir para si comunidades múltiplas, desenha assim novas possibilidades de relação com a alteridade. Para dizê-lo em termos mais filosóficos: não mais pensar segundo a dialética do Mesmo e do Outro, da Identidade e da Diferença, mas resgatar a lógica da Multiplicidade. Arrisquemos o exemplo poético: Fernando Pessoa reivindicava o direito de experimentar todos os Outros que o habitavam ou rodeavam, e a essa experiência de metamorfose múltipla deu ele o nome de outramento. O outramento não é dicotômico ou binário, mas plural, mutante, antropofágico. Não se refere ao meu direito de ser diferente do Outro ou o direito do Outro de ser diferente de mim, preservando em todo caso entre nós uma oposição, nem mesmo se trata de uma relação de apaziguada coexistência entre nós, em que cada um está preso à sua identidade feito um cachorro ao poste. Trata-se do direito de diferir de si mesmo, de se descolar de si, desprender-se da identidade própria e construir sua deriva ao acaso dos encontros e das hibridações que a multidão nos propicia. É uma lógica inteiramente distinta daquela que a subjetividade moderna nos propõe, na sua dialética (nacional ou colonial) que essencializa o Outro para, negando-o, constituir-se a si. É uma outra subjetividade, pós-colonial, pós-nacional, pós-humanista, pós--identitária. Subjetividade multitudinária, processual, aberta à sua dimensão de alteridade e itinerância própria.

BIOTERRORISMO E BIOPOTÊNCIA

Talvez Foucault continue tendo razão: hoje em dia, ao lado das lutas tradicionais contra a dominação (de um povo sobre outro, por exemplo) e contra a exploração (de uma classe sobre outra, por exemplo), é a luta contra as formas de assujeitamento, isto é, de submissão da subjetividade, que prevalecem. Talvez a explosividade desse momento tenha que ver com a extraordinária superposição dessas três dimensões, e quem sabe também nossa esquizofrenia em avaliá-lo, na qual se mesclam júbilo e assombro, admiração e horror, esperança com o fim da ficção sobre um suposto fim da História que nos foi proposta na última década, e ao mesmo tempo a perplexidade com os micro e macrofascismos que despontam no horizonte. Ao lado da reabertura do campo de possíveis por tanto tempo saturado por uma narrativa exclusiva, insinua-se o receio de que o bioterrorismo paralise a biopotência emergente.

Não sei o quanto as poucas páginas de Kafka sobre a Muralha da China refletem a paranoia do Império contemporâneo, com suas estratégias frustradas para proteger-se dos excluídos ou estrangeiros, cujo contingente não para de aumentar no coração da capital, numa vizinhança de intimidação crescente e num momento em que, como diria Kafka, sofre-se de enjoo marítimo mesmo em terra firme. Tampouco está claro o quanto os nômades de Kafka, na sua indiferença ostensiva em relação ao Império, podem ajudar a pensar a lógica da multidão. Em Kafka uma ironia fina vai solapando a solene consistência do Império. É que os cidadãos do Império têm em relação a ele uma curiosa incredulidade, ele é próximo mas distante, concreto mas abstrato, real mas impalpável, tem-se, às vezes, a impressão de que não passa de uma fantasmagoria, que bastaria mudar o foco para que aparecessem outras coisas, mais relevantes e substantivas. Há algo no funcionamento do Império que é puro disfuncionamento. Quando nas "Conversas com Kafka" Janoush diz ao escritor checo que vivemos num mundo destruído, este responde: "Não vivemos num mundo *destruído*, vivemos num mundo *transtornado*. Tudo racha e estala como no equipamento de um veleiro destroçado". Rachaduras e estalos que Kafka dá a ver, que a situação contemporânea escancara, e que não passam apenas entre as civilizações, mas no interior de cada uma delas, abrindo-as para outras comunialidades. Talvez o desafio seja intensificar esses estalos e rachaduras do Império, mas também do Estado-nação, dos partidos, das classes, dos gêneros, das identidades, para dar a ver nas linhas de fratura diversas a potência de mescla e recombinação presentes na Multidão.

PARTE V
RESISTÊNCIAS

OITO PERGUNTAS SOBRE RESISTÊNCIA E CRIAÇÃO

Em fevereiro de 2002, por iniciativa da Associação Resistência/Criação, em parceria com LABTec, da UFRJ, e a Pós de Psicologia Social da UFRGS, foi realizado no II Fórum Social Mundial de Porto Alegre, uma Oficina Aberta em torno da ideia de Resistência e Criação. Ao longo de seis horas, no Armazém 7 do Cais do Porto, às margens do Rio Guaíba, pensadores e militantes, sobretudo estrangeiros, especialmente convidados para a ocasião, responderam livremente a várias questões propostas pelos organizadores. Entre os convidados estavam Yann Moulier Boutang, Michael Hardt, Franco Barchiesi, Franco Berardi (Bifo), Luca Casarini, Giuseppe Cocco, Maurizio Lazzarato, Alejandra Riera, Gianfranco Bettim. Economistas, sociólogos, filósofos, artistas, o vice-prefeito de Veneza, o líder dos Desobedientes, o diretor da revista *Multitudes*, o coautor de *Império*, todos se embalaram com as perguntas formuladas pelo grupo que então constituía a Associação Resistência/Criação, a saber: Denise B. de Sant'Anna, Kazuo Nakano, Ligia Nobre, Cécile Zoonens, Suely Rolnik e eu mesmo (Catherine David estava ausente). O resultado da conversa deve estar em algum vídeo ou cassete, e na lembrança das duzentas e cinquenta pessoas que por ali passaram, e que tiveram o privilégio de assistir ao debate tendo por pano de fundo um pôr do sol inigualável.

Seguem abaixo algumas das perguntas ali propostas, precedidas de um trecho extraído da curta apresentação geral, no que pode constituir um pequeno roteiro sobre a relação entre política e cultura nos dias de hoje.

As relações entre política e cultura foram inteiramente redesenhadas a partir das transformações do pós-fordismo. A dimensão cultural ganhou uma centralidade inédita no quadro de um capitalismo dito "cultural" ou "pós-moderno", a inteligência passou a ser prioritária no interior de um capitalismo dito "cognitivo", a subjetividade aparece cada vez mais no cerne de uma economia dita "imaterial", a própria "vida" está no núcleo de uma era dita "biopolítica".

Nesse contexto, a relação entre política, cultura, subjetividade e vida deve ser repensada da maneira mais "concreta" possível, isto é, no interior da revolução tecnológica e produtiva das últimas décadas, com os efeitos sociais e afetivos correspondentes, e segundo as linhas de força que essa reconfiguração libera.

1. FORÇA-INVENÇÃO

Os convidados, na sua maioria, fizeram uma análise inovadora do pós-fordismo. Que novas feições assumiu a produção das últimas décadas, que novas forças foram liberadas com o esvaziamento das antigas categorias de proletariado, de classe, de esquerda, que novos mecanismos de poder foram acionados a partir daí, que novas modalidades de contrapoder o contexto foi suscitando. Um dos temas recorrentes nessas análises é a predominância do trabalho dito imaterial. Um trabalho que solicita do trabalhador não seus músculos nem sua força física, mas sua inteligência, sua força mental, sua imaginação, sua criatividade — tudo isso que antes era do domínio privado, do sonho, das artes, foi posto a trabalhar no circuito econômico. Com isto, o capitalismo passou a mobilizar a subjetividade numa escala nunca vista. A força de invenção se tornou a principal fonte de valor, independente até do capital ou da relação assalariada. Pode-se dizer que a força-invenção está disseminada por toda parte, e não mais circunscrita aos espaços de produção consagrados enquanto tais. A centralidade da invenção no domínio da produção, no entanto, contrasta com a predominância de uma serialização no domínio das formas de socialização, de entretenimento, de circulação cultural e de informação. Como pensar esse hiato, como reconectar esses níveis?

2. TRANSVERSALIDADE

Não se produz só na fábrica, não se cria só na arte, não se resiste só na política. Assistimos ao fim dos suportes em vários domínios, mas também das esferas em que eles ganhavam sentido. As artes plásticas extrapolaram seus suportes tradicionais tais como a pintura e a escultura (mas também desbordaram o espaço do museu e o circuito da própria arte), a política extrapolou o suporte tradicional do partido, do sindicato, do próprio parlamento (em suma, do espaço da representação), a produção extrapolou os limites da fábrica, e mesmo da empresa, migrando para uma esfera coextensiva à vitalidade social, e a subjetividade extrapolou seu suporte egoico e identitário.

Assim, a arte extrapola a arte, a política extrapola a política, a produção extrapola a produção, a subjetividade extrapola a subjetividade. Seria preciso pensar conjuntamente esses processos e a hibridação dessas esferas nas condições de hoje, tanto nos seus efeitos liberadores, como constrangedores. Em que medida criação econômica, criação social (isto é, invenção de novas formas de associação e de sociabilidade), criação cultural (isto é, invenção de sentido, linguagens, valores etc.), criação subjetiva (isto é, individuação em processo) se conjugam e são vampirizados por dispositivos de expropriação e comando ou, ao contrário, instauram processos positivos e singularizantes, capazes de funcionar como resistência num contexto de homogeneização?

3. MULTIDÃO

Vários dos convidados trabalham com a noção de Multidão, pensada enquanto multiplicidade heterogênea, não-unitária, não-hierárquica, acentrada e centrífuga. Na sua riqueza, ela é constituída pelo intelecto geral, afetividade, vitalidade aorgânica etc. A multidão como figura subjetiva não identitária, que não delega poderes nem pretende conquistar o poder, mas desenvolver uma nova potência de vida, de organização, de produção. O Fórum Social Mundial talvez possa ser visto como uma vitrine de miríades de associações que pertencem à multidão, com direções múltiplas, inteligências e sensibilidades heterogêneas, que inventam não só modos próprios de produzir, de trocar, de habitar, de construir, mas também de relacionar-se, de afetar-se, de subjetivar-se, de protestar. Seriam Seattle, Gênova, Buenos Aires, Porto Alegre, diferentes irrupções dessa nova subjetividade não dependente de filiação ou pertinência? Estariam estas manifestações obedecendo a uma nova geometria da vizinhança ou do atrito? Em que se diferenciariam? Como fazer o desenho da multidão, essa figura política/não política, essa subjetividade cujo contorno é tão visível e invisível ao mesmo tempo, palpável e impalpável, como fazer dela um componente cartográfico para nossas prospecções sobre os movimentos de resistência e criação que ela abriga, não apenas nos momentos de visibilidade espetacularizada como nos casos citados?

4. ÊXODO

Alguns dos convidados têm trabalhado a ideia do êxodo do Estado como uma modalidade de resistência criativa, isto é, como uma linha de fuga e ao mesmo tempo um ato de imaginação coletiva. A deserção de certos circuitos consagrados (estatais, políticos, midiáticos etc.) e a invenção de outras cenas. Luca Casarini tem falado recentemente em algo mais radical do que a mera desobediência civil, desobediência social. Como entendê-lo, concretamente? E em que medida isso pode dar ensejo a processos constituintes? Alguns convidados têm falado em secessão ativa, lembrando que para ativar a potência produtiva da inteligência social é preciso modificar o tom, o humor, o psiquismo. Valeria essa "política" igualmente para o domínio da cultura? Que tipos de êxodo cultural, defecção artística, desobediência afetiva são pensáveis hoje? Se levarmos em conta as novas modalidades de produção de sentido, sua disseminação, sua captura e esvaziamento, como pensar uma desobediência cultural e subjetiva? Como os Tute Bianchi, por exemplo, lidam com esses avatares da produção de sentido hoje? Como tornam inoperante o comando de sentido? Que estratégias eles inventam para fugir às armadilhas midiáticas e militares? Que dimensão "performática" suas manifestações têm tomado, que tipo de "presença" eles propõem, que poética política estão inventando? Que modo de subjetivação introduziram nas suas aparições, que humor eles provocam, com seu autossarcasmo, que devires eles suscitam? Que povo por vir eles anunciam, no seio da Multidão?

5. BIOPODER E BIOPOLÍTICA

A defesa da vida tornou-se um lugar-comum. Todos a invocam, desde os que se ocupam de manipulação genética até os que empreendem guerras planetárias. Com Foucault, a biopolítica designava a entrada do corpo e da vida nos cálculos explícitos do poder — poder sobre a vida. Com a inversão proposta por alguns dos convidados, inspirados parcialmente em Deleuze, biopolítica deixa de ser prioritariamente a perspectiva do poder e de sua racionalidade, tendo por objeto passivo o corpo da população, e suas condições de reprodução. A própria noção de vida deixa de ser definida apenas a partir dos processos biológicos que afetam a população, e passa a significar uma virtualidade molecular da multidão, energia aorgânica, desejo, poder de afetar e ser afetado. Ou seja, inclui a sinergia coletiva, a cooperação social e subjetiva no contexto de produção material e imaterial contemporânea, o intelecto geral. A partir daí, biopolítica não significa mais poder sobre a vida, mas antes a potência da vida. Passa de um sentido negativo para um sentido positivo, de uma dimensão de disciplina, controle ou vampirização para uma dimensão intensiva, ontológica e constitutiva. Ao poder sobre a vida contrapõe-se a potência da vida, mas essa tensão é irresoluta e os múltiplos pontos de fricção ou de estrangulamento, de irrupção ou de sufocamento, demandam uma cartografia complexa. De todo modo, a vida ela mesma tornou-se um campo de batalha (ponto de incidência do biopoder, em toda sua amplitude biotecnológica ou militar, ou diferentemente, âncora da resistência, potência de variação das formas de vida etc). Como atualizar essa virtualidade biopolítica da multidão? Quais estratégias liberam a vitalidade sequestrada? Seria esta a dimensão ético-estética que atravessa todos os campos da existência?

6. GUERRA

Uma das primeiras reações aos atentados de 11 de setembro foi: "parece um filme de ficção científica!" Um de nossos convidados escreveu, poucos dias depois, que "os filmes de ficção científica estão destinados a se realizarem. Todos. Em algum momento ou outro, num planeta ou noutro. O imaginário não é a irrealidade, mas a câmara de produção da realidade por vir. Todo imaginário está destinado a criar o seu mundo. Cuidar [tratar] do imaginário não é portanto um dever separado da política, uma atividade pouco concreta. É o foco da ação contemporânea".

Assistimos a uma militarização do psiquismo planetário. Mesmo em São Paulo, uma das primeiras reações ao sequestro do prefeito de Santo André, do PT, foi: estamos numa guerra! A atmosfera de paranoia crescente acaba criminalizando e despolitizando a contestação, demonizando os protestos, a dissensão, os devires minoritários, as mestiçagens suspeitas. O resultado é a satanização do outro. Mais e mais a guerra aparece como característica estrutural do Império. Nesse contexto, como pensar o desafio lançado acima a respeito de cuidar do imaginário? Alguns afirmam que o atentado, mas talvez também a reação a ele, obedecem a coordenadas ideológicas ou fantasmáticas disseminadas, que determinam sua percepção (Zizek). O que escapa dessa determinação? Como infletir a direção dessa câmara de produção da realidade por vir? Que estratégias culturais poderiam intervir na direção dessa inflexão? Como contornar o risco de ver esse "imaginário" sequestrado por ícones militares (promovidos pelo terrorismo de bando ou de Estado), que acabam suplantando ou sobredeterminando a potência de imaginação coletiva já em operação, como quando se lê Seattle à luz de Nova York? Em outras palavras, como evitar que os afetos de revolta sejam sequestrados por tais ícones militares, aparelhos de captura e de terror de toda ordem? Como perguntava uma editorialista, como evitar que a guerra torne obsoleta a luta, saturando seu espaço? Como evitar que a guerra reterritorialize os fluxos que o próprio capitalismo liberou?

7. SEMIOTIZAÇÃO CAPITALÍSTICA

Alguns dos convidados, inspirados em Guattari, insistem na dimensão semiótica do capitalismo. Na velocidade da digitalização generalizada, a economia ressemiotiza todos os âmbitos da vida, colonizando vastas esferas da cultura, a inteligência, a atenção, a emoção, o tempo, o espaço, o próprio corpo. Outros insistem na predominância da linguagem e dos símbolos na economia atual, fazendo da comunicação o núcleo do processo produtivo. Em todo caso, nesse contexto "pós-moderno", a comunicação aparece como um instrumento fundamental do controle imperial (depois da bomba e do dinheiro). A comunicação, inteiramente desterritorializada, recobre o globo e valida a subsunção real da sociedade ao capital. Assim, a cultura se submete por inteiro à lógica da sociedade do espetáculo. Entretanto, apesar dessa narrativa "totalitária", que supõe um controle crescente e maciço do imaginário, da percepção, da subjetividade numa sociedade dita de controle, que prescinde de mediações e opera diretamente, maquinicamente, no cérebro e nos nervos, reencontramos, mesmo nessas descrições de saturação, um meio de pluralidade e de acontecimento. Como diz Guattari, ao mesmo tempo em que estamos "presos numa ratoeira", somos destinados às mais insólitas e exaltantes aventuras. Em que medida, nesse contexto, poderíamos pensar certas práticas (estéticas, urbanas, sociais, políticas) como "acontecimentos" que reinauguram processos subjetivos e sensíveis? Se tomamos por exemplo a ideia de Tarde sobre a capacidade da arte, fundamental para as sociedades contemporâneas, de socializar as próprias sensações, fazendo comunicar num comum sensível a diferença dos indivíduos, não estaríamos na contracorrente da narrativa por demais unilateral da sociedade de espetáculo, ou mesmo da sociedade de controle, e reabrindo o campo para outras cartografias?

8. RESISTÊNCIA

Se na modernidade a resistência obedecia a uma matriz dialética, de oposição direta das forças em jogo, com a disputa pelo poder concebido como centro de comando, com as subjetivações identitárias dos protagonistas definidas pela sua exterioridade recíproca e complementariedade dialética, o contexto pós-moderno suscita posicionamentos mais oblíquos, diagonais, híbridos, flutuantes. Criam-se outros traçados de conflitualidade. Talvez com isso a função da própria negatividade, na política e na cultura, precise ser revista. Certas dinâmicas urbanas (nomadismos sociais, novos corpos pós-humanos, redes sociais de autovalorização, devires minoritários, êxodo e evacuação de lugares de poder) exemplificam essa mutação na lógica da resistência, indo além das figuras clássicas da recusa. Mas como elas funcionam no contexto das novas segmentações, sobretudo num país como o Brasil, com sua herança histórica, em que regimes diversos de exclusão e segmentação se sobrepõem? O que é contrapoder, nesse contexto sem exterioridade, e na lógica imanente do poder atual? E à luz disso, como redefinir a resistência hoje?

MAIS PERGUNTAS SOBRE RESISTÊNCIA E CRIAÇÃO

Em novembro de 2002 a ONG EXO, em parceria com a Associação Resistência/Criação, promoveu o evento intitulado "São Paulo SA, Situação #1", no Edifício Copan, com o objetivo de pensar e prospectar práticas estéticas no contexto de uma megalópole como São Paulo. Foram convidados para a ocasião vários artistas e pensadores brasileiros e estrangeiros: Alejandra Riera (Argentina, França), Maria Papadimitriou (Grécia), Pablo Leon de la Barra (México), Christophe Wavelet (França), Maurizio Lazzarato (Itália, França), Mauricio Dias e Walter Riedweg (Brasil, Suíça), Sophia da Silva Telles (Brasil), Denise Xavier (Brasil), Jean-Claude Bernardet (Brasil), projeto olho sp (Brasil), além da presença da curadora-geral do evento, Catherine David, e dos membros da EXO, Cécile Zoonens e Lígia Nobre. No último dia do encontro, na Biblioteca Mário de Andrade (Colégio de São Paulo), os convidados reagiram às perguntas formuladas separadamente por Denise B. de Sant'Anna, Suely Rolnik e eu mesmo. Seguem abaixo as minhas questões, no prolongamento do roteiro de Porto Alegre. Várias delas, como se verá, retomam quase literalmente aspectos e elaborações já presentes em textos deste volume, com uma leve inflexão para as práticas estéticas em contexto urbano, conforme o eixo do evento em questão. Assim dispostas, porém, elas constituem um pequeno inventário de problemas não resolvidos na intersecção entre política, cultura e subjetividade.

1. VIDAS PRECÁRIAS

Há alguns anos no Brasil eram visíveis configurações comunitárias diversas, ora mais ligadas à Igreja, ora ao Movimento dos Sem-Terra, ora às redes de tráfico, ou provenientes de movimentos reivindicatórios e estéticos diversos, como o *hip-hop*, ou modalidades de "inclusão às avessas" proporcionado pelas gangues de periferia.[1] Eu não saberia dizer o que está nascendo hoje nos centros urbanos brasileiros, muito menos nas demais cidades do planeta. Mas há um fenômeno que me intriga, entre outros. No contexto de um capitalismo cultural, que expropria e revende modos de vida, não haveria uma tendência crescente, por parte dos chamados excluídos, em usar a própria vida, na sua precariedade de subsistência, como um vetor de autovalorização? Quando um grupo de presidiários compõe e grava sua música, o que eles mostram e vendem não é só sua música, nem só suas histórias de vida escabrosas, mas seu estilo, sua singularidade, sua percepção, sua revolta, sua causticidade, sua maneira de vestir, de "morar" na prisão, de gesticular, de protestar, de rebelar-se — em suma, sua vida. Seu único capital sendo sua vida, no seu estado extremo de sobrevida e resistência, é disso que fizeram um vetor de existencialização, é essa vida que eles capitalizaram e que assim se

---

[1] DIÓGENES, Glória. *Cartografias da cultura e da violência. Gangues, galeras e o movimento hip-hop*. São Paulo-Fortaleza, Secretaria da Cultura e do Desporto, 1998.

autovalorizou e produziu valor. A partir desse exemplo extremo e ambíguo, eu perguntaria se não precisaríamos de instrumentos muito esquisitos para avaliar a capacidade dos chamados "excluídos" ou "desfiliados" (Castel) ou "desconectados" (Rifkin) de construírem territórios subjetivos a partir das próprias linhas de escape a que são impelidos, ou dos territórios de miséria a que foram relegados, ou da incandescência explosiva em que são capazes de transformar seus fiapos de vida em momentos de desespero coletivo.

2. REVERSÃO

A defesa da vida tornou-se um lugar-comum. Todos a invocam, até os que empreendem guerras planetárias. A vida tornou-se ela mesma um campo de batalha. Alguns tomam a vida como um fato, natural, biológico, como *zoé*, ou como diz Agamben, como vida nua, como sobrevida. É o que vemos operando na manipulação genética, mas no limite também no modo como são tratados os prisioneiros da Al Qaeda em Guantánamo, ou os adolescentes infratores nas instituições de "reeducação" em São Paulo. Mas os atos de autoimolação espetacularizada que esses jovens protagonizam em suas rebeliões, diante das tropas de choque e das câmaras de televisão, parecem ser a tentativa de reversão a partir desse "mínimo" que lhes resta, o corpo nu,[2] e apontam numa outra direção. Muito cedo o próprio Foucault intuiu que aquilo mesmo que o poder investia — a vida — era precisamente o que doravante ancoraria a resistência a ele, numa reviravolta inevitável. Mas talvez ele não tenha levado essa intuição até as últimas consequências. Coube a Deleuze explicitar que ao poder *sobre* a vida (biopoder) deveria responder o poder *da* vida (biopotência), a potência "política" da vida na medida em que ela faz variar suas formas e reinventa suas coordenadas de enunciação.

3. BIOPOTÊNCIA

A invenção não é prerrogativa dos grandes gênios, nem monopólio da indústria ou da ciência, ela é a potência do homem comum (Tarde/Lazzarato).[3] Todos e qualquer um inventam, na densidade social da cidade, na conversa, nos costumes, no lazer — novos desejos e novas crenças, novas associações e novas formas de cooperação. Cada variação, por minúscula que seja, ao propagar-se e ser imitada torna-se quantidade social, e assim pode ensejar outras invenções

---

[2] VICENTIN, Maria Cristina. *A vida em rebelião: histórias de jovens em conflito com a lei*. Tese de doutorado, inédito.
[3] LAZZARATO, Maurizio. *Puissances de l'invention*. Paris, Les empêcheurs de penser en rond, 2002.

e novas imitações, novas associações e novas formas de cooperação. Nessa economia afetiva, a subjetividade não é efeito ou superestrutura etérea, mas força viva, quantidade social, potência psíquica e política.

Nessa perspectiva, as forças vivas presentes por toda parte na rede social deixam de ser apenas reservas passivas à mercê de um capital insaciável, e passam a ser consideradas elas mesmas um capital, ensejando uma comunialidade de autovalorização. Em vez de serem apenas objeto de uma vampirização por parte do Império, são positividade imanente e expansiva que o Império se esforça em regular, modular, controlar.

Todos e qualquer um, e não apenas os trabalhadores inseridos numa relação assalariada, detêm a força-invenção, cada cérebro-corpo é fonte de valor, cada parte da rede pode tornar-se vetor de valorização e de autovalorização. Assim, o que vem à tona com cada vez maior clareza é a biopotência do coletivo, a riqueza biopolítica da multidão. É esse corpo vital coletivo reconfigurado pela economia imaterial das últimas décadas que, nos seus poderes de afetar e de ser afetado e de constituir para si uma comunialidade expansiva, desenha as possibilidades de uma democracia biopolítica.

4. AS REDES DE VIDA

Num capitalismo conexionista, que funciona na base de projetos em rede, como se viabilizam outras redes de vida que não as comandadas pelo capital, redes autônomas, que eventualmente cruzam, se descolam, infletem ou rivalizam com as redes dominantes? Que possibilidade restam, na conjunção de plugagem global e exclusão maciça, de produzir territórios existenciais alternativos àqueles ofertados ou mediados pelo capital? De que recursos dispõe uma pessoa ou um coletivo para afirmar um modo próprio de ocupar o espaço doméstico, de cadenciar o tempo comunitário, de mobilizar a memória coletiva, de produzir bens e conhecimento e fazê-los circular, de transitar pelas esferas consideradas invisíveis, de reinventar a corporeidade, de gerir a vizinhança e a solidariedade, de cuidar da infância ou da velhice, de lidar com o prazer ou a dor?

Mais radicalmente: que possibilidades restam de criar laço ou distância, de subtrair-se ao sequestro da vitalidade social, de tecer um território existencial e subjetivo na contramão da serialização e das reterritorializações propostas a cada minuto pela economia material e imaterial atual e seus mecanismos de expropriação e comando? Como detectar modos de subjetivação emergentes, focos de enunciação coletiva, inteligências grupais que escapam aos parâmetros consensuais, às capturas do capital e que não ganharam ainda suficiente visibilidade no repertório de nossas cidades?

5. O SEQUESTRO DO COMUM

Vivemos hoje uma crise do "comum". As formas que antes pareciam garantir aos homens um contorno comum, e asseguravam alguma consistência ao laço social, perderam sua pregnância e entraram definitivamente em colapso, desde a esfera dita pública, até os modos de associação consagrados, comunitários, nacionais, ideológicos, partidários, sindicais... Perambulamos em meio a espectros do comum: a mídia, a encenação política, os consensos econômicos consagrados, mas igualmente as recaídas étnicas ou religiosas, a invocação civilizatória calcada no pânico, a militarização da existência para defender a "vida"' supostamente "comum", ou, mais precisamente, para defender uma forma-de-vida dita "comum". No entanto, sabemos bem que esta "vida" ou esta "forma-de-vida" não é realmente 'comum', que quando compartilhamos esses consensos, essas guerras, esses pânicos, esses circos políticos, esses modos caducos de agremiação, ou mesmo esta linguagem que fala em nosso nome, somos vítimas ou cúmplices de um sequestro.

Se de fato há hoje um sequestro do comum sob formas consensuais, unitárias, espetacularizadas, totalizadas, transcendentalizadas, é preciso reconhecer que, ao mesmo tempo e paradoxalmente, este "comum" começa a aparecer finalmente naquilo que ele é, puro espectro. Num outro contexto, Deleuze lembra que a partir sobretudo da segunda guerra mundial, os clichês começaram a aparecer naquilo que são, meros clichês, os clichês da relação, os clichês do amor, os clichês do povo, os clichês da política ou da revolução, os clichês daquilo que nos liga ao mundo — e é quando eles assim, esvaziados de sua pregnância, se revelaram como clichês, isto é, imagens prontas, pré-fabricadas, esquemas reconhecíveis, meros decalques do empírico, somente então pôde o pensamento liberar-se deles para encontrar aquilo que é "real", na sua força de afetação e de vidência, com consequências estéticas e políticas a determinar.

6. A SINGULARIDADE QUALQUER

Num livro intitulado *La communauté qui vient*, Giorgio Agamben evoca uma nova modalidade de resistência, não como antes, proveniente de uma classe, de um partido, de um sindicato, de um grupo, de uma minoria, mas proveniente de uma singularidade qualquer, do qualquer um. Como aquele que desafia um tanque na Praça Tienanmen, que já não se define por sua pertinência a uma identidade específica, seja de um grupo político ou de um movimento social. É o que o Estado não pode tolerar, diz Agamben, a singularidade qualquer que recusa o poder constituído sem constituir uma réplica espelhada desse mesmo poder, na figura partidária ou ideológica.

A singularidade qualquer, que não reivindica uma identidade, que não faz valer um liame social, que constitui uma multiplicidade inconstante. Singularidades que declinam toda identidade e toda condição de pertinência, mas manifestam seu ser comum — é a condição, dizia Agamben há vários anos, de toda política futura.

7. A COMUNIDADE

O Ocidente contrapõe sociedade e comunidade, e a cada momento de sua história se entrega à nostalgia de uma comunidade perdida, deplorando o desaparecimento de uma familiaridade, fraternidade, convivialidade, comunhão. Frente a essa ilusão retrospectiva, Jean-Luc Nancy responde, simplesmente: *La communauté n'a pas eu lieu*. A comunidade nunca existiu. Ela é um fantasma. "A sociedade não se construiu sobre a ruína de uma comunidade... a comunidade, longe de ser o que a sociedade teria rompido ou perdido, é *o que nos acontece* — questão, espera, acontecimento, imperativo — a partir da sociedade."

A perda da comunhão, da unidade, da copertinência, parece ser constitutiva desta comunidade por vir que nos solicita. Mas tal comunidade só é pensável enquanto negação da fusão, da homogeneidade, da identidade consigo mesma. Ela é feita dos seres singulares e seus encontros — pluralidade, distância. A própria ideia de laço social talvez seja artificiosa, pois elide esse "entre". Comunidade concebida como o compartilhamento de uma separação dada pela singularidade... Se a comunidade é o contrário da sociedade, não é porque seria o espaço de uma intimidade que a sociedade destruiu, mas porque ela é o espaço de uma distância que a sociedade, no seu movimento de totalização, não pára de esconjurar. Em outras palavras, na comunidade já não se trata de uma relação do Mesmo com o Mesmo, mas de uma relação na qual intervém o Outro, e ele é sempre irredutível, em dissimetria, ele *introduz* a dissimetria, impedindo que todos se reabsorvam numa totalidade ampliada.

8. ASSOCIAÇÃO E DISSOCIAÇÃO

Comunidade dos que não têm comunidade (Bataille), comunidade dos celibatários (Deleuze), comunidade inoperante (Nancy), comunidade de jogo (*Tiqqun*), comunidade inconfessável (Blanchot), comunidade por vir (Agamben), desejo de comunidade como poder constituinte (Negri). Eis alguns nomes para evocar esse misto de potência e impotência, sociedade associal, associação sempre pronta a se dissociar, dispersão sempre iminente, afrouxamento sorrateiro do liame social, mas ao mesmo tempo a inclinação àquilo que se mostra tão impossível quanto inevitável — a comunidade. Nova lógica da multidão?

9. REPARTIÇÕES DO SENSÍVEL

Será que essas novas figuras de comunidade estariam redefinindo o espaço comum e quem dele faz parte, e quem nele ganha visibilidade? Não estaríamos assim diante de novas "repartições do sensível", como diz Rancière, e talvez até entrando num outro regime estético, tal como ele o entende? Em que medida as novas práticas estéticas não são também novas formas de inscrição desses novos sentidos de comunidade? Como elas propõem novos recortes sensíveis do comum da comunidade, das formas de sua visibilidade e de seu arranjo?

10. AINDA A RESISTÊNCIA

Se na modernidade a resistência obedecia a uma matriz dialética, de oposição direta das forças em jogo, com a disputa pelo poder concebido como centro de comando, com os protagonistas polarizados numa exterioridade recíproca mas complementar, o contexto pós-moderno suscita posicionamentos mais oblíquos, diagonais, híbridos, flutuantes. Criam-se outros traçados de conflitualidade, uma nova geometria da vizinhança ou do atrito. Talvez com isso a função da própria negatividade, na política e na cultura, precise ser revista. Como diz Negri: "Para a modernidade, a resistência é uma acumulação de forças contra a exploração que se subjetiva por meio da 'tomada de consciência'. Na época pós-moderna, nada disso acontece. A resistência se dá como a difusão de comportamentos resistentes e singulares. Se ela se acumula, ela o faz de maneira extensiva, isto é, pela circulação, a mobilidade, a fuga, o êxodo, a deserção: trata-se de multidões que resistem de maneira difusa e escapam das gaiolas sempre mais estreitas da miséria e do poder. Não há necessidade de tomada de consciência coletiva para tanto: o sentido da rebelião é endêmico e atravessa cada consciência tornando-a orgulhosa. O efeito do comum, que se atrelou a cada singularidade enquanto qualidade antropológica, consiste precisamente nisso. A rebelião não é pois pontual nem uniforme: ela percorre ao contrário os espaços do comum e se difunde sob a forma de uma explosão dos comportamentos das singularidades que é impossível conter. É nisso que se pode definir a resistência da multidão."[4]

[4] NEGRI, Antonio. *Kairòs, Alma Venus, multitude*. Paris, Calmann-Lévy, 2000.

PARTE VI
A VIDA EM CENA

ESQUIZOCENIA

Para Renato Cohen
In memorian

Toda noite, do alto de sua torre, o prefeito de Gotham esbraveja indistintamente contra magnatas, prostitutas e psiquiatras. Promete mundos e fundos, o controle e a anarquia, o pão e a clonagem. Mas nessa noite, antes de entrar em cena, ele pede um Lexotan. Mal consegue acreditar no que vê: Marta Suplicy vai assistir à apresentação da peça. O prefeito da cidade imaginária não sabe o que fazer com a prefeita da cidade real: protestar, competir, seduzir, acanhar-se? Gotham-SP tem também um imperador muito velho. Quase cego, quase surdo, quase mudo, ele é o destinatário de vozes perdidas. Em vão: nem o imperador caquético nem o prefeito que vitupera têm qualquer poder sobre o que acontece na cidade, muito menos sobre o humor dos habitantes que nela sussurram incessantemente.

"Aqui faz frio", repete a moradora em seu cubículo, e conclui: "Se amanhã o hoje será nada, para que tudo?" Um passageiro pede companhia ao taxista, que apenas ecoa suas lembranças e temores. A diva decadente busca a nota musical impossível, Ofélia sai de um tonel de água atrás do amado, os anjos tentam entender onde pousaram, Josué ressuscitado reivindica uma outra ordem no mundo... Falas sem pé nem cabeça, diria um crítico — mas elas se cruzam agonisticamente numa polifonia sonora, visual, cênica, metafísica. Vozes dissonantes que nenhum imperador ou prefeito consegue ouvir, nem orquestrar, mas tampouco abafar.

Cada um dos seres que comparece em cena carrega no corpo frágil seu mundo gélido ou tórrido... Uma coisa é certa: do fundo de seu isolamento pálido, esses seres pedem ou anunciam uma outra comunidade de almas e corpos, um outro jogo entre as vozes — uma comunidade para os que não têm comunidade.

VIVER, MORRER

Talvez a companhia de teatro Ueinzz seja para eles algo desta ordem. Passam meses no marasmo de ensaios semanais insípidos, às vezes se perguntam se de fato algum dia se apresentaram ou voltarão a apresentar-se, alguns atores desaparecem, o patrocínio míngua, textos são esquecidos, a companhia ela mesma parece uma virtualidade impalpável. E de repente surge uma data, um teatro disponível, um mecenas ou um patrocinador, o vislumbre de uma temporada. O figurinista recauchuta os trapos empoeirados, a 1900 se compromete a doar aos atores a pizza inescapável que precede cada apresentação, o boca a boca compensa uma divulgação mambembe, atores sumidos há meses reaparecem, às vezes fugidos até de uma internação... Os solitários vão se enganchando, os dispersos se convocam mutuamente, um coletivo feito de singularidades díspares se põe em marcha, num jogo sutil de distâncias e ressonâncias, de celibatos e contaminações — importa que um campo de imantação foi reativado. Mas mesmo quando tudo "vinga", é no limite tênue que separa a construção do desmoronamento.

Por exemplo, no Festival de Teatro de Curitiba, minutos antes da apresentação de "Dédalus", o narrador, peça-chave no roteiro, comunicou à equipe que não participaria — esta era a noite de sua morte. Depois de muita insistência concordou em entrar, mas suas palavras deslizavam umas sobre as outras de maneira tão pastosa que em vez de servirem de fio narrativo chafurdaram a trupe num pântano escorregadio. E o narrador, no momento em que se transforma no barqueiro Caronte para levar Orfeu até Eurídice, em vez de conduzi-lo em seu barco rumo ao Inferno, sai do palco diretamente em direção à rua. Minutos depois o encontro, sentado, na mais cadavérica imobilidade, balbuciando sua exigência de uma ambulância — havia chegado a sua hora derradeira. Ajoelho-me ao seu lado e ele diz: "Vou para o charco". Como assim?, pergunto eu. "Vou virar sapo." O príncipe que virou sapo, respondo carinhosamente, pensando que nesta nossa primeira *tournée* artística ele viaja com sua namorada recente, é como uma lua de mel. Mas ele responde, de modo inesperado: "Mensagem para o ACM". Sem titubear digo que "estou fora", não sou amigo do ACM, melhor mandar o ACM para o charco e ficarmos nós dois do lado de fora. Depois a situação se alivia, em vez da ambulância ele pede um cheeseburger do McDonald's, conversamos sobre o resultado da loteria em que apostamos juntos e o que faremos com os milhões que nos esperam. Ouço os aplausos finais vindos de dentro do teatro, o público começa a retirar-se. O que eles veem na saída para a rua é Hades, rei do inferno (meu personagem) ajoelhado aos pés de Caronte morto-vivo, pelo que recebemos uma reverência respeitosa de cada espectador que passa por nós, para quem essa cena íntima parece fazer parte do espetáculo.

Por um triz nosso narrador não se apresentou, por um triz ele sim se apresentou, por um triz ele não morreu, por um triz ele viveu...

VIDAS PRECÁRIAS, PRÁTICAS ESTÉTICAS

Seria preciso ousar um salto extravagante: situar a relação entre "vida precária" e "prática estética" no contexto biopolítico contemporâneo. Partamos do mais simples. A matéria-prima nesse trabalho teatral é a subjetividade singular dos atores, e nada mais. A tematização do trabalho imaterial nos últimos anos permite iluminar uma dimensão antes inteiramente insuspeitada nesta encenação. Chama-se trabalho imaterial aquele que produz coisas imateriais (por exemplo, em vez de geladeiras ou sapatos, imagens, informação, signos), aquele que para ser produzido mobiliza dos que o produzem requisitos imateriais (não a força física, mas a imaginação, criatividade, inteligência, afetividade, poder de conexão intersubjetiva) e, por fim, trabalho imaterial é aquele cujo produto incide sobre um plano imaterial de quem os consome (sua inteligência, percepção, sensibilidade, afetividade etc.). O que caracteriza o trabalho imaterial, tendencialmente predominante no capitalismo de hoje, é que por um lado para ser produzido ele exige sobretudo a subjetividade de quem o produz, no limite até os seus sonhos e crises são postos para trabalhar, e por outro que os fluxos que ele produz, de informação, de imagem, de serviços, afetam e formatam sobretudo a subjetividade de quem os consome. Nunca a obsessão de Guattari de que a subjetividade está no coração da produção capitalística fez mais sentido do que hoje. Com um adendo que Guattari já deixava entrever: não só a subjetividade está nas duas pontas do processo, da produção e do consumo, mas a própria subjetividade tornou-se "o" capital. Antes de mencionar alguns exemplos, vale insistir: quando dizemos que os fluxos imateriais afetam nossa subjetividade, queremos dizer que eles afetam nossas maneiras de ver e sentir, desejar e gozar, pensar e perceber, morar e vestir, em suma, de viver. E quando dizemos que eles exigem de quem os produz sua subjetividade, queremos dizer que eles requisitam suas formas de pensar, imaginar, viver, isto é, suas formas de vida. Em outras palavras, esses fluxos imateriais têm por conteúdo formas de vida e nos fazem consumir formas de vida. Quem diz formas de vida, diz vida. Então, ousemos a fórmula lapidar. Hoje o capital penetra a vida numa escala nunca vista e a vampiriza. Mas o avesso também é verdadeiro: a própria vida virou com isso um capital. Pois se as maneiras de ver, de sentir, de pensar, de perceber, de morar, de vestir tornam-se objeto de interesse e investimento do capital, elas passam a ser fonte de valor e podem, elas mesmas, tornar-se um vetor de valorização, como se verá a seguir.

Eis um primeiro exemplo. Um grupo de presidiários compõe e grava sua música: o que eles mostram e vendem não é só sua música, nem só suas histórias de vida escabrosas, mas seu estilo, sua singularidade, sua percepção, sua revolta, sua causticidade, sua maneira de vestir, de "morar" na prisão, de gesticular, de protestar — sua vida. Seu único capital sendo sua vida, no seu estado extremo de sobrevida e resistência, é isso que eles capitalizam e que assim se autovaloriza e produz valor. Nas periferias das grandes cidades brasileiras isso vai se ampliando: uma economia paralela, libidinal, axiológica, estética, política, grupal ou de gangue, emerge dessas vidas extremas. É claro que num regime de entropia cultural uma tal "mercadoria" interessa, pela sua estranheza, aspereza, diferença, visceralidade, ainda que facilmente também ela possa ser transformada em mero exotismo de consumo descartável.

VAMPIRISMO INSACIÁVEL

É o caso de meu segundo exemplo. Em 2000 fui contactado por uma ONG indígena (Ideti) para acompanhar de ônibus a vinda a São Paulo de duas tribos do Xingu (Xavante e Mehinaku), com o objetivo de marcar presença na comemoração dos 500 anos do Descobrimento. Pretendiam apresentar a força de seu ritual e oferecer ao presidente uma carta aberta em que declaravam nada ter para comemorar. Mas como evitar que a apresentação de seu ritual, uma vez levada a um palco iluminado, se diluísse na mera espetacularização, inclusive televisiva? A forma de vida que queria salvaguardar-se corria o risco óbvio de ser deglutida como folclore. É o que aconteceu com a maravilhosa exposição de arte indígena na Oca do Ibirapuera, que tive o triste privilégio de visitar ao lado dos índios "vivos". Na saída o cacique Xavante me desabafou, num diagnóstico de inspiração fortemente nietzschiana:[1] "tudo isso é para mostrar a vaidade de conhecimento do homem branco, não a vida dos índios". Nunca ficou tão claro o quanto a assepsia de um museu encobre de violência e genocídio — tema benjaminiano por excelência. O domo branco de Niemeyer, a superfície lisa, as curvas sensuais dos corrimãos metálicos, a luminosidade cuidada — tudo ali ajudava a ocultar que cada objeto exposto era espólio de uma guerra. Não havia uma gota de sangue em toda a exposição. A morte fôra expurgada dali, mas também a vida. Não reencontramos, nessa museologização da cultura indígena, nosso vampirismo insaciável?

Último exemplo. Arthur Bispo do Rosário é um dos mais destacados artistas da atualidade no Brasil, se é que se pode chamar seu trabalho, feito ao longo de anos de internação num hospício, de artístico, ele que tinha uma única obsessão na vida, registrar sua passagem pela terra para o dia de

---

[1] NIETZSCHE, F. "Da utilidade e desvantagem da história para a vida", *Considerações extemporâneas*, II.

sua ascensão ao Céu, momento para o qual preparou seu majestoso Manto da Apresentação, onde está inscrita parte da história universal. Os museus, críticos de arte, pesquisadores, colecionadores, psicanalistas, o "mercado", tomaram de assalto essa vida singular, seu diálogo direto com Deus e com todas as regiões da terra, de modo que essa missão celestial tornou-se objeto de contemplação estética e marketing cultural, como era de se esperar, embora tenha semeado nos modos de se conceber a relação entre arte e vida sua dose de estranheza.

VIDA E CAPITAL

Três trajetos, três destinos: um bandido vira *pop star* dentro da cadeia, ou recusa justamente o mercado com o qual ele mantém uma distância crítica (gravadora independente etc.); o índio se indigna com o modo pelo qual os brancos empalham os signos de sua vida; o louco é catapultado para a esfera museológica, à sua revelia. Nesses exemplos todos, vem à tona a relação ambígua e reversível entre vida e capital. Ora a vida é vampirizada pelo capital — chame-se ele mercado, mídia ou sistema da arte —, ora a vida é o capital, isto é, fonte de valor, e é sempre tênue a fronteira entre um caso e outro. Quando a vida funciona como um capital ela reinventa suas coordenadas de enunciação e faz variar suas formas. Quando vampirizada pelo capital ela é rebatida sobre sua dimensão nua, como diz Agamben, de mera sobrevida.

O pano de fundo biopolítico que permite elencar conjuntamente esses exemplos é o seguinte. Décadas atrás, Foucault forjou a noção de biopoder para mapear um regime que tomava por objeto a vida. A vida já não era mais aquilo que o poder reprimia, mas aquilo de que ele se encarregava, que ele geria e administrava — o biopoder se interessava pelas condições de produção e reprodução da população enquanto espécie, enquanto vida. É o poder sobre a vida. Foucault intuiu muito rápido, porém, que aquilo que o poder investia — a vida — era precisamente o que doravante ancoraria a resistência a ele, numa reversão inevitável. Mas talvez ele não tenha levado tal intuição até as últimas consequências. Coube a Deleuze explicitar que ao poder *sobre* a vida, deveria responder o poder *da* vida, na sua potência política de resistir e criar, de produzir e fazer variar as formas de vida. É o que o grupo de teóricos em torno de Negri tem priorizado ao falar até mesmo em biopotência, invertendo o sentido foucaultiano e dando à biopolítica não só uma acepção negativa de poder *sobre* a vida, mas sobretudo um sentido positivo referente ao poder *da* vida. Nessa perspectiva, e voltando ao nosso tema, se é claro que o capital se apropria da subjetividade e das formas de vida numa escala nunca vista, a subjetividade é ela mesma um capital biopolítico de que cada vez mais cada um dispõe, virtualmente, loucos, detentos, índios, mas também todos e qualquer um e cada qual com a forma de vida singular que lhe pertence ou que lhe é dado inventar — com consequências políticas a determinar.

É nesse horizonte, a meu ver, que seria preciso situar a referida experiência de teatro. Se é a subjetividade que ali é posta a trabalhar, o que está em cena é uma maneira de perceber, de sentir, de vestir-se, de mover-se, de falar, de pensar, mas também uma maneira de representar sem representar, de associar dissociando, de viver e de morrer, de estar no palco e sentir-se em casa simultaneamente, nessa presença precária, a um só tempo plúmbea e impalpável, que leva tudo extremamente a sério e ao mesmo tempo "não está nem aí", como o definiu depois de sua participação musical numa das apresentações o compositor Livio Tragtenberg — ir embora no meio do espetáculo atravessando o palco com a mochila na mão porque sua participação já acabou, ora largando tudo porque chegou a sua hora e vai-se morrer em breve, ora atravessar e interferir em todas as cenas como um líbero de futebol, ora conversar com o seu "ponto" que deveria estar oculto, denunciando sua presença, ora virar sapo... Ou então grunhir, ou coaxar, ou como os nômades de Kafka acampados em Pequim, falar como as gralhas, ou apenas dizer Ueinzz... A cantora que não canta, quase como Josefina, a dançarina que não dança, o ator que não representa, o herói que desfalece, o imperador que não impera, o prefeito que não governa — a comunidade dos que não têm comunidade.

Não consigo deixar de pensar que é esta vida em cena, "vida por um triz", que faz com que tantos espectadores chorem em meio às gargalhadas: a certeza de que são eles, espectadores, os mortos-vivos, que a vida verdadeira está do lado de lá do palco. Num contexto marcado pelo controle da vida, as modalidades de resistência vital proliferam de maneiras as mais inusitadas. Uma delas consiste em pôr literalmente a *vida* em cena, não a vida nua e bruta, como diz Agamben, reduzida pelo poder ao estado de sobrevida, mas a vida em estado de variação, modos "menores" de viver que habitam nossos modos maiores e que no palco ganham visibilidade cênica, legitimidade estética e consistência existencial.

No âmbito restrito ao qual me referi aqui, o teatro pode ser um dispositivo, entre outros, para a reversão do poder *sobre* a vida em potência *da* vida. Afinal, na esquizocenia[2] a loucura é capital biopolítico. Mas o alcance dessa afirmação extrapola em muito a loucura ou o teatro, e permitiria pensar a função de dispositivos multifacéticos — ao mesmo tempo políticos, estéticos, clínicos — na reinvenção das coordenadas de enunciação da vida. Nas

---

[2] Termo cunhado pelo diretor Sérgio Penna para designar essa interface teatro/loucura.

condições subjetivas e afetivas de hoje, com as novas formas de "ligação" e de "desligamento" que caracterizam a multidão contemporânea, e que se deixam ler na "comunidade dos que não têm comunidade", um dispositivo "minúsculo" como o que apresentamos ressoa com as urgências maiúsculas do presente.

CIA. TEATRAL UEINZZ

A Cia. Teatral Ueinzz é composta por pacientes e usuários de serviços de saúde mental, terapeutas, atores profissionais, estagiários de teatro ou performance, compositores e filósofos, diretores de teatro consagrados e vidas por um triz. Fundada em 1997 no interior do Hospital-Dia "A Casa" em São Paulo, em 2002 se desvinculou por inteiro do contexto hospitalar. Com três peças dirigidas por Sérgio Penna e Renato Cohen, e música de Wilson Sukorski, num total de mais de 60 apresentações, boa parte no Teatro Oficina, a trupe conquistou sua independência e maioridade. Talvez seja o único grupo no gênero, em todo o Brasil, e um dos poucos no mundo.[3]

---

[3] Para mais informações sobre a Cia., consultar o site: www.ueinzz.cjb.net/. Sob minha coordenação geral, juntamente com os atores-terapeutas Ana Carmen del Collado, Eduardo Lettiere, Erika Inforsato, Paula Francisquetti, o projeto Ueinzz é fruto de um esforço coletivo, e também de parcerias bem-sucedidas, tal como com o Centro Cultural Elenko, ou o curso de Comunicação e Artes do Corpo, da PUC-SP. Para um relato mais detido sobre o percurso do grupo desde o início, ver os artigos "Ueinzz — viagem a Babel", em *A vertigem por um fio*, e "Tempo dos loucos, tempos loucos", na revista *Sexta-feira*, n. 5. Carmen Opipari e Sylvie Timbert realizaram um documentário de hora e meia a partir da experiência da trupe, intitulado "Eu sou Curinga! O Enigma!". O vídeo pode ser encomendado no endereço: opiparitimbert@hotmail.com

FILOSOFIA PARA SUÍNOS

I

J'écoute ma voix. C'est étrange, j'ai eu l'impression d'être passé à la télé. Mais j'ai bien donné une interview à la télé, l'abecedaire. J'y ai parlé sur les animaux, la fidelité, la vieillesse, la mort. D'ailleurs on ne la passerait qu'après ma mort. Mais est-ce que je suis mort? Et toi Félix, où est-ce que tu passes ton temps? Et cette soupe là, qui s'est refroidie. Je déteste manger. Surtout quand je suis seul. Au moins il y a du monde, là. Mais... qu'est-ce qu'on fait au juste en plein Château de La Borde, entre ces fous qui murmurent entre eux? Est-ce qu'on est venu reécrire L'Anti-Oedipe, Félix? Félix, pourquoi tu ne me réponds pas? Est-ce que je suis invisible? Tu m'entends pas? Est-ce qu'on n'a plus rien à se dire? Veux-tu que je parle une autre langue? Je recommence tout, d'ailleurs je ne finis jamais de recommencer.

Quando você nos apresentou uns aos outros, Félix, na clínica psiquiátrica situada no velho castelo de La Borde, teus pacientes te perguntavam: quem é esse senhor de chapéu? Eu morri de rir com sua resposta, você dizia: Eu lhes apresento nosso professor de patafísica. Eu me sentia o próprio Ubu. Nenhum deles estranhou que eu fosse professor de patafísica, parecia-lhes tão necessário ou inútil quanto a matemática, ou a psiquiatria. Para minha surpresa, um deles resolveu nos convidar a um passeio até o chiqueiro. Tinham razão: o melhor auditório para um professor de patafísica deveria ser um coletivo de porcos. Foi comovente. Grunhimos e os porcos nos ouviam num silêncio profundo, como as ratazanas de Kafka diante da cantora Josefina. *Ça va? C'est mieux comme ça?* Agora você me compreende, Félix? Um dia eu cheguei a sua casa em La Borde e você estava estendido sobre a imensa mesa da sua sala. O rosto impassível, o corpo petrificado. Você estava morto. Rodeado de porcos por todos os lados. Eu me acerquei da minha sopa insossa, e de vez em quando roçava minhas unhas em sua pele endurecida. De repente seu corpo se esburacou feito um queijo suíço. Abriram-se grandes vãos, e deles saltitavam pequenos parafusos, fios coloridos, chips, eletrodos, graxa, fluidos, pequenos zumbidos. Recolhi as pecinhas caídas, montei com elas trenzinhos, maquininhas inúteis, daquelas de Tinguély que admirávamos juntos. Eram maravilhosas. Emitiam um ruído colossal. Inaudível. Sublime. Concerto em memória de um anjo. Tentei tocá-las. Apenas encostei nelas e se desmancharam no chão, formando majestosas mandrágoras. Não resisti. Deitei sobre a terra, acariciei-as e feito um Robinson Crusoé copulei sofregamente com elas. Você me observava, com indulgência. Parecia um Sexta-Feira. Negro, o torso nu, fumando um charuto espiralado, rodeado de tonéis explosivos e pronto a fazer voar pelos ares toda a ilha que construímos juntos ao longo dos anos, nós, os náufragos de Édipo. "Eu voador".

Como sempre, nunca sei onde estou eu ou você, sempre disse que ser uma pessoa é algo duvidoso, não temos certeza alguma de que somos pessoas, somos uma corrente de ar, um vento, uma hora do dia, um riacho, uma batalha, um tique, um charme... Eu, eu, eu, eu...

II

Foi impiedoso, esse primeiro livro que escrevemos juntos. Deixar de dizer Eu, que alívio, que blasfêmia! Queríamos um pouco de humor. Falar em nome de uma incompetência absoluta, falar pelos esquizos, pelos animais, pelas árvores, pelos fluxos puros. Dar escrita aos que não têm escrita. E ser arrebatado por eles. Escrever para os analfabetos, falar pelos afásicos, pensar pelos acéfalos. Eu sempre achei que era preciso dar voz ao esquizofrênico que habita o pensamento. Construímos o filósofo esquizofrênico. Como você dizia, Félix, ao menos os problemas dos esquizos são verdadeiros problemas, e não problemas de neuróticos. Entre nós havia uma demência circulante, não se sabia quem era o louco e quem o psiquiatra, quem era o bárbaro e quem o civilizado, e não é que alternássemos, é que muita coisa circulava no meio de nós arrastando-nos para outras paragens, e se usamos tantos escritores e poetas ao longo de nosso texto é porque com eles nunca tínhamos certeza: este é médico ou doente? Deus sabe o que sofreu um Kafka, um Lawrence, um Büchner. Poucos souberam extrair de suas vidas tanta saúde, tanto ar puro. Gostávamos de autores que nos puxassem para essa exterioridade, para uma mistura com as coisas, que nos evocassem esse extraordinário acoplamento de corpos e fluxos que você chamava de máquinas desejantes. Lenz e suas máquinas celestes, suas máquinas alpestres, suas máquinas clorofílicas. "Isso respira, isso esquenta, isso come. Isso caga, isso fode. Que erro ter dito o isso. Por toda parte são máquinas, com seus acoplamentos, conexões, fluxos... O seio é uma máquina que produz leite, e a boca, uma máquina acoplada a ela. A boca do anoréxico hesita entre uma máquina de comer, uma máquina anal, uma máquina de falar, uma máquina de respirar. É assim que somos todos bricoleurs: cada um com suas maquininhas. O presidente Schreber tem os raios do céu no cu. Ânus solar." Primeiro parágrafo do nosso Anti-Édipo. Era ainda mais violento, o seu texto, eu até o suavizei um pouco. Sua escrita era assustadora, você a concebia como um fluxo esquizo que arrasta em seu curso todo tipo de coisas, e se cruza com outros fluxos, fluxos de merda, de esperma, de fala, de ação, de erotismo, de dinheiro, de política. O que nos importava, sobretudo, era dessacralizar o livro. Num livro, assim como numa peça, não há nada a compreender, nada a interpretar, é uma pequena engrenagem, basta conectá-la ao que está fora dela. Questão de maquinação. De ligação elétrica. Qual é a força que lhe dá sentido? Queríamos que tratassem nosso livro como se escuta um disco, como se vê um filme ou um programa de televisão, como se recebe uma canção. Pop'filosofia. Pois os conceitos são exatamente como sons, cores ou imagens. São intensidades: convêm ou não convêm, passam ou não passam, servir-se deles ou jogá-los fora.

III

"Você se chama Molloy, diz o comissário. Sim, eu disse, acabo de me lembrar. E sua mamãe? diz o comissário. Eu não compreendia. Ela também se chama Molloy? Diz o comissário. Ela se chama Molloy? Disse eu. Sim, diz o comissário. Reflito. Você se chama Molloy, diz o comissário. Sim, digo eu. E sua mamãe, diz o comissário, ela também se chama Molloy? Reflito".
Querem sempre nos inculcar um nome, dar-nos uma filiação. "Eu, Antonin Artaud, sou meu filho, meu pai, minha mãe e eu." ... "Eu me recordo desde a idade de oito anos, e mesmo antes, ter-me sempre perguntado quem eu era, o que eu era e por que viver; me recordo com a idade de seis anos em uma casa da avenida de La Blancarde em Marselha (n. 59 exatamente) ter-me perguntado na hora do lanche, pão, chocolate, que uma certa mulher denominada mãe me dava, ter-me perguntado o que era ser e viver, o que era ver-se respirar, e ter querido me respirar a fim de experimentar o fato de viver e ver se me convinha e em que me convinha". Eis o que as crianças perguntam: o que é viver? O que é respirar? O que é eu? O que é a máquina de respirar sobre meu corpo sem órgãos? Este livro, que por pura provocação denominamos Anti-Édipo, era destinado às crianças de 7 a 15 anos. Quem conseguiria ter tanta inocência? A quem poderíamos perguntar, senão a elas, "Diga-me, qual é a sua máquina desejante?" A criança é um ser metafísico. Nem sempre está às voltas com o seu pipi, brincando de esconde-esconde com papai-mamãe. Não necessariamente está buscando as origens. Sim, falamos muito contra Édipo e a psicanálise, a família e o segredinho sexual, na época isso era necessário pois só se falava disso e queríamos dar um basta a tamanha

tagarelice. Clamávamos por amores não-edipianos. Talvez hoje fizéssemos outra coisa, tantos pretendentes a Édipo proliferaram, Édipo comunicacional, Édipo genético, Édipo global, Édipo militar. Dizíamos apenas: ao desejo nada falta. O desejo não depende da lei. O desejo não é sinônimo de transgressão. O desejo é pura positividade. Não é que você tenha um inconsciente, você deve produzir o inconsciente. Produzir o inconsciente não é fácil, não é em qualquer lugar, não é com um lapso, um trocadilho ou até mesmo com um sonho que se produz um. Nada que ver com lembranças reprimidas, nem com fantasias. O inconsciente não é um teatro, mas uma fábrica, ele não representa, ele maquina, ele não triangula com papai-mamãe, mas produz e conecta e escoa por toda parte. O inconsciente é uma substância a ser fabricada, a fazer circular, um espaço social e político a ser conquistado. Tudo é uma questão de desejo. Este é o ponto.

Ah, somos todos libido fluida, demasiado fluida, libido libido libido libido, que escorre por debaixo de nossos triângulos familiares, dos corpos orgânicos, dos eus profundos, das instituições burocráticas, das bolsas de valores. Somos todos esquizos! Somos todos perversos! Somos todos Libido muito viscosa... Quem não sente nos fluxos de seu desejo a lava e a água? O que uma sociedade mais teme é que seus fluxos desembestem soltos, num grande dilúvio que arraste tudo.

IV

"De certa maneira, seria melhor que nada andasse, nada funcionasse. Não ter nascido, sair da roda dos nascimentos. Nem boca. Nem língua. Nem dentes. Nem laringe. Nem esôfago. Nem estômago. Nem ventre. Nem ânus". O presidente Schreber "viveu muito tempo sem estômago, sem intestinos, quase sem pulmões, o esôfago rasgado, sem bexiga, as costelas moídas; tinha às vezes comido em parte sua própria laringe." O corpo sem órgãos não é a testemunha de um nada original, e nada tem que ver com o que os psicanalistas chamam de imagem do corpo, é antes o corpo sem imagem.

"O corpo é o corpo ele está só/e não tem necessidade de órgão/o corpo não é nunca um organismo/os organismos são os inimigos do corpo." O corpo sem órgãos é como o ovo cósmico, a molécula gigante onde pululam vermes, bacilos, figuras liliputianas, animálculos e homúnculos, com sua organização e suas máquinas, minúsculos barbantes, cordames, dentes, unhas, alavancas e polias, catapultas, os milhões de espermatozoides nos raios do céu, as almas que levam sobre seu corpo uma breve existência de pequenos homens.

Por isso somos heterossexuais, e homossexuais, e transsexuados, e o único sujeito é o próprio corpo sem órgãos. Schreber é homem-mulher, pai-filho, morto-vivo. "Eu sou Ápis, eu sou um egípcio, um índio pele-vermelha, um negro, um chinês, um japonês, um estrangeiro, um desconhecido, eu sou o pássaro do mar e o que sobrevoa a terra firme, eu sou a árvore de Tolstoi com suas raízes." "Eu sou o esposo e a esposa, amo minha mulher, amo meu marido." "Eu sou a carta e a pena e o papel." "Eu sinto que viro Deus, eu viro mulher, eu era Joana D'Arc e eu sou Heliogábalo, e o grande Mongol, um chinês, um pele-vermelha, um Templário, eu fui meu pai e eu fui meu filho. E todos os criminosos..."

Adoro esses delírios que colhemos ao longo do percurso e fecundamos por nossa conta. O inconsciente não delira sobre papai-mamãe, mas sobre as raças, os continentes, a história, a geografia... Freud nunca entendeu isto. E se aborrecia com os esquizofrênicos. Para nós tudo isso era divertido, aproximar o artista, o vidente, o revolucionário, o filósofo, o esquizo. O esquizo que não foge do social, que faz fugir o social pelos buracos que nele perfura, dispondo em toda parte as cargas moleculares que farão explodir o que deve explodir, cair o que deve cair, fugir o que deve fugir, garantindo em cada ponto a conversão da esquizofrenia em força efetivamente disruptiva. Esses homens do desejo são como Zaratustra. Eles devem reinventar cada gesto.

Mas ouço dizer que os esquizos já não interessam a ninguém. Se nos fosse dado escrever este livro hoje seria preciso criar outra coisa para denunciar a baixeza e vulgaridade crescente, humana, demasiado humana. Que vergonha de ser um homem hoje. E se fizéssemos como o animal, grunhir, fugir, escavar o chão com os pés, nitrir, entrar em convulsão... Tornar-se molecular. Deixar emergir a massa de meus átomos. Desfazer o rosto. Experimentar o que pode um corpo. Afetar. Deixar-se afetar. Voltar a acreditar no mundo. Dirigir-se aos inconscientes que protestam. Buscar aliados. Tramar associações de malfeitores. Fazer pressentir o advento de um povo. Criar, e assim resistir, resistir à morte, à servidão, ao intolerável, à vergonha, ao presente.

Um pouco de possível, senão eu sufoco!

* * *

A PERFORMANCE FILOSÓFICA

O texto acima foi lido no seguinte contexto:

Num casarão de São José do Rio Preto especialmente adaptado para abrigar o Festival Internacional de Teatro de 2001, e batizado de Não-Lugar, foi reservada uma ala para performances filosóficas. Eram salas pequenas, com sessões à meia-noite, uma sobre Platão, outra sobre Descartes, uma terceira sobre Sade, Marx, Exu, e assim por diante. O curador Ricardo Muniz Fernandes fez questão de incluir uma sessão sobre Deleuze, a partir de *O Anti-Édipo*. O convite para realizar esta performance, que não deveria ultrapassar os 20 minutos, foi dirigido a mim e a Ondina de Castilho, bailarina e atriz que trabalhou vários anos no grupo de Antunes Filho. Eis a descrição do que inventamos.

Ao som do *Concerto em memória de um anjo*, de Alban Berg, a música predileta de Deleuze, um performer está com a cabeça apoiada sobre a cabeceira de uma longa mesa, como se dormisse. Uma dançarina vestida de preto, com fios e eletrodos no rosto e nos braços, como antenas enxertadas num corpo dilacerado, vai fazendo pequenas evoluções. O *performer* desperta, e num longo solilóquio lânguido, num tom de vivo-morto, dirigido inicialmente à dançarina que ele não vê, aos loucos que ele pressente na sala (pois ele poderia estar na mesa do refeitório da clínica psiquiátrica em La Borde, entre os pacientes-espectadores), e sobretudo a onze porcos vivos que perambulam entre suas pernas, é visitado por personagens conceituais de *O Anti-Édipo*. Seu monólogo é uma rede de associações pinçadas na obra de Deleuze e Guattari, fragmentos de textos e de autores que os inspiraram, de Beckett a Nijinsky, anedotas de vida etc. Enquanto isso, a bailarina encarna os personagens conceituais, em paralelo ao texto, com evoluções sobre a mesa, no chão, acoplada aos porcos ou aos catorze espectadores.

Depois de dizer a última frase "Um pouco de possível", o *performer* sai em desabalada corrida pelo fundo da sala, e desaparece ruidosamente. Ouve-se o estilhaço de um vidro, o *Sargent Peppers* dos Beatles, um trenzinho de crianças é acionado ao fundo, enquanto se distribui ao público uma página datilografada, intitulada *Pérolas aos porcos* (reproduzida abaixo), situando o contexto biográfico e filosófico da performance.

PÉROLAS AOS PORCOS

A performance filosófica em torno de *O Anti-Édipo*, de Gilles Deleuze e Félix Guattari, acontece na presença de onze filhotes de porcos (a presença de humanos é uma concessão a ser negociada).

Filosofia para suínos. Deleuze sempre disse coisas raras a respeito dos animais. Ele afirmou que um escritor sempre se dirige ao animal que existe dentro do homem. Ou seja, o escritor (ou o filósofo) convoca as forças inumanas que habitam o homem e que subjazem à sua forma humana, demasiadamente humana, racional, psicológica, edípica, capitalística.

Deleuze vai mais longe: postula que se escreve para aqueles que não podem ler, para os analfabetos, os animais, as crianças. Assim, o escritor dá escritura àqueles que são incapazes de escritura (o rato de Hoffmanstahl, os bezerros de Moritz, os vários animais em Kafka, a baleia de Melville, os autistas, os esquizos), e estes dão à escrita devires sem os quais ela seria impossível. É o devir-animal do escritor (mas de qualquer um), seu devir-criança, seu devir-planta (Castañeda), seu devir-molecular etc.

Dar escritura às forças inumanas que nos rodeiam não significa almejar a uma comunhão romântica com a natureza, mas contestar a separação tradicional natureza/cultura (que o Anti-Édipo radicalizou na ponta homem/máquina, com o conceito de máquina desejante).

A formulação mais filosófica e bem-humorada dessa posição com relação aos animais se encontra em várias passagens da obra de Deleuze, tais como: "o rato e o homem não são em absoluto a mesma coisa, mas o Ser se diz dos dois num único e mesmo sentido numa língua que não é mais a das palavras, numa matéria que não é mais a das formas, numa afetibilidade que não é mais a dos sujeitos". Ou numa versão mais bergsoniana do que espinosista: "uma vida pode retomar uma outra em outro nível: como se o filósofo e o porco, o criminoso e o santo vivessem o mesmo passado, em níveis diferentes".

*

Mas por que porcos numa performance em torno de *O Anti-Édipo*, já que é um livro que fala mais das máquinas e dos esquizos do que dos animais? Aqui vão algumas das pistas, teóricas e cênicas, que orientaram essa opção.

Deleuze insiste que escrevemos "diante" dos animais. Ao falar "diante" deles, que sempre vivem em malta, reencontramos a multiplicidade que o eu soterrou. É a "potência de malta, que subleva e faz vacilar o eu" (*Mil platôs*). Na performance fica muito claro: não existe um porquinho isolado, mas muitos, sempre em estado de alerta máximo, numa agitação de contágio que questiona a serena autonomia que a filosofia atribui ao sujeito individual que a enuncia.

Ora, *O Anti-Édipo* foi uma grande provocação contra o Eu, contra todas as formas de triangulação do inconsciente, da multiplicidade, dos afectos, contra a representação que transforma o mundo em "cena". Pensamos que uma performance filosófica "diante" de (ou "no meio de") suínos-bebês seria uma maneira chamativa de prolongar a força de provocação do enunciado presente no livro.

Ademais, a problematização do espaço da representação, transformado num misto indefinido de hospício (La Borde) e pocilga, estaria à altura da polêmica desejada e suscitada por *O Anti-Édipo*, no tocante à hibridação e à impureza constitutivas da filosofia.

Deixamos de lado, por ora, toda a rede de associações que se poderia evocar a partir da presença dos porcos em cena, desde um livro de um amigo de Deleuze e Guattari, intitulado *Pensar e viver como porcos* (Gilles Châtelet condena a transformação das massas contemporâneas em gado cyberzumbi, que pasta mansamente entre serviços e mercadorias), até a matança em massa de animais, devido às doenças provocadas pela industrialização da produção agroalimentar. A manipulação genética dos animais e a crescente introdução de gens humanos em porcos, sua transformação em "fábricas" vivas para a produção de órgãos humanos, fez uma revista perguntar-se, há pouco, em que momento um porco deverá ser considerado humano. De qualquer modo, é inegável que os animais já são as máquinas biotecnológicas do presente.

Num outro registro, poderíamos evocar a transformação de nosso circuito de arte numa pocilga onde consumimos diariamente rações de lixo cultural mastigando nossos enormes sacos de pipoca no cinema (quem hoje pode ir a um filme sem sentir-se num estábulo, rodeado de animais ruminantes?).

Não podemos deixar de lembrar, por último, o que diz Deleuze ao evocar a vergonha de ser um homem, frente à vulgaridade e baixeza contemporâneas, diante do pensamento-para-o-mercado que reina nas democracias ocidentais. "Não somos responsáveis pelas vítimas, mas diante das vítimas. E não há outro meio senão fazer como o animal (grunhir, fugir, escavar o chão com os pés, nitrir, entrar em convulsão) para escapar ao ignóbil: o pensamento mesmo está por vezes mais próximo do animal que morre, que de um homem vivo, mesmo democrata."

*

Obviamente, esse é apenas um dos aspectos da performance. Um outro diz respeito à relação de *O Anti-Édipo* com o tema da esquizofrenia (o livro tem por subtítulo "Capitalismo e Esquizofrenia"). Lembremos o mais elementar: um dos autores é filósofo, o outro é psicanalista. Félix Guattari por mais de 40 anos dirigiu, conjuntamente com Jean Oury, a clínica de La Borde, no sul da França. De seu trabalho com psicóticos, de sua frequentação com a psicanálise (foi analisando de Lacan), também de sua intensa militância política em grupos de esquerda, resultou seu vivo interesse pela relação entre a clínica e a política. Ao associar-se com Deleuze, no início dos anos 70, ganhou fôlego o projeto de repensar o inconsciente à luz da esquizofrenia, não mais da neurose. Nasceu daí o híbrido provocativo presente indiretamente no livro — uma espécie de filósofo-esquizofrênico, que deslocou tanto o campo da psiquiatria/psicanálise como o da filosofia.

O *Anti-Édipo* é o primeiro livro que pensa conjuntamente o domínio do desejo e do social, do inconsciente e da produção, sem passar por uma mera síntese do que na época era dominante, o freudismo e o marxismo. Ao mesmo tempo, inaugurou um novo estilo de escrita, conjugando a filosofia com as vozes da literatura, das artes, das minorias, dos movimentos sociais. Redesenhou, assim, o pensamento sobre a sub-jetividade, com um forte poder de antecipação para as questões que se colocam hoje.

NOTA SOBRE A FRONTEIRA BIOPOLÍTICA

Por que porcos numa performance em torno de *O Anti-Édipo*, já que é um livro que fala mais das máquinas, por um lado, e dos esquizos, por outro, do que propriamente dos animais? É que nos trinta anos que nos separam daquela obra, a questão maior deixou de ser a relação homem-máquina, tão presente no livro, para tornar-se a relação entre o homem e o animal-máquina. Como diz o texto distribuído ao público, os animais são as máquinas biotecnológicas do presente, de modo que a máquina mais promissora é o próprio vivente. Na esteira dessa ideia, é a fronteira entre o homem e o animal que deveria ser problematizada. Num livro recente, intitulado *L'Ouvert*, Giorgio Agamben refaz a genealogia do humano justamente a partir de sua diferenciação com o animal. Desde a Antiguidade assistiríamos a uma exclusão do não-homem no homem, paralelamente a uma antropomorfização do animal. O homem encontra em si, e isola dentro de si, um animal que ele qualifica de não-homem, numa decisão que é ao mesmo tempo metafísica e técnica, e que implica sempre e necessariamente uma zona de fronteira, de indistinção. O que ele isola é uma vida separada, diz Agamben, nem humana nem propriamente animal, uma vida excluída dela mesma, uma *vida nua*. A história da filosofia poderia ser contada à luz desse esforço, de separar o homem do vivente. Nesse particular, a filosofia de Deleuze está nas antípodas, por exemplo, do empreendimento de Heidegger, em que todo o tema da abertura do Da-sein se contrapõe à não-abertura do animal, ao estupor que ele experimenta em relação aos seus estímulos. Para Heidegger, com efeito, o desvelamento do homem contra o seu velamento seria uma luta intestina entre o homem e o animal. Se por um tempo Heidegger acreditava ser possível, ainda, por uma decisão destinal, dar à história uma tarefa dessa envergadura, a de separar o homem do animal, pressentia também que a pós-história que batia às portas tornava vão esse esforço. Por exemplo, o século 20 realizaria um ideal hegeliano-kojeviano, ao assumir como sua tarefa a mera existência de seus povos, isto é, a assunção despolitizada de sua vida nua. O triunfo da economia seria um indício, da administração da vida natural e do bem-estar, da gestão integral da vida biológica, daquilo que Gilles Châtelet chamava de "viver e pensar como porcos". A gestão da animalidade do homem equivale ao mesmo tempo à animalização do homem.

A posição final de Agamben a respeito, na esteira de Benjamin, advoga um novo jogo *entre* natureza e humanidade. A "máquina antropológica" que separa o animal no homem foi como que bloqueada, mas deixa em suspenso algo que estaria por vir e para o que não temos ainda uma palavra adequada. "Não é mais humana, pois esqueceu todo elemento racional, todo projeto de dominar sua vida animal; mas tampouco pode ser dita animal, se a animalidade fosse precisamente definida por sua pobreza"...[1] Ora, tornar inoperante a máquina antropológica que governa nossa concepção de homem não significaria tanto buscar novas articulações, mais eficazes ou autênticas, entre o animal e o humano, senão mostrar o vazio central, o hiato que separa, no homem, o homem do animal, e arriscar-se nesse vazio, numa suspensão tanto do homem como do animal.

Já podemos pressentir em que medida o movimento de Deleuze ressoa e destoa dessa posição, que vai, *grosso modo*, de Aristóteles a Heidegger. Para dizê-lo ainda nos termos de Agamben em *L'Ouvert*, se em nossa cultura o homem sempre foi resultado de uma divisão, de uma articulação do animal e do homem, do inumano e do humano, da vida nua e da vida qualificada, de *zoé* e *bios*, Deleuze faz dessa uma cena cômica — por mais que o contexto biopolítico contemporâneo transforme este riso num sinal de alerta. Em todo caso a presença dos animais em Deleuze, desde os devires-animal até a ideia de que o animal é aquele que sabe morrer, culminando com a relação necessária entre o pensamento e a animalidade, deixam entrever uma posição singular, no limite do pensável: uma ontoetologia que beira uma zoofilosofia, nas antípodas da tradição humanista.[2]

---

[1] AGAMBEN, Giorgio. *L'Ouvert, de l'homme et de l'animal*. Paris, Payot & Rivages, 2002, p. 134.
[2] Elisabeth de Fontenay, num livro de resto instigante, teve dificuldade em compreender o alcance e o sentido do gesto deleuziano com respeito aos animais. Cf. *Le silence des bêtes*, Paris, Fayard, 1998 ("suspeitei Deleuze de não gostar dos animais, na medida em que a elevação cínica do carrapato à dignidade do conceito poderia fazer temer uma denegação da hierarquia animal, isto é, da surpreendente proximidade de certas espécies com o homem").

NOTA AUTOBIOGRÁFICA EM TORNO DA PERFORMANCE FILOSÓFICA

(escrito em parceria com Ondina de Castilho)

O germe da ideia de apresentar-se para animais nos veio num passeio pelo sul de Minas. Ondina de Castilho dançava e cantava a céu aberto, quando percebemos que centenas de vacas ruminantes, espalhadas por quilômetros de montanhas, a observavam atentamente, em silêncio. Que público formidável! Que espetáculo, esse público! Semanas depois, num passeio pela cinemateca de São Paulo, a ideia voltou: que tal um espetáculo de dança para uma multidão de vacas — mas apenas para vacas — no gramado do antigo matadouro? A presença de humanos deveria ser negociada.

Esse esboço ficou no ar. Mas a ocasião para realizar um projeto similar não tardou. Ricardo Muniz nos encomendava uma performance filosófica em torno de *O Anti-Édipo*, num desafio perturbador. Sou um professor de filosofia com razoável frequentação em Deleuze, mas familiaridade mais do que duvidosa com o universo do teatro. Eu até me sentia capaz de escrever um texto, mas a concepção cênica só poderia vir de Ondina, com sua experiência em dança, teatro e performance. Quando ela começou a esboçar a ideia de um filósofo sentado a uma mesa, num monólogo lânguido, visitado por seus personagens conceituais encarnados no corpo de uma dançarina em movimento, voltou-me uma lembrança pessoal sobre a mesa de Félix Guattari na clínica psiquiátrica de La Borde.

Anos atrás, acompanhei Guattari numa viagem de Paris até esta clínica, da qual era ele um dos diretores. Situada num antigo castelo no sul da França, fizemos a viagem de carro, e Guattari pediu que eu guiasse, enquanto ele dormia petrificado. Já em La Borde, no dia seguinte ele não estava diferente, mesmo acordado, mesmo comendo sobre a mesa longuíssima e monacal de sua casa próxima ao castelo, mesmo estatelado sobre um sofá diante da televisão, mesmo oferecendo uma cadeira a seu vizinho e amigo Jean Oury. Petrificado. Como diz Deleuze num necrológio, é seu lado *pierre* (pedra, em francês) — ele chamava-se Pierre-Felix. Eu jamais o havia visto assim, nas diversas viagens pelo Brasil em que tive o privilégio de acompanhá-lo. Um pouco aflito com a situação, resolvi sair com minha companheira na época para um passeio ao ar livre no final da tarde. Guattari quis vir junto. Andamos em silêncio, ouviam-se os passos, rumores longínquos, a noite chegando, um vizinho cumprimentou-nos, tudo muito bucólico até que topamos com um chiqueiro. Ali ficamos, com os porcos; primeiro em silêncio, depois comecei com eles uma conversa, no pouco que sei grunhir. O diálogo, recíproco, foi se intensificando. Por fim Guattari entrou na conversa, rindo muito, grunhindo também. Acho que nessa estada de um dia e meio em La Borde foi a única conversa que tivemos, grunhida, no chiqueiro, com um coletivo de porcos, num verdadeiro devir-animal. No dia seguinte fui embora, intrigado. Eu me dizia que um pensador tem o direito de ficar catatônico, de virar morto, de grunhir de vez em quando, se é isso que lhe dá na telha. Na verdade, desde então sempre invejei aquele estado catatônico e às vezes, à minha revelia, me vejo assim, para infortúnio dos que me cercam. Na época lembro de ter tido a fantasia de que, quando Guattari morresse, eu escreveria um texto chamado "Um direito ao silêncio", o que de fato aconteceu.[1]

Quando contei esse episódio a Ondina, ela imediatamente teve a ideia: então vamos fazer a performance com porcos! Eu acrescentei, retomando aquilo que nascera entre ela e as vacas nas montanhas mineiras: não *com* porcos, mas *para* porcos! Estava desenhada a estrutura geral.

A partir daí, a presença dos porcos foi ganhando múltiplos sentidos, ao sabor das leituras e associações pessoais de cada um. Havia o enunciado de Deleuze de que "escrevemos para os animais", de que eles despertam em nós algo de "inumano" sem o qual o pensamento não existiria: o devir-animal no filósofo e no escritor lhes é essencial (em Kafka, em Lawrence, em Melville, mas também em Nietzsche...). Na performance, tratava-se de atingir em nós um inumano a partir do qual a palavra fosse catapultada para uma esfera outra, proporcionando ao pensamento uma nova cena, ao mesmo tempo infra-humana e sobre-humana, intensiva e gloriosa, animal e divina. Uma cena não teatral, não representacional, onde o corpo e o discurso entrassem numa relação de inadequação incomensurável, disjuntiva, por isso tanto mais entrelaçada. Por um lado a mistura dos corpos: o corpo-morto-do-filósofo, o corpo-vivo-do-porco, o corpo-vivo-morto-da-dançarina... Por outro lado, a mistura de vozes: a voz-do-pensador, o grunhido-do-porco, o sopro-dos-anjos (o concerto em memória de um anjo, de Berg, a música predileta de Deleuze, daria início à performance). E entre a série material dos corpos e a série imaterial das vozes, um hiato intransponível, espaço abissal da discórdia que obriga a sensibilidade a uma contemplação esgarçada, desconjuntada, abrindo a via para associações cruzadas e as mais disparatadas. É nesse hiato que os espectadores se instalariam.

[1] Esse texto foi publicado em *A nau do tempo-rei*. São Paulo, Imago, 1993.

Perguntamo-nos como isso tudo afetaria uma plateia que pela primeira vez tivesse ouvido falar de um tal de Deleuze, que certamente se divertiria com os porquinhos, estranharia uma dançarina tresloucada que tocasse, que pegasse no colo os filhotinhos de porco, que se arrastaria na palha molhada de mijo, milho e fezes...

Mas nada era óbvio em nossa proposta. A produção do Sesc nos avisara que os onze porcos encomendados já estavam preparados, e para nossa surpresa, todos no congelador! Claro, um porco já é um porco morto, é o ser-para-a-morte por excelência. Nós queríamos os porcos vivos! Queríamos o corpo-vivo-do-porco, seu corpo-com-órgãos, para experimentar nosso corpo-sem-órgãos, nosso porco-sem-órgãos... Quando por fim o motorista os trouxe vivos, conversamos muito com eles, sobretudo de filosofia. Eles pareciam surpresos com o que lhes era dito, por vezes assustavam-se, a cada tanto corriam, ou ficavam paralisados quando os transportávamos um a um até a sala da performance, cruzando um imenso salão onde um Renato Borghi compenetrado ensaiava a sua peça, sem entender por que porquinhos atravessavam voando a todo instante seu espaço cênico.

Quando a performance foi reapresentada no Paisagem Zero, no Sesc Pompeia, o espaço já era outro, mais instigante, talvez: um minúsculo cubo de tela, no interior do qual ficávamos confinados, junto a porcos imensos e rosados, enquanto os espectadores perambulavam livremente pelo lado de fora, espiando.

Deixo meu filho, que acaba de completar quatro meses, nos braços de uma amiga, no camarim, visto o meu terno e começo a pregar minhas antenas-eletrodos pelo rosto. Meu filho me olha atento. Termino a maquiagem e me despeço, vou andando, subo a rampa do Pompeia, junto com Peter, pensando nos oito filhotes de quatro meses que me esperam, tão rosados quanto o meu bebê. Não fiz um ensaio com eles, nem entrei no chiqueiro antes para tentar um contato. Queria ter a experiência de encontrá-los assim, *di prima*, e experimentaríamos juntos a estranheza.

Quando abro a porta e começo a me agachar para entrar no chiqueiro, já sinto aquele cheirão maravilhoso e alguns narizes curiosos que vêm me receber. Nariz não, é fuça mesmo, origem da palavra fuçar. E é assim que eles me recebem. Peter parece passar transparente e naquele instante eu não entendo por quê. Sigo meu caminho cercando o chiqueiro pelas bordas e vejo que a maioria me segue e a fuça não pára. Me sinto uma enorme peça de mortadela seguida pelos cães. Aqui quem vai virar comida não sou eu, mas parece. Subo na mesa e eles parecem querer um lugar ali, mais acima do que o costumeiro, mas não posso convidá-los a subir, então desço eu, por debaixo da mesa, e eles me recebem quase me carregando e me lambem e me cheiram entusiasmados e eu fico tão feliz com uma multidão de filhotes! Por um instante eles repousam no meu colo e parecem se deleitar com histórias de ninar. Me sinto a porca mãe e não mais Circe, e não me dá vontade de seguir adiante com a performance, nem sair do chiqueiro e me encontrar com as pessoas perfumadas que ali observam curiosas através da tela. O calor, o cheiro forte da vida que habita esses corpos estranhamente pelados, me faz querer ficar com eles e dividir um pouco do pouco que tenho, e me faz pensar: o que eu realmente tenho para oferecer a eles? Minha dança? Me assombra uma angústia de não ter nada para oferecer quando como que por milagre sinto o meu leite materno escorrer. É o sinal. Hora de sair pela tela, por qualquer buraco, já que a porta está trancada. Saio em disparada para não ver ninguém e não ter que esbarrar o meu corpo em nenhum corpo "humano". Corro sem parar para o camarim com meu leite escorrendo, lavo meu rosto e meus peitos e arranco meu terno, colocando o roupão para receber meu filhote no colo. Ofegante eu amamento, e penso que o que os outros filhotes queriam era apenas isso: O LEITE, e talvez o colo, nem filosofia nem dança nem nada.

Devo dizer duas palavras sobre o estado alterado em que me encontrava ao adentrar o espaço da performance junto com Ondina. Neste misto de hospício, chiqueiro, cabaret, já não sabia se eu era um corpo ou um espírito, um morto ou vivo, um filósofo ou um esquizofrênico. Se era homem ou porco, performer ou impostor, artista ou gozador. O tesão de conversar com animais, de falar sobre máquinas desejantes para desconhecidos, de intensificar os fluxos soltos para uma cena esquizo, de desfazer o *cogito* filosófico, tudo isso perfazia uma aventura inigualável. Ademais, diante de um coletivo de porcos e de sua potência de malta, frente a essa pequena massa atravessada por ondas de susto, de indagação metafísica ou de instinto de fuga, o que resta do euzinho do filósofo, do performer, ou mesmo do esquizofrênico?

Sentado numa mesa de hospício, um filósofo morto-vivo balbucia fragmentos soltos, recordações de vida, dirigindo-se com saudades ao companheiro desaparecido. O filósofo evoca desordenadamente alguns conceitos do livro que escreveram juntos, e por fim exclama: "um pouco de possível, senão eu sufoco!", antes de sair pelo fundo, subitamente, em desabalada correria. Mas será um filósofo, esse que fala, ou apenas um esquizofrênico que se toma por filósofo, misturando seus delírios às frases pinçadas na obra de um tal de Gilles Deleuze, dirigindo-se a uma dançarina de preto, cheia de antenas e eletrodos e esparadrapos, que evolui no chão e sobre a mesa, diante dele e dos porcos, e que poderia ser o fantasma de Félix Guattari?

Quanto à presença dos porcos em cena, devo dizer que em todos meus anos de ensino da filosofia, jamais tive uma audiência tão alerta quanto eles:

as orelhas em pé, antenadas para cada som, ruído, gesto, sobretudo para cada mudança de tom ou de atmosfera ou de conceito. O público de humanos, por sua vez, parecia divertir-se, um pouco surpreso com a mistura de porcos e conceitos, a sujeira e o pensamento, o desejo e a política.. Suspeito que nosso mais fiel espectador, o motorista do caminhão que trouxe os porcos da fazenda, era o mais sintonizado com a atmosfera — talvez seja um dos poucos que sabe na pele o que é um devir-porco...

Efeitos anedóticos: por meses não consegui enfiar na boca uma fatia de salame ou de presunto, por muito tempo tinha pesadelos com a matança em massa de animais na Europa (era a época da vaca louca), depois me pus a ler sobre a relação entre filosofia e animais e por toda parte só enxergava porcos. O sentido de nossa performance foi se ampliando. Claro, uma de nossas ideias mais "conceituais" ao trazer porcos em cena foi transpor a relação homem/máquina tão presente em *O Anti-Édipo* para uma problemática contemporânea, biotecnológica: homem/animal/máquina. Como se sabe, a manipulação genética dos animais e a crescente introdução de gens humanos em porcos, sua transformação em "fábricas" vivas para a produção de órgãos humanos, é o indício de que os animais já são as máquinas biotecnológicas do presente. Os porcos estão numa proximidade perigosamente privilegiada com os humanos, prenunciando um devir-homem do porco, se é que isto faz sentido.

Quanto ao devir-porco do homem, várias associações foram se entrelaçando. Gilles Châtelet, no seu belo *Viver e pensar como porcos*, condena a transformação das massas contemporâneas em gado ciberzumbi, que pasta mansamente entre serviços e mercadorias. Ocorreu-nos a transformação de nosso circuito de arte numa pocilga onde consumimos diariamente rações de lixo cultural mastigando nossos enormes sacos de pipoca no cinema — quem hoje pode ir a um filme sem sentir-se num estábulo, rodeado de animais ruminantes? Então quem sabe não seria preferível instalar-se diretamente numa pocilga, habitá-la cenicamente?

Um tempo depois da performance soubemos que há pouquíssimos precedentes, não de animais em cena, mas de animais como destinatários vivos de uma obra. Um trabalho de Beuys para lebres mortas passa perto, e outras poucas coisas.

Mais recentemente, ao preparar um comentário sobre a performance em Fortaleza, encontrei um livro de Agamben que refaz a genealogia do humano a partir de sua diferenciação com o animal. A história da filosofia poderia ser contada à luz do esforço em separar o homem do vivente. O homem, em última instância, teria sido o resultado de uma divisão, e ao mesmo tempo de uma articulação entre o animal e o humano que o habitam. Um pouco inspirado em nossa performance, entendi que na contracorrente da tradição filosófica evocada por Agamben ainda com um certo *páthos*, Deleuze faz dessa uma cena cômica, privilegiando o hibridismo e as núpcias contranatura, mais do que a separação.

Foi-nos dada a oportunidade de entender ao vivo muitas das intuições presentes nos textos de Deleuze. Entre elas, uma das mais belas, enunciada no livro sobre Kafka: o problema nunca é o da liberdade, mas o da saída, achar uma saída, inventar uma saída. Ninguém melhor do que um coletivo de porcos trancafiado numa salinha cheia de sons, imagens, pessoas, para mostrar o que é esse instinto animal primeiro, o de buscar desesperadamente uma saída pelos cantos mais escuros...

Terá sido isto uma performance? Um fio de intuição, um arrastão de associações, um modo de convocar esteticamente um turbilhão de sensações e elementos disparatados (*Sargent Peppers*, trenzinho de criança, eletrodos, vidraça estilhaçada) mas ao mesmo tempo o cuidado para que elas "funcionem", se "disparem" mutuamente, se "intensifiquem", e assim criem um curto-circuito no sentido, na sensação, na percepção, no pensamento. Do fundo de minha impostura (diferentemente de Ondina, sou um analfabeto em artes cênicas), vi confluírem ali, e com um humor que apenas ecoa as travessuras presentes na obra de Deleuze, uma dimensão cênica da filosofia, mas também uma dimensão esquizofrênica do pensamento. Em suma, a filosofia projetada num espaço esquizocênico.[2]

Ao referir-se a Deleuze, Foucault chegou a chamar sua filosofia de um *Theatrum Philosoficum*, "a filosofia não como pensamento, mas como teatro: ... teatro onde, sob a máscara de Sócrates, estala de súbito o riso do sofista; onde os modos de Espinosa puxam uma roda descentrada, enquanto a substância gira em torno deles como um planeta louco; onde Fichte coxo anuncia "eu fendido/eu dissolvido"; onde Leibniz, chegado ao cimo da pirâmide, distingue na obscuridade que a música celeste é o *Pierrot lunaire*. Na guarita de Luxemburgo, Duns Scot passa a cabeça pela luneta circular; ele traz uns bigodes consideráveis; são os de Nietzsche, disfarçado de Klossovski."[3]

Não teremos sido os primeiros, nem seremos os últimos, a rir com a filosofia: não para burlar-se dela, mas para com ela inventar uma outra leveza e novas variações — outras cenas.

---

[2] Termo cunhado por Sérgio Penna, num outro contexto, para dar conta de uma experiência em que conversam o teatro e a loucura.
[3] FOUCAULT, Michel. *Nietzsche, Freud e Marx. Theatrum Philosoficum*. Porto, Anagrama, 1980, p. 79

PARTE VII
TEATRO FILOSÓFICO

CONTRADANÇA FILOSÓFICA

Quase quarenta anos separam a recente edição em francês de *Presença e campo transcendental — Consciência e negatividade na filosofia de Bergson*, de Bento Prado Jr., de sua elaboração original. Eis um livro que chega aos poucos, discretamente, como se precisasse da prova do tempo para justificar sua pertinência e medir o seu alcance. Escrito aos 26 anos de idade, em menos de três meses, logo após o golpe de 1964, dormitou na gaveta do autor até sua publicação pela Edusp, em 1989. Parece inacreditável que uma das interpretações mais finas realizadas pela filosofia brasileira sobre um pensador contemporâneo tenha esperado um quarto de século para vir a lume em seu país de origem. Agora, e em boa hora, por fim esta pequena preciosidade chega também ao público europeu, com esmerada tradução de Renaud Barbaras, a quem devemos a louvável iniciativa.

É preciso que se diga, antes de tudo, que este livro parece ter encontrado no texto em francês sua versão original. A elegância e concisão já notáveis na língua portuguesa ganharam realce na tradução, com a vantagem de que os poucos galicismos e muitas citações "retornaram à fonte"... Mérito do tradutor, sem dúvida, mas também característica do original, que segundo confessa o autor, teria sido, por assim dizer, "pensado" em francês.

Não é de admirar que um estudo sobre Bergson, inspirado numa linhagem de intérpretes que vai de Guéroult a Goldschmidt, mas sobretudo confrontando o bergsonismo com Sartre, necessariamente seja um (re)corte na filosofia francesa. Se obedece a todos os rigores da historiografia dita "estrutural", que se propõe a ler um autor de maneira imanente, evitando lançar sobre ele qualquer juízo de valor extrínseco, Bento Prado não faz mero trabalho de historiador da filosofia, o que já não seria pouco. Fiel a um princípio que postula uma porosidade entre a filosofia e sua história, o autor consegue abrir Bergson às filosofias concorrentes, à tradição da qual se afasta e sobretudo à posteridade que o ecoa, queira-o ela ou não.

MALÍCIA FILOSÓFICA

Com isto, as cartas do pensamento são marotamente embaralhadas, e os problemas reinventados. Encontramos coincidências inesperadas de Bergson com Kant (sobre as ilusões da inteligência, "constelação de miragens" que faz sistema), afinidades e divergências com Husserl ou Merleau-Ponty ali onde menos as esperávamos, cruzamentos com Nietzsche, distâncias com Hegel etc. É a malícia filosófica do autor: reencontrar um solo comum ali onde outros viam continentes distintos, detectar bifurcações lá onde uma terminologia comum nos confundiria. Não sem humor, ele apaga e redesenha fronteiras, fiel às tensões e originalidades de cada *démarche*.

Nesse sentido, a conversa mais curiosa que atravessa o livro é com Sartre. Já os termos utilizados nesse estudo, quase ausentes em Bergson, deixam poucas dúvidas quanto às inclinações do autor: em-si e para-si, autenticidade e inautenticidade, negatividade, práxis, campo transcendental... Contudo, se essa terminologia serve para facilitar o diálogo com o existencialismo, e por tabela com a fenomenologia como um todo, em momento algum o pensamento bergsoniano parece subjugado à crítica proveniente desse campo. Exercício admirável de Bento Prado, o de pensar "contra si mesmo", isto é, contra o fascínio que Sartre exercia sobre sua geração. De maneira soberana, e seguindo os meandros da crítica de Bergson ao conjunto da tradição filosófica, a começar pela prevalência da ideia de Nada e suas implicações, Bento Prado reconstitui a gênese da subjetividade e da ontologia na sua obra.

Ao descobrir no bergsonismo um arco tenso que vai do pré-humano ao sobre-humano, sua interpretação revela a lógica desta curvatura, desde o "campo transcendental" até uma "ontologia da presença", deslocando inteiramente o lugar da consciência finita, ou da subjetividade, para situá-la "no meio": nem ponto de partida nem de chegada. Para ir rápido, diríamos que ao desbancar um antropologismo filosófico, as condições mesmas de um certo "humanismo" são juguladas, com consequências de peso para a filosofia francesa subsequente — arrastando consigo o próprio Sartre, diga-se de passagem.

Com sua obra, Bento Prado livra o bergsonismo da imagem empoeirada que o pensamento, nas suas variantes diversas — fenomenológica, marxista ou estrutural — foi sedimentando a seu respeito. Já não podemos pensar nesta filosofia como um espiritualismo insípido, um psicologismo ou mesmo um vitalismo, muito menos biologisante.

É provável que o ostracismo a que foi relegada a filosofia de Bergson, na esteira dessa imagem injusta, esteja chegando ao fim, juntamente com o refluxo das correntes que ajudaram a fabricá-la — e a publicação do livro do autor na França talvez seja disso um indício suplementar, entre muitos outros. Nesse contexto, mais do que refazer um comentário do livro, ou celebrar a ocasião, melhor seria indicar uma curiosidade no âmbito de sua "recepção" francesa.

ENCONTROS COM DELEUZE

Refiro-me à relação ziguezagueante de Bento Prado com Gilles Deleuze. Fosse-me permitido retribuir-lhes com um pouco do humor que nunca lhes faltou, eu daria a isso o nome de uma... *contradança filosófica*. Eu me explico. Pouco depois da conclusão de *Presença e campo transcendental*, saía na França, em 1966, o pequeno livro de Deleuze intitulado *Le bergsonisme*. Muito diferente no estilo, nos propósitos, na estrutura e no método, o estudo de Deleuze articulava o tema da duração, da memória e do impulso vital recorrendo a um fio condutor inesperado: o da diferença (e da multiplicidade). Bento Prado teve acesso ao miolo desse argumento num artigo publicado por Deleuze anos antes. Talvez essa leitura, somada à de *Nietzsche e a filosofia*, tenha ajudado a reforçar, em seu estudo, o caráter não-dialético da ontologia de Bergson e a afirmatividade do impulso vital.

Chegamos assim ao que nos interessa. Se é certo que Bento Prado leu Deleuze e dele tirou proveito, a recíproca não é verdadeira, pelo menos ao que nos consta. E no entanto... O fato é que o jovem filósofo brasileiro, já em 1964, parecia antecipar um tema caro à filosofia ulterior de Deleuze. Ao organizar seu estudo em torno da ideia de "campo transcendental sem sujeito", expressão extraída de Sartre, ele ampliou-lhe o alcance, tendo em vista o caráter regressivo do método bergsoniano. Trata-se, em suma, do esforço em remeter a consciência filosófica a um campo pré-filosófico, anterior à distinção sujeito/objeto. Em Bergson esse campo recebe o nome de vida ou imagem. É um "há" anônimo e impessoal, a partir do qual assiste-se ao nascimento da subjetividade. Para falar a linguagem da fenomenologia, a "redução" bergsoniana não poderia deter-se na consciência constituinte — deve ir além dela, já que a própria consciência é constituída.

Ora, é exatamente esta a exigência de Deleuze exposta alguns anos depois, em *Lógica do sentido*: "Procuramos determinar um campo transcendental impessoal e pré-individual". Ao retomar a ideia de Sartre, e ao reivindicar um tal campo transcendental purificado de toda estrutura egológica, mas também de seu último avatar, a consciência como totalidade sintética e individual (que Sartre ainda preservava), Deleuze cruza o gesto de Bento Prado empreendido anos antes, embora o relance em direções próprias, com suas singularidades nômades e eus larvares, diferenças livres tomando de assalto o sujeito identitário, ajudando a solapar as bases de uma filosofia da representação. Com isso, diga-se de passagem, Deleuze prolonga uma matriz já anunciada em sua primeiríssima monografia sobre Hume, de 1952, que depois receberia a paradoxal designação de "empirismo transcendental".

Já podemos dar um salto para um dos ultimíssimos escritos de Deleuze, intitulado *L'immanence: une vie...* Não é curioso que este "testamento filosófico" comece literalmente com a pergunta: "O que é um campo transcendental?" Após passar por Bergson, Sartre, Fichte, Husserl, ele reafirma, contra uma filosofia do sujeito, o campo transcendental sem sujeito, mas como imanência absoluta da vida, na singularidade não-individual de suas manifestações: *uma vida...* E menciona como exemplo o canalha agonizante em Dickens, e *uma vida*, para aquém de bem e mal, que aí combate a morte e enternece até seus inimigos. Também comparece o gracioso exemplo das minúsculas criancinhas, todas parecidas, pois ainda não têm uma individualidade, e no entanto já povoadas de singularidades, "um sorriso, um gesto, uma careta, acontecimentos que não são características subjetivas", traços de *uma vida*. Eis de volta o indefinido pré-pessoal que Bento Prado tangenciou em seu estudo de juventude.

Se essa convergência pontual entre Bento Prado e Deleuze pode ser atribuída, em parte, à marca que foi comum aos dois autores, seja o ensinamento de Goldschmidt, seja a filosofia de Sartre ("Ele foi meu mestre" é o título de uma homenagem de Deleuze àquele que, segundo suas palavras, trouxe "ar puro" para a filosofia), ela se deve, mais amplamente, aos desafios que se colocavam para o pensamento da época na contestação de um certo humanismo, e que cada qual captou e desdobrou a seu modo, guardadas as devidas proporções, para um lado e para outro.

Evoquemos, em todo caso, um dos últimos passos visíveis dessa *contradança filosófica*. Num comentário recente, Bento Prado remete a ideia deleuziana de "plano de imanência" à obsessão de levar o pensamento para um campo pré-subjetivo e pré-objetivo (daí a passagem por Hume, Bergson, Nietzsche), desembocando na vida pré-pessoal. Numa associação surpreendente, o autor aproxima *uma vida* às *formas de vida* que os jogos de linguagem em Wittgenstein expressam. Ora, ao atribuir a Deleuze e Wittgenstein o qualificativo de "anarcônticos", na recusa comum de uma *arkê* transcendente, ou de qualquer fundacionalismo em filosofia, e ao levar em conta as implicações subjetivas e vitais dessa posição, Bento Prado prolonga sua própria *démarche*, já presente em seu texto de juventude, a respeito do campo transcendental e a gênese da subjetividade.

ANGÚSTIA E SERENIDADE

Um dos principais estudiosos da obra de Bergson hoje na França, Frédéric Worms, disse que se o livro de Bento Prado tivesse sido publicado na época em que foi concluído, talvez tivesse contribuído para modificar não só a paisagem dos estudos bergsonianos, mas também o da filosofia francesa daquele período, onde Bergson desempenhou um papel ao mesmo tempo capital e quase clandestino. Worms quer dizer, talvez, que Bergson (numa leitura acurada) oferecia uma saída para o dilema de se reduzir a filosofia a uma crítica pura ou pretender com ela fazer uma metafísica pura. Se não podemos aqui esmiuçar as razões e implicações desta afirmação, que nos baste lembrar uma avaliação contígua, emitida por Marilena Chauí anos antes em sua apresentação à edição brasileira, que lamentavelmente não foi incorporada à tradução francesa. Segundo ela, o livro de Bento Prado "nos mostra, sem que seu autor precise dizê-lo explicitamente, que a filosofia de Bergson cria um campo de pensamento em que se moverá a filosofia francesa posterior".

Talvez é chegado o momento de dizer uma palavrinha final sobre o "tom" do livro em questão, para além de seus embates teóricos. Num necrológio escrito em 1995, Giorgio Agamben compara dois seminários a que ele assistiu, um de Heidegger e outro, vinte anos mais tarde, de Deleuze: "Um abismo separa esses dois filósofos... a tonalidade geral de Heidegger é de uma angústia tensa e quase metálica... Ao contrário, nada expressa melhor a tonalidade fundamental de Deleuze que uma sensação que ele gostava de chamar pelo nome inglês: *self-enjoyment*". A conclusão de Agamben é a seguinte: "A grande filosofia deste século sombrio, que começara pela angústia, conclui-se com a alegria".

Décadas antes, ao comparar o bergsonismo e o existencialismo, Jean Hyppolite dizia algo similar, mas com o sinal invertido, como se o deplorasse: não há lugar em Bergson para a angústia humana. E ao comentar a serenidade do filósofo, ele acrescentava: "é essa serenidade que hoje já não estamos em condições de compreender. Como se, num período da história especialmente trágico como o nosso, essa serenidade não mais tivesse vez". Se a serenidade de um Bergson soava deslocada naquele momento, é possível que hoje, numa estranha reversão, apesar das nuvens que se acumulam no horizonte, e sem que isso implique em qualquer adesão, já estejamos "maduros", não só para o "tom" do filósofo, mas também para a linhagem de pensadores que encontrou em sua serenidade uma nova juventude.

O FILHO MONSTRUOSO

No início dos anos 70, em resposta a um amigo que o acusava de estar filosoficamente acuado, o pensador Gilles Deleuze escreveu: "Sou de uma geração, uma das últimas gerações que foram mais ou menos assassinadas com a história da filosofia. A história da filosofia exerce em filosofia uma função repressora evidente... 'Você não vai se atrever a falar em seu nome enquanto não tiver lido isto e aquilo, e aquilo sobre isto, e isto sobre aquilo'. Na minha geração muitos não escaparam disso, outros sim, inventando seus próprios métodos e novas regras, um novo tom. Quanto a mim, 'fiz' por muito tempo história da filosofia... Mas eu me compensava de várias maneiras. Primeiro, gostando dos autores que se opunham à tradição racionalista dessa história (e entre Lucrécio, Hume, Espinosa, Nietzsche, há para mim um vínculo secreto constituído pela crítica do negativo, pela cultura da alegria, o ódio à interioridade, a exterioridade das forças e das relações, a denúncia do poder... etc.). O que eu mais detestava era o hegelianismo e a dialética..." Em seguida, Deleuze explica como conseguiu safar-se desse impasse: a partir dos autores comentados, produzia leituras insólitas, filhos ligeiramente "monstruosos": "o autor precisava efetivamente ter dito tudo aquilo que eu lhe fazia dizer. Mas que o filho fosse monstruoso também representava uma necessidade, porque era preciso passar por toda espécie de descentramentos, deslizes, quebras, emissões secretas que me deram muito prazer. Meu livro sobre Bergson me parece exemplar nesse gênero".[1]

O livro sobre Bergson a que o autor se refere em sua carta sai agora em português pela Editora 34 com o título de *Bergsonismo*, na fina e esmerada tradução de Luiz Orlandi. Ao debruçar-se sobre um filósofo já "clássico" e hoje um pouco esquecido como Bergson, Deleuze faz neste livro de 1966 uma monografia aparentemente despretensiosa. Aborda os grandes temas de Bergson: a intuição, a memória, a duração, o impulso vital. Mas o leitor se dá conta, desde logo, que está diante de um bergsonismo pouco comum, em todo caso nada espiritualista. A duração (nome dado por Bergson ao tempo) deixa de ser apenas uma experiência psicológica, para tornar-se um caso da

[1] DELEUZE, Gilles. "Carta a um crítico severo", in *Conversações*. Rio de Janeiro, Editora 34, 1992, p. 14.

duração ontológica, essência variável das coisas, condição da experiência. A memória, por sua vez, não é pensada como sendo interior a nós, nós é que somos interiores a uma gigantesca Memória, imemorial e ontológica, virtual e inconsciente. O impulso vital passa a designar o movimento pelo qual o ser se atualiza, não a partir de um "possível" ideal que o presente viria desovar, mas sob fundo de uma virtualidade (real) a ser desdobrada, diferenciada. A vida mesma é concebida como uma tal produção de diferenças — a vida é invenção.

Como se vê, esse conjunto ainda é Bergson, mas já tudo gira em torno de um eixo que nosso século não cansará de ecoar: a ideia de diferença. No artigo seminal de Deleuze publicado dez anos antes deste seu livro e com razão incluído no presente volume, intitulado "A concepção da diferença em Bergson", o conceito de diferença conduz sistematicamente a leitura do filósofo. O método da intuição é definido como o "gozo da diferença", a duração ou a vida são concebidas como aquilo que difere de si mesmo, o próprio homem é aquele em quem a diferença eleva-se à consciência de si. Na contracorrente de um hegelianismo ainda dominante na época, para Deleuze é a *diferença* que importa, não o negativo. Ao lançar as bases de sua própria ontologia materialista, Deleuze insiste que em Bergson o movimento do ser se dá por diferenciação interna, criação positiva, e não por contradição, num jogo dialético da determinação negativa. O filósofo chega a afirmar que se a noção de diferença pode trazer uma certa luz ao bergsonismo, "o bergsonismo deve trazer a maior contribuição para uma filosofia da diferença". É o que se percebe neste livro ligeiramente "monstruoso": a fineza penetrante de Deleuze retoma com fidelidade o conjunto da filosofia bergsoniana, mas ao mesmo tempo nela produz tantas inflexões sutis (algumas nietzschianas) que Bergson aparece como um precursor das filosofias da diferença, das quais o próprio Deleuze foi um dos expoentes. O belo livro de Bento Prado Jr., intitulado *Presença e campo transcendental*, escrito mais ou menos na mesma época que o de Deleuze e com o qual ele tem inúmeras afinidades, ajuda a lançar luz sobre esta relação entre Bergson e sua posteridade.

Lembremos da observação arguta de François Laruelle: nosso século vive sob o signo da Diferença assim como o 19 se constelou em torno da Dialética. Se antes a Diferença era apenas um procedimento periférico, uma escrava da Contradição, como na Dialética, e depois da Estrutura, como no estruturalismo e derivados, tornou-se a partir de um certo momento ela mesma uma problemática, um princípio real e mesmo uma emoção "*a priori*, uma verdadeira *sensibilidade filosófica ou transcendental* sem a qual a filosofia estaria morta de hegelianismo ou de estruturalismo: de tédio..." Talvez os textos de Deleuze sobre Bergson, nessa porosidade instigante entre filosofia e história da filosofia, sejam a marca inaugural dessa reviravolta "atmosférica" na filosofia francesa.

No entanto, este livro não interessa apenas aos filósofos, longe disto. Para quem hoje necessita aprofundar noções como a de virtual, ou fica intrigado com a reintrodução da seta do tempo nas ciências (por exemplo, nas pesquisas de Prigogine e Stengers), ou quer mergulhar nas aventuras da memória e seus paradoxos, o livro de Deleuze é um prato cheio. Escrito em linguagem clara e acessível, sem perder em nada a complexidade de seu objeto, vemos emergir um Bergson desempoeirado, com o frescor das filosofias feitas para pensar o presente.

O DESAPARECIMENTO DO HOMEM, A LITERATURA E A LOUCURA

Os leitores habituais de Roberto Machado saberão reconhecer em *Foucault, a filosofia e a literatura* (Jorge Zahar Editor) seu estilo inconfundível: a escrita clara, a hipótese cortante, a perspectiva abrangente, o trabalho de fôlego, a absoluta soberania na interpretação. Neste livro, porém, com todas essas características preservadas, pela primeira vez o autor cede à tentação já antiga de abordar mais extensamente um domínio estético. Aproveitando o interesse de Michel Foucault pela literatura, Machado se deixa levar, com um prazer indisfarçável, pelas ondas revoltas de Roussel, Sade, Bataille, Hölderlin, revelando sua marca no pensamento do autor.

É esta a primeira novidade filosófica do livro: pensar conjuntamente dois planos que tanto quanto Foucault como seus intérpretes sempre consideraram como separados: por um lado, seus estudos do período arqueológico, por outro seus textos sobre literatura que aparecem à margem de seus livros publicados e que, por isso mesmo, sempre foram atribuídos ao gosto pessoal do filósofo, às suas preferências íntimas. Foucault mesmo ajudou a reforçar essa cisão, ao elogiar o fato de que nenhum intérprete tenha se debruçado sobre seu livro a respeito de Raymond Roussel, tentando alguma conexão com suas pesquisas históricas. É justamente o desafio que Machado aceita: rastrear o sentido filosófico dessas frequentações, bem como sua função estratégica no trajeto do autor. Ao recosturar os textos histórico-arqueológicos com suas margens literárias, o seu estudo faz aparecer o fio invisível que os alinhavava desde o início, a saber, Nietzsche e sua crítica da racionalidade moderna. Roberto Machado encontra, por exemplo, já no cerne da *História da loucura*, a marca decisiva de *O nascimento da tragédia*. Ao reafirmar o lugar central da experiência trágica da loucura e sua inspiração nietzschiana na *História da loucura* como critério positivo que permitiu a Foucault avaliar e julgar o nascimento da psiquiatria e da psicologia ("A grande ambição da *História da loucura* é medir a psicologia pela desmesura, pela desmedida da obra nietzschiana"), Machado desvenda aquilo que escapou à maioria dos comentadores: que esta experiência desarrazoada, posteriormente domada e retomada pela literatura, é primordialmente um fenômeno de linguagem — transgressão dos limites impostos à linguagem. Por conseguinte, a ontologia da loucura presente no livro, da qual Foucault se retratou posteriormente, é apenas, e necessariamente, uma ontologia da linguagem. Nela está em questão o ser da linguagem, assim como na literatura.

É por onde loucura e literatura se comunicam. Pois na moderna literatura, conforme a concepção que dela têm Bataille, Blanchot, e toda uma linhagem que vai de Hölderlin até Mallarmé e Artaud, passando por Nietzsche, está em questão a linguagem como transgressão dos limites da própria linguagem. Com o que o círculo está completo, já que Foucault é devolvido a uma certa atmosfera literária que não só lhe apresentou Nietzsche (lembremos: Foucault chegou a Nietzsche por intermédio de Bataille, e chegou a Bataille por meio de Blanchot — percurso inteiramente insólito para um filósofo), como também o introduziu a esse parentesco entre literatura e loucura.

As marcas desse circuito constituído pela linguagem, pela transgressão, pela experiência-limite, vão muito além da *História da loucura*. O tema da transgressão e dos limites ressoa, por um lado, com a questão da finitude trabalhada a partir da questão da morte em *O nascimento da clínica*. Mas sobretudo com a morte do homem, em *As palavras e as coisas*, tema diretamente tributário da questão nietzschiana da morte de Deus. É quando seu sentido filosófico se explicita e se amplia. E o autor pergunta: "Quem mais senão Nietzsche e os escritores franceses impregnados por seu pensamento como Klossowski e Blanchot poderiam ter sugerido a Foucault que a morte de Deus perpetrada pelo niilismo da modernidade só se completará quando significar não o aparecimento, mas o desaparecimento do homem?" A literatura, no seu viés nietzschiano de um pensamento trágico, aparece como suporte à crítica do humanismo e do sono antropológico, e, mais geralmente, do niilismo moderno, mas também aponta, de modo afirmativo, por meio do tema da linguagem, numa perspectiva não-fenomenológica, não-dialética e não-antropocêntrica, para o além-do-homem.

O que emerge daí é um Foucault filósofo para quem a linguagem literária possuía uma função estratégica, contestatória e afirmativa. Contestação do humanismo e afirmação de "um homem que não tivesse mais nenhuma relação com esse Deus de que ele é a imagem". O autor avalia com percuciência o papel mais geral de Foucault: "Sua ousadia em dar um basta à proliferação de discursos sobre o homem foi sua contribuição de filósofo e historiador dos saberes — de arqueólogo— para que à questão kantiana 'o que é o homem?' seja finalmente dada a resposta nietzschiana que ao mesmo tempo a recusa e a desarma: o super-homem".

O LUGAR DA LITERATURA

De que nos serve, hoje, revisitar o lugar da literatura no Foucault dos anos 60, quando foi ele quem a abandonou, alguns anos depois, e da maneira mais ostensiva, a seu "magro destino histórico", insistindo em que a contestação passava doravante por outros lugares? Há uma expressão que retorna algumas vezes neste livro, e que, embora despretensiosa, não é nada inocente. É ela: "resistência ou alternativa". Por exemplo, em *As palavras e as coisas*, Nietzsche é tido como o primeiro a aproximar a tarefa filosófica de uma reflexão radical sobre a linguagem, e *radical* justamente por "se constituir como *resistência ou alternativa* ao pensamento antropológico moderno". Talvez esse binômio *resistência* ou *alternativa*, sob um modo não-dialético, não-humanista e não--antropocêntrico, seja um dos legados importantes de Foucault para o nosso fim de século. Roberto Machado teve o mérito de mostrar, entre muitas outras coisas, que uma ideia de *resistência ou alternativa*, que passou pela questão da literatura, da loucura ou, mais amplamente, do ser da linguagem, num certo momento, para tomar outros caminhos, posteriormente, e que Foucault, inspirado em Blanchot, chamou de "pensamento do fora", era resistência e alternativa não à sociedade em geral, essa abstração sociológica, mas a algo muito preciso de nossa modernidade, a saber: o niilismo que Nietzsche já diagnosticara, e cujas figuras demasiado humanas Foucault havia mapeado, por meio da análise das ciências do homem e das filosofias modernas. Com este livro fica mais compreensível a mudança do lugar da resistência, ou sua pulverização, e até sua total remodelação, tal como Foucault o pensou e exercitou ao longo de seu trajeto ulterior.

Muito antes de Foucault, Blanchot insistiu em que o espaço literário, esse "outro mundo" que Kafka habita, não é um além-mundo, sequer é um outro mundo, mas o *outro* de todo e qualquer mundo. Creio que a obra de Foucault, na sua passagem pela literatura e pela loucura, mas sobretudo no seu abandono delas, deu eco a isso que Blanchot chamou de *outro* de todo e qualquer mundo, ou de fora, ou de exterioridade. Com isto, ela nos ajuda a repensar o estatuto da exterioridade hoje, num momento em que esta sofre uma de suas mais assustadoras reversões e temos a impressão sufocante, em pleno capitalismo planetário, que se esgotou o campo do possível. Com efeito, por um bom tempo coube à literatura ou à loucura, ou às minorias, mas também em parte à revolução, encarnarem a promessa de um "fora absoluto". Este sonho caducou, felizmente ou infelizmente. Ao reler o trajeto de Foucault tendo por pano de fundo essa questão contemporânea, em vez de perguntar nostalgicamente o que nos resta hoje da exterioridade que autores como Foucault nos legaram, seja por intermédio do tema da loucura ou da literatura, seria o caso de avaliar, à luz de seus saltos estratégicos, o quanto as exterioridades imanentes de que dispomos e que eles mesmos nos fizeram ver são capazes de ancorar nossa resistência ao intolerável ou favorecer a criação de novos possíveis. Ainda e sempre sob o signo do além-do-homem, cuja função estratégica, na obra de Foucault e para além dela, Roberto Machado tão bem circunscreveu em seu livro que agora vem a lume.

DELEUZE E A PÓS-MODERNIDADE

Embora Deleuze nunca tenha se considerado um pós-moderno, e até tenha ficado à margem do debate sobre o assunto, é compreensível que ele por vezes seja incluído nesse espectro teórico, ou pelo menos no rol de seus inspiradores. Afinal, ele ajudou a lançar ou reativar vários dos termos que circularam entre seus arautos nas últimas décadas, tais como diferença, multiplicidade, intensidade, fluxos, virtual, até mesmo simulacro... No entanto, se rastreamos a bibliografia a respeito do pós-moderno ou mesmo da pós-modernidade, seja ela filosófica, crítica ou apenas histórica, ficamos surpresos com a ausência quase absoluta de qualquer menção a Deleuze. Tome-se Jameson, Wellmer, Huyssen, Anderson, Eagleton, Harvey, Vattimo, para não falar em Habermas,[1] a omissão é tão generalizada que somos obrigados a reconhecer que, diferentemente de Lyotard, por razões óbvias, mas também de Foucault ou Derrida, Deleuze foi posto inteiramente à margem do debate. Longe de mim deplorar esta situação, muito menos corrigi-la. É preciso partir dessa constatação: Deleuze parece ser carta fora do baralho pós-moderno. Tal situação talvez se deva ao fato de que ele inventou suas cartas, outras regras, um novo jogo.

É conhecida a comparação feita por Deleuze e Guattari entre o xadrez e o go. O xadrez é um jogo de Estado: as peças são codificadas, elas têm propriedades intrínsecas e movimentos próprios. Os peões de go, ao contrário, são grãos, pastilhas, sem propriedades próprias, tudo depende da situação, do meio de exterioridade, de suas relações com nebulosas, constelações. O xadrez é uma guerra, mas institucionalizada, regrada, codificada, com um

---

[1] JAMESON, F. *Pós-modernismo — A lógica cultural do capitalismo tardio*. São Paulo, Ática, 1996; "Periodizando os anos 60", in BUARQUE DE HOLLANDA, Heloísa. *Pós-modernismo e política*, Rio de Janeiro, Rocco, 1991; WELLMER, A. "La dialetica de la modernidade y posmodernidad", in PICÓ, J. (org). *Modernidad y posmodernidade*. Madrid, Alianza, 1988; HUYSSEN, A. "Mapeando o pós-moderno", idem; e *Memórias do modernismo*, Rio de Janeiro, Editora da UFRJ, 1997; HARVEY, D. *Condição pós-moderna*. São Paulo, Loyola, 1970; EAGLETON, T. *As ilusões do pós-modernismo*. Rio de Janeiro, Jorge Zahar, 1998; HABERMAS, J. "Modernidad *versus* pósmodernidad", in Picó, op. cit; e *O discurso filosófico da modernidade*. São Paulo, Martins Fontes, 2000; VATTIMO, G. *O fim da modernidade*. Presença, Lisboa,1987; e *A sociedade transparente*, Lisboa, Edições 70, 1991. Devo a Celso Favaretto e Ricardo Fabbrini grande parte dessas indicações bibliográficas.

fronte, uma retaguarda, batalhas. O go, ao contrário, é sem afrontamento nem retaguarda, no limite sem batalha. Enquanto no xadrez se vai de um ponto a outro, no go se preserva a possibilidade de surgir em qualquer ponto. Ou seja, o movimento se torna perpétuo, sem destino, sem partida nem chegada.

Seria preciso ler a filosofia de Deleuze à luz dessas observações. Seus conceitos como peças de go espalhadas no tabuleiro contemporâneo. Aparentemente sem enfrentamento, no limite sem batalha. E no entanto, nos seus efeitos, capazes de aniquilar uma constelação conceitual ou pragmática. Mas de modo esquisito: não tratando de distribuir o espaço fechado da contemporaneidade nem guerreando no interior de suas polaridades reconhecidas e reconhecíveis (Deleuze tinha aversão pelo debate, e, aliás, por todo o *ethos* da discussão ou mesmo da comunicação), mas distribuindo-se num espaço liso que ele mesmo cria, preservando a possibilidade de surgir em qualquer ponto, sem sequer ser reconhecido, às vezes travestido ou invisível. Jogo a um só tempo divertido e perigoso, sutil e abrasivo, talvez por isso apto a trazer à tona o que está positivamente em jogo na nossa pós-modernidade, para além ou aquém das representações gerais, sejam melancólicas ou triunfantes, que ela constrói a seu próprio respeito. Pois em Deleuze não se ouvirá lamúrias nem profecias sobre o fim do sujeito ou da história, da metafísica ou da filosofia, das metanarrativas ou da totalidade, do social ou do político, da ideologia ou da revolução, do real ou mesmo das artes ("Jamais me preocupou a superação da metafísica ou a morte da filosofia, e quanto à renúncia ao Todo, ao Um, ao sujeito, nunca fiz disso um drama.")... E no entanto é já um outro espaço, uma outra paisagem, uma outra velocidade, um outro mundo. Cada uma das palavras de que a teorização contemporânea faz o luto pomposo, uma vez lançadas no tabuleiro de Deleuze rodopiam, ganham um novo sentido ou evaporam alegremente em favor daquilo que pedia passagem e que cabe à filosofia experimentar, a partir das forças do presente. Esse misto de jogo travesso e evasão afirmativa produziu uma sonoridade filosófica pouco sintônica com a música enlutada do pensamento pós-moderno. Nenhum *pathos* em relação à origem ou ao destino, nenhum ódio pelo mundo, nenhum ressentimento ou negatividade, mas tampouco complacência alguma em relação à baixeza do presente — sobretudo uma abertura extrema à multiplicidade contemporânea, aos processos que ela libera, aos devires que ela engendra.

Ao devolver o homem ao rizoma material e imaterial que o constitui, seja ele biopsíquico, tecnossocial ou semiótico, Deleuze e Guattari vêm desmanchar-se o rosto do homem-branco-macho-racional-europeu, padrão majoritário da cultura. *Mil platôs* é um exemplo vivo daquilo que os autores consideram a tendência, ou mesmo a tarefa da filosofia: elaborar um material de pensamento capaz de captar a miríade de forças em jogo e fazer do próprio pensamento uma força do Cosmos: o filósofo como um artesão cósmico. Uma tal prática filosófica tem todos os riscos de ser mal-entendida, sobretudo para quem espera um ponto de vista histórico-filosófico, a partir de uma exterioridade crítica ou reflexiva, mas também para aqueles que, ao contrário, contentam-se em descrever, num misto de melancolia e volúpia, o niilismo contemporâneo. O exercício imanente em Deleuze aposta numa outra postura, nem de exterioridade nem de aderência, nem catastrofista nem complacente — e sabemos o quanto essas polaridades são coniventes.

CAPITALISMO E IMANÊNCIA

Mas o que isso significa, nas condições concretas do capitalismo contemporâneo, com o qual a filosofia moderna entretém relações tão necessárias e ambíguas quanto a filosofia antiga com a cidade grega?[2] A resposta mais contundente se encontra no último texto escrito conjuntamente por Deleuze e Guattari. "A filosofia leva ao absoluto a desterritorialização relativa do capital, ela o faz passar sobre o plano de imanência como movimento do infinito e o suprime enquanto limite interior *vol-tando-o contra si, para chamá-lo a uma nova terra, a um novo povo.*"[3] Ora, tudo aqui deveria ser pensado cuidadosamente, a diferença entre desterritorialização relativa do capital e desterritorialização absoluta da filosofia (e a relação de ambas com a potência absoluta de desterritorialização do desejo), a capacidade do conceito de adquirir um movimento infinito, de construir um plano de imanência, de suprimir o limite interior do capital voltando-o contra si, a vocação da filosofia de chamar por uma nova terra e por um novo povo etc. Em todo caso, o pensamento de Deleuze deveria ser avaliado a partir dessa posição político-filosófica, muito pouco pós-moderna, a julgar por aqueles que se fizeram seus expoentes. Pois há aqui uma espécie de crença no conceito (é a ingenuidade que Deleuze reclama para si, e que faz dele, aos olhos de alguns, um "metafísico"), crença no mundo (isto é, nas suas possibilidades, que caberia às artes, entre outras, nos devolver), a evocação da resistência ("resistir à morte, à servidão, ao intolerável, à vergonha, ao presente"), a defesa da criação ("criar é resistir"), o chamamento de um "povo por vir" (que cabe à filosofia favorecer, embora não esteja ao seu alcance criar). Enfim, vários termos banidos do ideário pós-moderno têm aqui inteiramente

---

[2] "Com efeito, a conexão da filosofia antiga com a cidade grega, a conexão da filosofia moderna com o capitalismo, não são ideológicos, e não se contentam em levar ao infinito determinações históricas e sociais, para extrair daí figuras espirituais. ... Mas, para o bem da filosofia moderna, esta não é mais amiga do capitalismo do que a filosofia antiga era da cidade" (DELEUZE, G. e GUATTARI, F. *O que é a filosofia?* São Paulo, Editora 34, 1992, p. 129).

[3] Idem, p. 130.

preservada sua dignidade: mundo, povo, resistência, criação, arte, filosofia. Mas ao mesmo tempo é já uma outra paisagem, dessubjetivada, isenta de qualquer voluntarismo, humanismo, iluminismo, fé no progresso ou na emancipação universal, noções que a pós-modernidade tanto se vangloria de ter superado. Talvez toquemos aí numa dimensão paradoxal da filosofia deleuziana, dificilmente assimilável hoje — esse misto de construtivismo e *amor fati*, de utopia e desutopia.

Utopia é o nome que dá Deleuze à desterritorialização absoluta, mas naquele ponto crítico em que esta se conecta com o presente, e com as forças abafadas por ele. A utopia não aspira a um ponto no futuro, um ideal a ser alcançado, um sonho a ser atingido, mas designa o encontro entre um movimento infinito e o que há de real aqui e agora (não é isto precisamente o desejo?), entre o conceito e as forças do presente que o estado de coisas atual não deixou vir à tona.[4] Marx e Engels deram uma definição de comunismo semelhante: "nem um *estado* que deve ser criado, nem um *ideal* sobre o qual a realidade deve se regular. Chamamos de comunismo o movimento *real* que abole o estado atual". No presente contexto, esta questão se coloca da seguinte maneira: cabe ao conceito (mas não só a ele, obviamente) liberar a imanência de todos os limites que o capital lhe impõe. É onde vemos afirmar-se uma relação nova da filosofia com o capitalismo, que suscitou os piores mal-entendidos, desde o primeiro volume de *Capitalismo e esquizofrenia* até, mais recentemente, a presença de uma matriz deleuziana no portentoso *Império*, de Negri e Hardt, passando pela utilização desabusada do termo rizoma pelo capitalismo dito conexionista ou até rizomático. Há momentos em que esses mal-entendidos lembram aquilo que Deleuze notava a respeito de Heidegger, ao assinalar que todos os conceitos comportam "uma zona cinza e de indiscernabilidade, onde os lutadores se confundem um instante sobre o solo, e onde o olho cansado do pensador toma um pelo outro: não somente o alemão por um grego, mas o fascista por um criador de existência e de liberdade".[5]

É o que alguns criticaram em *O Anti-Édipo*, sem compreender o sentido de seu movimento paradoxal. Pois ao dizer que ainda não fomos longe o suficiente na desterritorialização, na descodificação generalizada, na dissolução de nosso contorno humano, demasiado humano, e ao exultar com a reconfiguração maquínica, a molecularidade inumana, as recombinações que o capitalismo liberava, os autores indicavam também o seu reverso, a saber, a que ponto isso era refreado pelas reterritorializações familialistas, edípicas, partidárias, autoritárias, e sobretudo pelas axiomatizações capitalísticas. O teor imanente

---

[4] Idem, op. cit., p. 130. Deleuze mesmo, no entanto, se pergunta se utopia é o melhor termo. Em todo caso, ele distingue as utopias imanentes, libertárias e revolucionárias, por um lado, das utopias "ameaçadas pela restauração da transcendência", totalitárias, religiosas, estatais. Cf. os comentários de René Scherer sobre essas passagens, em *Un parcours critique*, Paris, Kimé, pp. 210-217.
[5] Idem, op. cit., p. 41.

não deixava dúvidas quanto ao sentido da maquinária teórica ali construída, e suas implicações pragmáticas, que ressoavam com o experimentalismo artístico, existencial e político saído de Maio de 68, levando ainda mais longe o impulso de reinventar os agenciamentos sociais. Ao embaralhar as cartas, do desejo e da economia, do homem e da máquina, da natureza e da cultura, do molecular e do molar, e pressentindo o grau de hibridação que as décadas subsequentes apenas intensificariam, os autores inventavam uma nova maneira de sondar o presente, detectando nele o intolerável não a partir de uma universalidade desacreditada, mas a partir das forças que neste presente pediam novos modos de existência.

Assim aparece melhor a função da filosofia: sondar o feixe de forças que o presente obtura ou bloqueia, fazer saltar as transcendências que o assediam, acompanhar as linhas de fuga por toda parte onde as pressentimos, construir um plano de imanência que devolva à virtualidade sua dignidade, ali onde ela se conecta com o aqui e o agora. A partir daí se está em condições de prospectar agenciamentos inéditos, novas distribuições de afecto e acontecimentos singulares. Eis o sentido da filosofia que Deleuze nos legou, e que a pós-modernidade ecoa com sinal invertido — como desrealização e niilismo, como indigência ontológica.

Mas há também, na perspectiva soberana do filósofo, um outro traço que o distancia da pós-modernidade — seu pensamento sobre o tempo. Ali onde outros veem melancolicamente a *perda do tempo*, ele encontra uma pluralidade temporal. Em contraste com o lamento sobre o esmaecimento da memória e a crise da historicidade, tão cara aos seus contemporâneos, Deleuze inventa uma modalidade cartográfica transversal à história. Ao liberar-se da tripartição do tempo em passado, presente e futuro, encadeados segundo um movimento centrado, a filosofia se libera do culto da origem ou do progresso, bem como das nostalgias ou esperanças de superação aí embutidas. Em todo caso, desde a perspectiva de um rizoma temporal, a própria ideia de um "pós" perde sua relevância, juntamente com o cortejo de pressupostos aí embutidos, sobre o suposto esgotamento, superação ou mesmo inacabamento de uma modernidade.

Se levamos em consideração o pensamento ontológico, ético, rizomático de Deleuze, compreende-se não só porque ele ficou alheio aos debates sobre o pós-moderno, mas porque seu legado permite, parafraseando Benjamin, escovar a pós-modernidade a contrapelo. Diante disso, poderíamos retomar a pichação feita num monumento em homenagem a Deleuze: *"Gilles, tu nous manques, mais on se débrouille"* (Gilles, você faz falta, mas a gente se vira).

DELEUZE, UM PENSADOR INTEMPESTIVO

O século 20 esteve às voltas com a questão do tempo de maneira especialmente obstinada. Bergson, Heidegger, Benjamin, para citar apenas alguns expoentes na filosofia, mas seria possível invocar Freud e seus epígonos, cuja influência não foi pouca nesse particular, e ainda assim deixando de lado autores da maior importância, nos domínios mais diversos. Cada um dos autores mencionados, em todo caso, tentou desvencilhar-se de uma concepção de tempo tradicional, que poderíamos chamar, grosso modo, de homogênea ou linear. Um critica o tempo espacializado e mensurável, o outro questiona o tempo reduzido à presença, isto é, à disponibilização manipulatória do ente, o terceiro põe em xeque o tempo como continuidade ininterrupta, o último recusa o tempo como um encadeamento causal — em suma, isto vai nas direções as mais variadas. Enquanto para uns importa a duração, para outros interessa sobretudo a relação com a origem ou a morte, isto é, com a finitude, ao passo que alhures o essencial está nas bruscas interrupções na continuidade do tempo histórico, ou ainda o trânsito com o que ficou soterrado no passado etc. Tudo isso é excessivamente rico e complexo para poder ser abordado em poucas páginas, o que não dizer, em poucas linhas. De qualquer modo, talvez o que haja em comum nessas abordagens (e deixei de lado várias delas, também decisivas, como a de Husserl numa ponta, a de alguns pós-estruturalistas na outra, ou a de romancistas como Proust, historiadores e economistas, para não falar nos astrônomos, físicos e químicos, de Einstein a Prigogine) é uma recusa em aceitar a negação do tempo que tem presidido o pensamento filosófico. Alguns dirão que nisto vários pensadores os precederam. É provável. Talvez, porém, não conseguiram de todo escapar a uma tentação, a de se espelharem na eternidade que recusavam, fazendo ecoar, involuntariamente, a bela definição platônica do tempo como uma "imagem móvel da eternidade". Teria razão, então, Ferdinand Alquié, que via nessa especularização negativa com o eterno algo inevitável para qualquer filosofia do tempo: "O temporal não pode ser pensado senão em relação ao eterno, o eterno não é ele mesmo concebido senão por oposição à multiplicidade que lhe serve de matéria".[1] Independente do juízo que se faça a

[1] ALQUIÉ, Ferdinand. *Le désir d'éternité*. Paris, PUF, 1990, p. 95 (a primeira edição é de 1943).

respeito da observação de Alquié, podemos reconhecer sem dificuldade essa posição como dominante por um longo período da história do pensamento. Mesmo as filosofias que levaram em conta o tempo, ou que lhe deram alguma relevância, ou até primazia, o conceberam como mero instrumento para a revelação gradual de algo dado desde o início, seja de um sentido já presente desde a origem, seja de uma totalidade já anunciada na fonte, com o que o tempo forçosamente via-se reconduzido a uma posição ontologicamente secundária. Para dizê-lo da maneira a mais simplória: a representação do tempo como linha reta, como espiral ou mesmo como círculo, a exemplo de Hegel, não o livram da sombra de Platão. Talvez essa solidariedade entre tempo e eternidade na reflexão filosófica tradicional ajude a entender a posição de Deleuze a respeito, quando reivindica, contra esse par incontornável, os direitos do intempestivo. O intempestivo para Deleuze significa: nem o tempo nem a eternidade.[2]

Eu diria, grosseiramente, que jogar a eternidade fora não é pouca coisa, muito embora vários filósofos — e entre eles alguns dos mais eminentes do século — o fizeram, instalando-se diretamente *no tempo*. Mas desvencilhar-se da eternidade e no mesmo gesto *recusar o tempo* beira a total insanidade. Ainda mais quando sabemos a que ponto, segundo uma sólida tradição filosófica, tempo e história são pensados como coextensivos. Ou de fato estamos, com Deleuze, na sandice pura, ou sua recusa conjunta do tempo e da história, bem como da eternidade, se dá na exata medida em que, na modalidade hegemônica na qual tempo e história são concebidos, eles ainda espelham em demasia o eterno ao qual pensam contrapor-se, fingindo uma abertura da qual carecem e que a categoria do Intempestivo poderia, eventualmente, vir a oferecer. É o que eu gostaria de mostrar brevemente, em três movimentos desiguais, partindo de Nietzsche, claro, sem o qual essa discussão toda não teria o menor sentido.

A SEGUNDA INTEMPESTIVA

É preciso começar por uma incursão num dos textos de Nietzsche mais citados por Deleuze quando usa o termo *intempestivo*, a saber, a "Segunda Consideração Intempestiva", ou Extemporânea, conforme a preferência dos

---

[2] "Cabe à Filosofia moderna sobrepujar a alternativa temporal-intemporal, histórico-eterno, particular--universal. Graças a Nietzsche, descobrimos o intempestivo como sendo mais profundo que o tempo e a eternidade: a Filosofia não é a Filosofia da História, nem a Filosofia do eterno, mas intempestiva, sempre e só intempestiva, isto é, "contra este tempo, a favor, espero, de um tempo que virá". DELEUZE, Gilles. *Diferença e repetição*, Luiz Orlandi e Roberto Machado (trads.). Rio de Janeiro, Graal, 1988, p. 18. Para a posição de Hegel, ver LÉBRUN, G. *O avesso da dialética*. São Paulo, Cia. das Letras, 1988; ou ARANTES, P. *Hegel, a ordem do tempo*. São Paulo, Pólis, 1981. É especial, como se sabe, o lugar de Kant nesse conjunto (o tempo concebido como "forma").

tradutores (a tradução francesa diz: *Considérations inactuelles*), de 1874, e é intitulada "Da utilidade e desvantagem da história para a vida". Nietzsche explica no "Prefácio" que chamou seu texto de extemporâneo, ou intempestivo, por ele opor-se ao que sua época glorifica. E logo em seguida esclarece que pôde fazer sobre seu presente descobertas tais pois é discípulo de épocas mais remotas. A filologia clássica, que ele lecionava, só teria sentido se exercesse uma influência extemporânea, isto é — e aqui vem o que nos interessa —, se pudesse "agir contra o tempo, portanto sobre o tempo, e, espero eu, em favor de um tempo que virá". Esta é a frase que Deleuze retoma em contextos muito distintos.

Nietzsche inicia seu texto com uma deliciosa homenagem aos animais. O animal é aquele para quem cada minuto é ele mesmo. Por meio desse presente esquecediço, ele tem acesso à felicidade. Quão diferente é ele do homem que por toda parte carrega seu fardo de tempo e de passado, de lembranças, recordações, marcas, todo esse ter-sido, essa imperfeição memoriadora da qual apenas a morte pode livrá-lo. Só a morte pode trazer ao homem o livramento desse fardo, o esquecimento absoluto, mas obviamente a morte não pode trazer a felicidade pois quando chega leva embora a própria existência. Contra o peso excessivo do passado, ergue-se para o homem o umbral do instante, com o esquecimento que lhe é próprio e a felicidade que suscita. Atentemos para este moto: a condição da felicidade é o esquecimento, e o âmbito em que se dá tal esquecimento é o instante. O esquecimento, porém, não é um acidente que advém secundariamente na vida, ele é uma faculdade importantíssima para a própria vida, a faculdade de sentir as coisas fora de qualquer perspectiva histórica. Um certo esquecimento, mais até do que condição da felicidade, é a condição da própria vida e da ação que a acompanha. "Todo agir requer esquecimento." E mais adiante: "Portanto, é possível viver quase sem lembrança, e mesmo viver feliz, como mostra o animal: mas é inteiramente impossível, sem esquecimento, simplesmente *viver*".[3] O que seria a vida se o tempo todo nos lembrássemos, se ruminássemos nosso passado, se estivéssemos a ele atrelados, carregando-o por inteiro, que vida seria essa? Nietzsche insiste em que há um grau de insônia, de sentido histórico, de consciência histórica, de ruminação histórica que faz mal para a vida, em que o ser vivo sofre prejuízo, seja ele um indivíduo, um povo, uma civilização. É a hipertrofia do sentido histórico, e sua nocividade. Borges tem um belo conto sobre o homem que recordava de tudo, não só de "cada folha de cada árvore

---

[3] NIETZSCHE, F. *"Considerações extemporâneas"*, II, § 4", in *Obras incompletas*, Rubens Rodrigues Torres Filho (trad.). São Paulo, Abril Cultural, col. Os Pensadores, n. XXXII, p. 66. Vários trechos referidos na sequência não estão incluídos na edição brasileira, casos em que a nota de rodapé remete ao parágrafo em vez da página. Nesses casos, reportar-se à versão alemã (*Unzeitgemäße Betrachtungen, II*, KSA, Band 1. Berlin, Walter de Gruyter & Co, 1988), ou à francesa (*Considérations inactuelles*, I et II. Paris, Gallimard, 1990), ambas editadas por G. Colli e M. Montinari.

de cada monte, como também cada uma das vezes que a tinha percebido ou imaginado": Funes o Memorioso.[4] Como então não tornar-se um Funes, um funesto coveiro de seu próprio presente, e desenvolver, ao contrário, a *força plástica* do presente de tal modo que ela seja capaz precisamente de digerir o passado, de transformá-lo em vez de ser aplastada por ele?

Ao diagnosticar o excesso de história do qual sofria sua época, Nietzsche diz: "O homem moderno acaba por arrastar consigo uma quantidade descomunal de indigestas pedras de saber, que ainda, ocasionalmente, roncam na barriga"(...).[5] E completa: "de nós mesmos, nós modernos não temos nada; é somente por nos enchermos e abarrotarmos com tempos, costumes, artes, filosofias e religiões alheios que nos tornamos algo digno de atenção, ou seja, enciclopédias ambulantes"(...).[6] Nesse excesso de saber, de erudição, de história, de pesadume, Nietzsche critica não só o entrave estéril, o peso morto, a danosa hipertrofia da memória, mas também o que ele chamou de um "saber em torno da cultura", um pensamento sobre a cultura, um "sentimento-de-cultura", em contraposição ao que seria uma "decisão-de--cultura", uma *cultura efetiva*. Tudo isso é absolutamente luminoso, mesmo passado mais de um século.

Nietzsche não diz, porém, que é preciso esquecer tudo, fazer tábula rasa, fingir que o passado não existe (basta atentar para as "vantagens" da história referidas pelo título): ele sublinha apenas que a vida, ao privilegiar o presente, opera uma seleção, uma parcialidade, uma ignorância necessárias, ela dá mostras de uma injustiça em relação ao passado que é precisamente a justiça do presente, da imediatidade do querer e do desejo (e eu sublinho aqui a palavra desejo, nesse contexto, a ser retomada mais à frente). O esquecimento de que a vida e o presente dão provas, essa não-historicidade inevitável não é um defeito, mas uma atmosfera protetora, sem a qual, diz ele, a vida sequer poderia aparecer ou manter-se. Ao ignorar a perspectiva histórica, a vida produz um falseamento necessário à vida, e permite a supremacia do instante na topografia do tempo. Apenas quando é forte o suficiente para utilizar o passado em benefício da vida é que o homem torna-se efetivamente homem, diz Nietzsche. Curiosa inversão: não é a memória que faz do homem o homem, mas um certo esquecimento, diferente, no entanto, do esquecimento do animal.

A descrição desse instante em que o homem é arrebatado ao círculo da memória e do tempo é dos mais impactantes: "É o estado o mais injusto da terra, limitado, ingrato com relação ao passado, cego aos perigos, surdo às advertências, um pequeno turbilhão de vida em meio a um oceano congelado

---

[4] BORGES, J.L. "Funes el memorioso", in *Ficciones*. Buenos Aires, Emecé, 1989.
[5] NIETZSCHE, F., op. cit., p. 70.
[6] Idem, p. 71.

na noite e no esquecimento: e no entanto, este estado — absolutamente não histórico, anti-histórico — não engendra apenas a ação injusta, mas também todo ato de justiça; e nenhum artista realizará sua obra, nenhum general alcançará sua vitória, nenhum povo conquistará sua liberdade se não os tiverem antes desejado e perseguido num tal estado de não-historicidade."[7] Há aí um misto de falta de escrúpulos, de inconsciência, de cegueira, de injustiça com o que precede, e de tal modo que o único direito que esse instante reconhece é "o direito daquilo que deve agora nascer". Ou seja, direito do futuro: a justiça do futuro.

Deixemos de lado o trecho mais conhecido desse texto, sobre os três tipos de história que Nietzsche discrimina, a história monumental, a história antiquária, a história crítica, com suas vantagens e desvantagens, para concentrar-nos nas críticas que Nietzsche tece ao culto da História, essa veneração da História enquanto um processo racional, como a encarnação progressiva da Razão, espécie de teologia camuflada. Acredita-se na potência da História como se acredita na potência de Deus, de modo que o respeito pelos fatos, pelo seu encadeamento necessário, pelo seu sentido dado, desemboca num respeito pelo fato em si, pela potência do fato, que nada mais é do que um respeito pelas potências que têm interesse em que se respeite os fatos, a saber, os governos, os estados, as igrejas, os mandarins —, todos aqueles que ditam os fatos. Nietzsche despreza o que em algum momento ele chamou de "faitalismo", essa mania de aceitar o que é, pois assim deve ser, porque a história assim o manda, o que implica em curvar-se diante dela e enterrar-se junto com seu rolo compressor. É preciso denunciar os tipos de história que abortam o que "é novo e está em vias de nascer", como diz ele, mesmo que o novo ofenda o que existe, sendo inevitavelmente impiedoso.

Uma visão neutra, objetiva, científica, que pretende ser justa, igualitária, asséptica ignora, precisamente, que as coisas acontecem na paixão, na crença desmedida, na sombra, no gosto pela ilusão, na parcialidade, segundo uma perspectiva interessada, amante, instintiva. O homem, diz Nietzsche, cria quando ama, quando mergulha na ilusão do amor, quando acredita de maneira incondicional em algo de justo e perfeito. Todo ser vivo, acrescenta ele ainda, precisa estar envolto num véu de mistério, sem o que ele fica privado de ar. O espírito científico da história árida corta o instinto de sua vitalidade, de sua força, de sua garra, privando-o da ilusão necessária, da cegueira, da parcialidade, tentando desfazer precisamente esse véu de mistério de que o presente necessita como condição para a ação. Nietzsche chega a dizer que "cessa de viver tudo o que é dissecado até o fim". Mesmo a filosofia, subserviente à polícia, à política, aos governantes, às Igrejas, aos Estados, às Academias, às morais, acaba na sua covardia reduzindo-se a

[7] Idem, § 1.

um simples verniz de erudição. Máquinas de pensar, de escrever, de falar, nada mais. E assim como se maltrata o passado ao ressequi-lo, também se maltrata o presente. Nos diversos domínios, apenas algo surge e já se explica o itinerário passado, a evolução futura, compara-se, disseca-se, interroga-se, se o decompõe, se o corrige ou julga — se faz de tudo para evitar precisamente o que mais importa, que a obra tenha seu efeito, sobre a vida e sobre a ação.

Então vem a pergunta: que tipo de história seria possível que não representasse essa neutralidade estéril, empoeirada, desvitalizante e anti-instintiva, que tipo de historiografia poderia, ao contrário, estar precisamente a serviço de um instinto construtivo, a serviço da vida? Quando Nietzsche evoca a história crítica, ele lembra que o homem não consegue viver se não tem a força de quebrar e dissolver uma parte de seu passado, de deixar que a vida presente, essa "potência obscura (...) insaciavelmente sedenta de si mesma", julgue e condene seu passado. Essa vida que julga o passado não pode ser justa, ela é sempre parcial, não está calcada no conhecimento, mas num preceito mais elementar, já formulado por Goethe, o de que tudo que nasce *merece* perecer. Viver e ser injusto são uma e mesma coisa.

A interpretação do passado, de qualquer maneira, deve sempre vir de uma força do presente, mas igualmente de uma luta contra o presente. O juízo histórico deve ser uma preparação, uma limpeza de terreno para o que se está construindo, para aquilo que o instinto criador tem capacidade de engendrar. Daí essa oposição, num certo momento, entre por um lado a história como um exercício científico, insosso, neutro, objetivo, e a arte, como a criação no presente. E é apenas se a história suporta ser transformada em obra de arte, em criação, que ela pode despertar os instintos, e não aniquilá-los. É só se deixarmos de nos comportar com a história como se fôssemos eunucos, que a olham de modo castrante e castrado vigiando-a para que dela saiam apenas histórias, só se deixarmos de ser estes guardiães impotentes é que dela poderemos liberar, em vez de histórias, acontecimentos. De um lado está a história, de outro, o acontecimento.

De todo modo, contra a tirania do "é assim" histórico, "faitalista", há um "deve ser assim", um desejo de fundar uma nova raça. "Não levar sua geração ao túmulo, mas fundar uma nova geração", eis o apelo de Nietzsche. Nova geração, nova raça — Deleuze dirá: um povo que falta. E Nietzsche pergunta se nosso tempo seria um tempo fundador. Um tempo fundador deve poder desembaraçar-se de uma tradição, deve poder livrar-se da obrigação de se curvar ao "assim foi", deve poder, em vez de recitar o Penso, logo existo, dizer Vivo, logo penso. Devolver o pensamento ao caráter vivente do homem. Nietzsche assim o formula: Deem-me primeiro a vida, eu daí vos extrairei uma civilização. Todo o desafio é fazer com que o passado possa nutrir a vida, não esvaziá-la. Só então pode uma força presente, o que Nietzsche chamou de uma força não-histórica, não submetida aos fatos presentes, ao processo universal do qual supõe-se que esse presente faça parte, uma força com a capacidade de esquecer, só então pode essa força impor-se. O fato é estúpido, e a virtude é revoltar-se contra o poder cego dos fatos, a tirania do real, as leis que se lhe atribui.

Quando no último capítulo de seu texto Nietzsche retoma o que entende por força não-histórica, ele esclarece: "faculdade de esquecer e de fechar-se num horizonte limitado". Apenas com esta saúde pode abrir-se a via para uma potência ativa — potência de luta, de dissolução, de desagregação — e um sentimento mais intenso da vida, realizando por fim o acordo almejado entre a vida e o pensamento.

O conselho de Nietzsche, ao olhar o passado a partir da mais alta força do presente — único ponto a partir do qual é legítimo interpretar o passado —, é o de ler, por exemplo na vida dos grandes homens, a injunção suprema à qual obedeceram — a de escapar à coleira do tempo. Por conseguinte, não cabe relacionar *Fulano e seu tempo*, mas considerar *Fulano* como um *lutador contra seu tempo* —[8] o que obviamente aplica-se a Nietzsche e à sua filosofia como um todo.

DELEUZE

Ao atravessar rapidamente e de maneira apenas evocativa alguns dos enunciados desse texto seminal de Nietzsche, ficamos surpreendidos em constatar a que ponto a presença deles é marcante na obra de Deleuze. Tudo o que se colheu aqui foi retomado por Deleuze, de uma maneira ou de outra, ao longo de seu trajeto: a tarefa da filosofia, a relação entre pensamento e vida, a função vital da interpretação, o paradigma estético ("criador"), a insistência em desprender-se do círculo da memória, o privilégio do instante, a injustiça e a impiedade do novo, a ética do futuro, a raça do porvir, a crítica ao efeito esterilizante do balanço "histórico" daquilo que apenas está em vias de nascer, a diferença entre História e Acontecimento (ou História e Devir), a suspeita em relação à História, ou à dialética que ela pressupõe, ou à prioridade da História sobre a vida etc.[9] Mas também — e é este o ponto sobre o qual eu gostaria de me deter —, através da leitura desse texto de Nietzsche, pode-se entender a suspeita em relação à prevalência, não menos perniciosa, do *presente* sobre a vida, do *peso* do presente, do presente como *fato consumado*, o presente como a *encarnação do processo*.

[8] Idem, § 6.
[9] Para vários desses temas, remeto a estudo anterior: PELBART, P.P. *O tempo não-reconciliado*, São Paulo, Perspectiva, 1998.

É onde o Intempestivo ganha uma função inequívoca. Pois a primeira determinação do Intempestivo na leitura que faz Deleuze de Nietzsche é sua relação insólita com o presente. Deleuze enfatiza a tarefa crítica da filosofia, contrapondo-a ao cortejo de traições de que ela é presa, e que tornam o filósofo um filósofo da religião, do Estado, "o colecionador dos valores em curso, o funcionário da história".[10] Nas páginas dedicadas à nova imagem do pensamento que se depreende da filosofia de Nietzsche, Deleuze insiste no fato de que enquanto a filosofia tiver por objeto o verdadeiro universal e abstrato, enquanto conceber-se como ciência pura, sem considerar as *forças* reais que fazem o pensamento, continuará guardiã da ordem estabelecida e dos valores em curso, no presente, bem entendido: jamais fará mal a ninguém. E o que vale um pensamento que não machuca ninguém? É o pensamento do eunuco, para retomar a imagem nietzschiana.

Se Nietzsche renovou a imagem do pensamento, é porque lhe deu um novo objeto. Não a verdade, mas o valor e o sentido. Não se trata mais de estabelecer a diferença entre o verdadeiro e o falso, porém entre o nobre e o vil, o alto e o baixo, segundo a natureza das forças que se apropriam do pensamento.[11] Há toda uma topologia que deve preceder os conceitos e sua avaliação: perguntar-se a qual região pertence tal ou qual emissão de conceito, tal ou qual verdade, tal ou qual falsidade. A filosofia, assim, recebe a tarefa ética de denunciar a baixeza do pensamento.

Mas a baixeza é a baixeza de cada tempo, *é a baixeza do presente*. E não é em nome do eterno e de suas altas verdades que cabe contrapor-se ao próprio tempo e às suas baixezas: "no intempestivo há verdades mais duráveis do que as verdades históricas e eternas reunidas: as verdades do tempo por vir. Pensar ativamente é "agir de maneira intempestiva, portanto contra o tempo e por isso mesmo sobre o tempo, em favor (eu o espero) de um tempo que virá".[12] Numa versão que dá a distância desse intempestivo em relação a outra tradição filosófica, lemos: "Cabe à filosofia não ser moderna a qualquer preço, muito menos intemporal, mas destacar da modernidade algo que Nietzsche designava como o *intempestivo*, que pertence à modernidade, mas também que deve ser voltada contra ela — "em favor, eu o espero, de um tempo que virá". Não é nos grandes bosques nem nas veredas que a filosofia se elabora, mas nas cidades e nas ruas, inclusive no que há de mais *factício* nelas."[13] Com o Intempestivo, Nietzsche teria dado à filosofia esse seu tempo próprio a

---

[10] DELEUZE, G. *Nietzsche e a filosofia*, Edmundo F. Dias e Ruth J. Dias (trads.). Rio de Janeiro, Editora Rio, 1976, p. 88.
[11] 11) Idem, pp. 85-6.
[12] 12) A frase de Nietzsche é citada por Deleuze entre outros em *Nietzsche e a filosofia*, op. cit., p. 88; *Diferença e repetição*, p. 18; *O que é a filsoofia*, p. 144. Respeitamos as pequenas nuances de tradução da fórmula.
[13] 13) DELEUZE, G. *Lógica do sentido*. São Paulo, Perspectiva, 1982, p. 270.

partir do qual pode ela contrapor-se ao presente da cidade sem invocar o eterno: o instante que, enlaçado ao futuro, volta-se contra o presente.

Porém de onde viria o Intempestivo, se não do presente mesmo que ele combate, ou do passado que ele recusa? A resposta é das mais enigmáticas, para não dizer nebulosa. Deleuze cita Nietzsche, para lembrar que o Intempestivo é fruto de uma *nuvem não-histórica*. Já vimos o que significa tal nuvem para Nietzsche: um grau de ilusão, de cegueira, de parcialidade, de horizonte restrito, de ignorância, de esquecimento, ou seja, de mistério, todo esse envoltório necessário para que o tempo se incline inteiro diante do instante da vida, nutrindo sua irrefreável paixão, credulidade, determinação, ousadia, amor por aquilo que está por vir, bem como sua injustiça e impiedade em relação ao que já existe ou o que existia anteriormente. Isso tudo está presente em Deleuze e na leitura que faz de Nietzsche. Bastaria pensar em como ele ressalta, na filosofia de Nietzsche, a suspeita em relação ao presente (e seus compromissos), ao passado (e seu fardo), à História (e sua suposta necessidade e real mediocridade), fazendo ver a diferença entre história e acontecimento, entre história e devir — e aqui poderíamos nos estender nessa diferenciação, com todas as consequências políticas que ele daí extraiu, juntamente com Guattari.

Ainda assim, tudo isso parece insuficiente para esclarecer o que entende Deleuze por essa nuvem não-histórica em que algo novo vem à tona, e saber a que ponto sua concepção corresponde minimamente aos poucos elementos coletados no mencionado texto de Nietzsche, para além de qualquer questão sobre "fidelidade" na interpretação, pergunta pouco nietzschiana e nada deleuziana.

O VIRTUAL E A NUVEM NÃO-HISTÓRICA

Num procedimento consentâneo com a prática filosófica de Deleuze eu me permito, a partir da dificuldade exposta acima, um salto mortal, forçando a ponte com um dos últimos escritos de Deleuze, intitulado *O atual e o virtual*, publicado como apêndice à nova edição do *Dialogues*. Ressalte-se que a atmosfera desse curto escrito — de onde está ausente qualquer referência à história, ao passado, ao intempestivo — não é exatamente nietzschiana. E, aliás, como vários de seus últimos escritos curtos, é um texto mais amarrotado, mais ziguezagueante, mais abrupto e condensado que os demais saídos de sua pena.

Todo atual, diz o filósofo nesse texto, cada ser ou objeto, está cercado por uma "névoa de imagens virtuais".[14] Mas por que seriam essas imagens que

---

[14] DELEUZE, G. "O atual e o virtual", in ALLIEZ, Eric. *Deleuze filosofia virtual*. São Paulo, Editora 34, 1996, p. 49.

circundam cada ser ou objeto chamadas de virtuais? Pois, diz Deleuze, sua "emissão e absorção, sua criação e destruição acontecem num tempo menor do que o mínimo de tempo contínuo pensável". É algo além do tempo, tão saltitante, molecular, que não é visível nem enfeixável por um contorno temporal pensável. Essas imagens são ditas virtuais sendo que "essa brevidade as mantém (...) sob um princípio de incerteza ou de indeterminação". Cada atual está rodeado por uma névoa de imagens virtuais, que na sua velocidade específica, na sua brevidade instrínseca, na incerteza e na indeterminação que lhes é própria, na efemeridade que as caracteriza, obedecem ao princípio da inconsciência. O inconsciente, aqui, não está situado no interior de cada sujeito, à maneira de uma instância psicológica estruturalmente sedimentada, e sim na exterioridade de cada coisa do mundo, porém em coalescência com ela: inconsciente ontológico, molecular e nômade, em que nasce o acontecimento. A poeira virtual, mais do que apenas rodear cada coisa, contém as forças em vias de atualização nesta coisa. Como atentar para as forças que estão em vias de atualização, se elas ainda são imperceptíveis? E como enxergar um atual em meio à poeira virtual como um caso particular dessa mesma poeira virtual que o engendrou? Como devolver aquilo que é atual, como o diz Pierre Lévy, à sua névoa de virtual, a fim de fluidificar "as distinções instituídas, aumenta[r] os graus de liberdade, cava[r] um vazio motor..."? Virtualizar, diz ele, na esteira de Deleuze. Como atingir esses "flutuantes nós de acontecimentos" (Alliez) que podem se desdobrar das maneiras mais inesperadas?[15]

Não pretendo responder a perguntas tão complexas, mas caberia ao menos deixar indicado a que ponto elas guardam uma conexão secreta com aquilo que apresentamos no início a respeito de Nietzsche. Espero não estar torturando demais o texto de Deleuze ao compreendê-lo como uma maneira singular de dar um conteúdo positivo à ideia nietzschiana de *nuvem não-histórica* como condição para que a vida extraia o novo, ou crie a diferença. Mas a nuvem não-histórica e a nuvem virtual só podem ressoar caso forem evocados os diversos outros elementos conceituais que entram nessa composição (os vários "componentes" que fazem um conceito): a multiplicidade virtual extraída de Bergon, o campo pré-individual concebido por Simondon — o bolsão de *apeiron* que cada ser carrega consigo, esse reservatório de ilimitado para reconfigurações futuras —, e mesmo a ideia de "meio" que Deleuze utiliza nas passagens luminosas sobre o cinema naturalista. Seria longo esmiuçar essa constelação conceitual no espaço desse texto, mas é indispensável ao

[15] LÉVY, Pierre. *O que é o virtual?*. São Paulo, Editora 34, 1996, p. 18; ALLIEZ, E. *Deleuze filosofia virtual*, op. cit. Ver a respeito, também, ORLANDI, Luiz B.L. "Pulsão e campo problemático", in *As pulsões*. São Paulo, Escuta, 1995; "Nuvens", in *Ideias*. Campinas, IFCH-Unicamp, ano 1, n. 1, jan./jun. 1994; e "O indivíduo e sua implexa pré-individualidade", in *O reencantamento do concreto*. São Paulo, Hucitec, 2003, Cadernos de Subjetividade.

menos ter em conta esse pano de fundo para retomar o tema do intempestivo do qual partimos.

Ora, não caberia justamente ao Intempestivo reconectar com a nuvem virtual compreendida como uma tal reserva, meio, ilimitado, inconsciente, essa multiplicidade virtual, nem atualizada nem empírica? Já que em Deleuze não podemos nos furtar a aproximações bruscas e acoplamentos inusitados (Bergson, Simondon, Nietzsche, o naturalismo etc.), acrescentemos um exemplo a mais onde esse conjunto ganha uma designação inusitada. Em *O Anti-Édipo* o Intempestivo, ou o díspar, recebe o nome curioso de *esquiza*, "cuja única causa é o desejo, quer dizer, a ruptura de causalidade que força a reescrever a história imediatamente real e produz esse movimento estranhamente polívoco em que tudo é possível [...] Resta que a esquiza não veio a existir senão por um desejo sem meta e sem causa que a traçava e a esposava. Impossível sem a ordem das causas, ela só se torna real por alguma coisa de outra ordem: Desejo, o desejo-deserto, o investimento de desejo revolucionário".[16] Insistamos nesta relação necessária que a irrupção intempestiva guarda com um plano aqui chamado de desejo, ali de meio, acolá de inconsciência, ou ainda de nuvem não-histórica, ou até de virtual — sempre uma *reserva* para um deslocamento, para uma reviravolta.

SUPLEMENTO DE POSSIBILIDADE

Uma parábola judaica sobre o reino messiânico diz o seguinte: para instaurar o reino da paz, não é em absoluto necessário destruir tudo, nem dar nascimento a um mundo totalmente novo; basta deslocar *apenas* esta xícara ou esse arbusto ou esta pedra, fazendo o mesmo para cada coisa. Mas este *apenas* é tão difícil de realizar que no que concerne a nosso mundo, os homens são disso incapazes, daí a necessidade do Messias. Essa é a versão da parábola tal como foi contada por Ernst Bloch, que a ouviu de Walter Benjamin, que a colheu de Gershom Scholem, que a foi buscar nos *hassidim*. A versão relatada por Benjamin é ligeiramente diferente: "Os hassidim contam uma história sobre o mundo por vir, que diz: Ali tudo será precisamente como aqui. Nosso quarto permanecerá no mundo por vir tal como ele é agora; onde agora dorme nosso filho, é ali que ele dormirá igualmente no outro mundo. E as roupas que vestimos hoje neste mundo, nós a portaremos igualmente naquele. Tudo permanecerá como agora, *apenas* modificado".

Giorgio Agamben comenta essas versões em seu belo *La communauté qui vient*. Segundo ele, a ideia de que o Absoluto almejado seria, no fundo, idêntico a esse mundo que habitamos, não é nova, já os lógicos hindús diziam:

---

[16] DELEUZE, G. e GUATTARI, F. *O Anti-Édipo*, op. cit., p. 480.

"Não há a mínima diferença entre o *nirvana* e o mundo." O novo estaria nesse ínfimo deslocamento que se insinua no mundo messiânico, difícil de explicar.[17] Pois essa nuança não diz respeito a circunstâncias reais, em que o nariz do felizardo seria um pouco mais curto, ou o copo se deslocaria na mesa exatamente meio centímetro, ou o cão, lá fora, cessaria de latir. Este ínfimo deslocamento não alude ao estado das coisas, mas a sua significação e a seus limites. Não se refere às coisas mesmas, mas ao jogo entre elas, à sua periferia. A parábola introduz uma possibilidade ali onde tudo é perfeito, ela introduz uma diferença ali onde tudo parece para sempre acabado, e é essa, precisamente, a aporia. Como pensar uma diferença, uma maneira outra de estar, ali onde tudo parecia definitivamente consumado? Agamben evoca uma auréola que envolveria cada coisa, essa zona de possibilidade e de realidade, onde potência e ato já não podem ser distinguidos. É como se o ser que chegou ao seu acabamento, esgotando suas possibilidades, recebesse um suplemento de possibilidade. O autor ainda acrescenta: cada coisa recebe uma beatitude, que consistiria justamente em ganhar uma potência que chega depois do ato.

Ainda que a auréola evocada por Agamben, no rastro de Benjamin, não corresponda à névoa virtual de Deleuze, muito menos à nuvem não-histórica de Nietzsche, pode-se presumir que todas elas tentam responder, nas condições históricas do presente, ao desafio filosófico de pensar, seja pela via da *vida*, do *desejo* ou da *beatitude*, as condições de possibilidade não de um outro mundo, como diria Blanchot, mas do "outro" de todo mundo.

---

[17] AGAMBEN, G. *La communauté qui vient*, op. cit., pp. 56-8.

PARTE VIII
NIETZSCHE

NIETZSCHE E A POSTERIDADE LITERÁRIA

Em meio ao estrondo das bombas despejadas sobre a França no fim da Segunda Guerra Mundial, o escritor e ensaísta Georges Bataille tentava aprontar um livro sobre Nietzsche para a ocasião do centenário de seu nascimento. A homenagem naquelas circunstâncias tinha um sentido político claro, na linha da revista *Acéphale*: resgatar Nietzsche da abjeta apropriação nazista. Mas havia razões menos conjunturais. "Salvo poucas exceções, minha companhia sobre a terra se reduz a Nietzsche... Blake ou Rimbaud são pesados e suspeitos. A inocência de Proust, a ignorância em que se manteve dos ventos de fora, o limitam. Só Nietzsche foi solidário a mim ao dizer *nós*."[1] Bataille inaugurava assim algo que marcaria boa parte da vida intelectual francesa da segunda metade do século: uma "constelação espiritual" em torno do nome de Nietzsche. Hoje podemos dizer que aos repetidos apelos do filósofo por "espíritos livres", um punhado de vozes solitárias respondeu muitas décadas mais tarde, do outro lado do Reno, constituindo uma comunidade de pensadores, libertária e heterogênea. Dela fizeram parte, cada um à sua maneira, Bataille, Blanchot, Klossowski, Foucault, Lyotard, Deleuze, Derrida, mas também artistas, poetas e romancistas anexados a essa "constelação" sem que forçosamente tenham lido Nietzsche, tendo alguns vivido até mesmo antes dele. Artaud, Van Gogh, Sade, Hölderlin, Blake, Nerval, Lautréamont, talvez também Céline, Kafka, depois Beckett — "descendentes" de Nietzsche! Que sentido dar a essa genealogia fabulosa? Estaríamos apenas diante de uma disparatada série dos "malditos", num lírico agregado de desarrazoados em busca de um pai-fundador, ou, ao contrário, nascia uma constelação original do pensamento, que ainda exerce sobre nossa atualidade uma pressão corrosiva e liberadora? A que se deve, sendo este o caso, que essa nebulosa tenha sido colocada sob o signo maior do nome de Nietzsche? Que viés tal leitura privilegiou no filósofo para constelar nomes tão díspares, validando uma nova porosidade entre filosofia e literatura?

Uma cautela se impõe de imediato: não se trata de medir a "influência" de Nietzsche sobre um punhado de pensadores e escritores deste século, como

---
[1] BATAILLE, Georges. *Sobre Nietzsche. Voluntad de suerte*. Madrid, Taurus, 1986, p. 31.

se a relação entre o passado e o presente obedecesse a um encadeamento linear, de causa a efeito.[2] É preciso conceber esta relação como uma via de mão dupla: uma geração de pensadores, alguns ditos nietzschianos, se inspira nas ideias, no tom, no exemplo de Nietzsche, mas ao mesmo tempo "constrói" um Nietzsche à sua imagem e semelhança. Reinventa-o a partir de seu presente, de suas urgências e injunções. Não nos deteremos na querela das interpretações; mais interessante seria entender de que modo Nietzsche foi conectado a um universo literário de todo estrangeiro a ele e, presumivelmente, também ao paladar que foi o seu (suas preferências, como se sabe, iam de Dostoievski a Goethe).

Tomemos então um caso exemplar, o de Artaud.[3] Não há ensaísta ou filósofo da geração mencionada que não se tenha debruçado sobre sua obra e que não a tenha relacionado com a de Nietzsche. Deixemos de lado as similaridades externas, como a escrita sulfurosa ou a loucura final, a solidão e a dor desmedidas, um destino pessoal trágico e o pensamento dilacerante. Se Artaud não precisou esperar os críticos para reconhecer em Nietzsche uma vizinhança irrecusável, na cadeia dos gênios indomáveis e enlouquecidos, como Hölderlin, Nerval, Van Gogh, resta entender como a posteridade de Nietzsche e Artaud reconstruiu a afinidade entre ambos. Susan Sontag sublinhou um aspecto geral de grande pertinência: "Como Nietzsche, Artaud considerava-se uma espécie de médico da cultura — assim como seu paciente mais dolorosamente enfermo".[4] E em vez de limitar-se a criticar certos valores em nome de outros, como muitos que o precederam, Artaud teria se juntado à "grandiosa tarefa descrita por Nietzsche, há um século, como a transvaloração de todos os valores". O mesmo se aplica a todos os autores dessa série.

FILOSOFIA E LITERATURA

A leitura filosófica feita por alguns franceses privilegiou em Artaud sobretudo aquilo que encontrou em Nietzsche: o avesso da representação. Nietzsche e Artaud, diz Derrida, teriam recusado a representação primeiramente num sentido teatral, isto é, o espetáculo como relação imitativa e reprodutiva, o público de espectadores passivos tidos como consumidores, "jouisseurs" (é a crítica da experiência estética tal como concebida por Kant — como desinteressada). O teatro para Artaud é energia e festa, crueldade e

---

[2] GAEDE, E. "Nietzsche et la littérature", in *Nietzsche, cahiers de Royaumont*. Paris, Minuit, 1967.
[3] A escolha de Camus ou Malraux nos levaria numa outra direção.
[4] SONTAG, Susan. *Sob o signo de Saturno*. Porto Alegre, L&PM, 1980, p. 37.

vida, afirmação. Ao teatro como re-presentação Artaud teria contraposto a presença pura, a pura diferença, arremata Derrida.[5]

Alguns anos antes, na leitura original que fez de Nietzsche, Gilles Deleuze já havia posto em relevo o tema das forças, da diferença, da multiplicidade, da afirmação. Daí sua insistência num pensamento intensivo, em oposição às idealidades da representação. Artaud pôde então ser inserido nessa linhagem, já que atribuía ao pensamento uma genitalidade, uma acefalia, sempre a partir do corpo vital, anarquista. O corpo sem órgãos afetado pelas potências inumanas, a linguagem flamejante livrando-se da gramática (talvez para liberar-se de Deus, diria Nietzsche), a pulsação anônima fazendo desabar o Eu — em suma, a mais radical profundidade esquizofrênica na literatura.[6]

Seria preciso, porém, recuar até Maurice Blanchot para apreender o alcance maior dessa perspectiva: "O que é primeiro não é a plenitude do ser, é a fenda e a fissura, a erosão e o esgarçamento, a intermitência e a privação mordente".[7] A partir daí o ensaísta descobre, não só em Artaud mas na literatura de seu tempo, um espaço rarefeito que põe em xeque a soberania do sujeito. O que fala no escritor é que "ele não é mais ele mesmo, ele já não é ninguém": não o universal, mas o anônimo, o neutro, o fora. A obra como essa experiência que arruína toda experiência, que desapossa o sujeito de si e do mundo, do ser e da presença, da consciência e da verdade, da unidade e da totalidade — o exemplo de Kafka caberia aqui à perfeição, também o de Beckett.

Mas deixemos com Foucault a última palavra a respeito, num comentário sobre Blanchot romancista que explicita o fundo nietzschiano aí presente: essa escrita, livre de qualquer centro ou pátria, é capaz de ecoar a morte de Deus e do homem. "Ali onde 'isso fala', o homem não existe mais." Fim da dialética humanista, que através da alienação e da reconciliação prometia o homem ao homem. Agora, na sua função transgressiva, a linguagem literária aponta para o além-do-homem. A literatura, "antimatéria" do mundo.[8]

Não podemos prosseguir no circuito de remissões recíprocas entre os autores que fizeram parte dessa inaudita constelação, a quem devemos um novo traçado na relação entre obra e erosão, corpo e linguagem, vida e pensamento. Se a literatura apareceu aí, por um tempo pelo menos, como um espaço de transgressão absoluta, foi também porque ela acreditou realizar, à sua maneira, uma empresa de demolição ativa dos valores dominantes, todos eles pertencentes a um humanismo extenuado cujo niilismo Nietzsche

---

[5] DERRIDA, Jacques. *L'écriture et la différence*. Paris, Seuil, 1967, p. 363.
[6] DELEUZE, Gilles, respectivamente *Diferença e repetição*. Rio de Janeiro, Graal, pp. 242-3; e *Lógica do sentido*. São Paulo, Perspectiva, 1982, pp. 85-96.
[7] BLANCHOT, Maurice. *Le livre à venir*. Paris, Gallimard, 1959, p. 59.
[8] FOUCAULT, Michel. "La pensée du dehors", in *Dits et écrits*, v. I. Paris, Gallimard, 1994. Ver os comentários de MACHADO, R. *Foucault, a filosofia e a literatura*. Rio de Janeiro, Jorge Zahar, 2000.

NIETZSCHE, AUTOR DA PRÓPRIA VIDA

O diagnóstico de Nietzsche sobre o niilismo da modernidade parece confirmar-se a cada dia. Entretanto, os antídotos prescritos por ele não encontraram ainda um eco histórico à altura de sua filosofia. Tudo se passa como se não soubéssemos o que fazer com o seu espólio, decorrido mais de século desde sua morte. O inventário parece inconcluso. Aos saqueadores inescrupulosos, seguiram-se zelosos arquivistas, intérpretes de fôlego, biógrafos meticulosos — e, no entanto, a figura deste pensador continua desafiando a todos.

Nietzsche, biografia de uma tragédia, de Rüdiger Safranski,[1] pretende adentrar o enigma deste pensamento, sem estragar-lhe o mistério. A tarefa é delicada, e as armadilhas são muitas — a começar pelo risco de mistificação do inefável. Mas Safranski quer ser compreendido, ele escreve para todos. Daí o estilo insólito deste livro, construído como uma narrativa, sem tecnicalidades filosóficas, sem notas de rodapé, sem piscadelas dirigidas aos especialistas ou referências a suas querelas, apesar da consistência do material utilizado, sobretudo cartas e anotações de Nietzsche. Com frases curtas, diretas, como um contador de histórias que tivesse convivido pessoalmente com seus personagens, ele se sente no direito de emitir sobre os pensamentos de Nietzsche juízos peremptórios, descrevendo suas aventuras e méritos, julgando seus equívocos, criticando seus excessos. O ponto de vista do biógrafo transparece, e recorta a seu modo a vida do biografado — no caso, o pensamento nietzschiano. Safranski mostra habilmente como entre Nietzsche e seus pensamentos desenrola-se uma apaixonada história de amor, com "mal-entendidos, desavenças, ciúme, desejo, repulsa, raiva, medos, encantamento".

O fio condutor escolhido pelo autor é o Inaudito ("Ungeheuer", monstruoso, incomum, extraordinário). "Tudo pode tornar-se inaudito — a própria vida, o conhecimento, o mundo". O livro de Safranski é uma longa variação em torno deste tema, com resultados muito desiguais, ora penetrantes, como quando analisa a relação de Nietzsche consigo mesmo, ora já conhecidos,

---

[1] SAFRANSKI, Rüdiger. *Nietzsche, biografia de uma tragédia*. São Paulo, Geração Editorial, 2001.

sobretudo quando percorre as obras do autor, principalmente as últimas, alternando observações muito agudas com grandes banalidades.

A VIDA

Comecemos pela vida de Nietzsche. Ela não é a mera sucessão de episódios biográficos, mas uma construção da qual o filósofo tinha a mais aguda consciência. Dar uma forma à própria vida, moldá-la para convertê-la em fonte de pensamento, presenciar ativamente o modo pelo qual ela se deixa transformar em obra, em arte, em livro — tudo isso faz com que Nietzsche não seja apenas um autor de livros, mas autor da própria vida. Sua ambição — torná-la exemplar, experimental, existencial. Encená-la transmutando-a em obra de arte, mesmo ao preço de um ascetismo dolorido.

Por meio da escrita e da linguagem, Nietzsche cria para si uma "segunda" natureza, e unicamente por meio dela acredita tomar posse de sua "primeira" natureza. Pois se a filosofia nasce da vida, é para recriá-la, encarnar-se nela, assenhorar-se dela. O pensamento como um ato de altíssima intensidade emocional, capaz de orquestrar a confusão das vozes que habita o pensador, numa automodulação exemplar. A maestria exercida sobre si mesmo é um poder sobre si, e resultará mais tarde no conceito de vontade de potência. De qualquer modo, ao filósofo cabe a tarefa insigne de produzir uma modificação da vida, e assim instituir de novo valor à existência.

O Inaudito é a própria vida, na sua dimensão dionisíaca, heraclítica, isto é, guerreira, cruel, perigosa. Mas cada cultura o enfrenta a seu modo, ora por meio da arte, ora da religião, ora da ciência — estratégias várias de coabitar com o Inaudito ou evitá-lo. Ao encontrar Wagner, Nietzsche alimentou a ilusão de que por fim, como em tempos remotos, a música resgataria sua função vital de expressar o Inaudito, e a arte voltaria a colocar-se a serviço da arte de viver. Mas logo se deu conta de que no admirado amigo e compositor ocorreu outra coisa: a arte assumiu o lugar da religião, numa decepcionante mistificação que visava o grande efeito, a redenção compensatória e mercantil da vida, e não sua intensificação. No seu comentário sobre a célebre polaridade nietzschiana do apolíneo e dionisíaco, Safranski se dá algumas liberdades ausentes dos livros mais sisudos: "Quem está sentado no metrô com o walkman no ouvido ou correndo pelo parque, este vive em dois mundos. Apolineamente viaja ou corre, dionisiacamente ouve música." E em seguida, tempera o exemplo prosaico com uma pitada metafísica: "A música funda novas comunidades, transfere para outro estado, abre um novo Ser".

Talvez cheguemos assim, antes mesmo de percorrer o trajeto do autor até o fim, a um traço singular desse livro curioso. Não encontraremos nele uma abordagem nova, que já não tenha sido enunciada de maneira direta ou indireta por alguns de seus intérpretes, tais como Jaspers, Löwith, Heidegger, Müller-Lauter, Deleuze, Kaufmann, Nehamas. Muito menos teremos revelações inéditas sobre sua vida que já não tenham sido evocadas por seus biógrafos, tais como Andler, Halévy ou Janz. Se o autor consegue, por meio do tema da autoria da própria vida, tal como o reportamos acima, desenhar um retrato espiritual sugestivo do filósofo, digressões um tanto prolixas sobre o papel da consciência e da autoreflexão tendem a fazer dele um fenomenólogo *avant la lettre*. E se o tema do Inaudito parece ser um bom ponto de partida, o leitor por vezes tem o sentimento de ver a empresa nietzschiana inteira relida como uma ontologia do Inaudito, e chega até a se perguntar se o personagem central do livro é mesmo Nietzsche, ou um outro filósofo alemão biografado por Safranski. Exemplo: "O que é a linguagem? Ela é a morada do Ser, mas não esqueçamos: essa morada fica na amplidão sem linguagem do Inaudito". O Dioniso de Nietzsche, o Ser de Heidegger e a Natureza de Adorno/Horkheimer são assimilados como versões distintas do Mesmo — o Inaudito. A partir daí, somos conduzidos a caminhos tortuosos. Se Nietzsche se aferra à diferença entre ser e consciência, é para "preservar o caráter de mistério do Ser". O indivíduo, por sua vez, é "tão inesgotável e indizível quanto outrora era Deus". Assim, o esforço de Nietzsche em devolver o indivíduo à complexidade das formações de poder, à sua historicidade própria, à multiplicidade pulsional, cede o passo a uma bizarra variação em torno do estar-aberto para o mundo.

O HUMANISMO

Safranski retoma o problema da verdade, os conceitos de além-do-homem, de vontade de potência, de eterno retorno do mesmo, e os relê como dramas existenciais, ou como enunciados pragmático-existenciais. Algumas páginas bem-sucedidas nesse sentido, muitas vezes situando o contexto filosófico com desenvoltura, por exemplo quanto aos adversários visados por Nietzsche, alternam-se com tagarelices rasas ou críticas contumazes, sobretudo quando o filósofo parece exceder os limites de um certo humanismo, seja numa teoria das pulsões, numa química dos sentimentos, numa crítica da democracia de rebanho. O biógrafo retoma o argumento heideggeriano de que Nietzsche seria ainda um metafísico, e o recrimina por seu suposto biologismo, naturalismo, cientificismo, darwinismo, que "coisificam" o ser humano, passando ao largo precisamente da tensão por meio da qual Nietzsche construiu suas saídas originais, sem precisar atribuir ao homem um estatuto excepcional no seio da natureza. Mesmo para a ideia de além-

-do-homem o autor oferece uma interpretação frágil, por vezes biologizante, ou humanista, ou mesmo iluminista, ignorando o legado mais radical do criador de Zaratustra e a superação do próprio humanismo. Mais grave é quando lamenta ter Nietzsche se desfeito do ensinamento cristão referente à solidariedade, tomando fragmentos do filósofo sobre a crueldade e a relação com os fracos de modo literal, diabolizando suas implicações políticas. Ao fazer a economia do arco tenso de uma leitura filosófica, retoma alguns clichês sobre o autor que já pensávamos superados.

É preciso dizer ainda duas palavrinhas sobre as referências a Michel Foucault, cujas obras, aliás, poderiam, na edição brasileira, ser citadas conforme seu título em português, e não em alemão (*História da loucura*, e não "Loucura e sociedade", *História da sexualidade*, e não "Sexualidade e verdade"). Em todo caso, para Safranski a leitura foucaultiana de Nietzsche é aparentada à de Baeumler, filósofo próximo ao nazismo. Foucault é qualificado de individualista, e seu "pensamento do fora" é vinculado ao suposto cientificismo de Nietzsche, num espantoso contrassenso. Tamanho desleixo conceitual talvez seja o indício da intolerância do autor para com os aspectos da obra nietzschiana privilegiados por intérpretes franceses, num viés mais libertário, e que um recorte baseado no Inaudito deveria poder contemplar com menos relutância — a menos que o Inaudito de Safranski tenha sido evacuado de sua dimensão agonística e "inumana", tão relevantes para o autor de *O Anticristo*. Fica a impressão, por vezes, de que um Nietzsche fenomenólogo e existencial, atormentado no drama do pensamento mas pronto para entoar o cântico do mundo, se sobrepõe ao filósofo da vontade de poder e da transvaloração de todos os valores, com sua corrosividade inapelável, e tanto mais necessária em tempos de tibieza niilista.

Apesar dessas ressalvas, o livro de Safranski tem o mérito inegável de apresentar com cores vivas e grande desenvoltura o retrato espiritual de um pensador sem o qual nosso presente, e aquilo que ele traz embutido de mais perigoso e promissor, seria de todo incompreensível.

NIETZSCHE, PENSADOR DA CULTURA

Nietzsche em 120 minutos. Nietzsche explicado na mídia. Nietzsche para as massas. Ora, nada mais incompatível com sua escrita, ele que foi o mais ferino crítico da palavra para o grande número, do gosto médio, do nivelamento por baixo, da homogeneização, do espírito de rebanho, da docilidade gregária... Quando Nietzsche se torna produto para as massas, sabemos que já não se trata de Nietzsche, mas de um ídolo fabricado com fins de manipulação, ou um ícone pop, ou um star cintilante que apenas revela nosso estado de mediocridade generalizado.

Então como fazer um livro que dê conta de Nietzsche em 90 páginas sem traí-lo? Será isto possível? Será isto mesmo desejável? Sim, há o centenário da morte, tão propício para tentá-lo, mas que armadilha! Logo virão as celebrações vazias, as monumentalizações ressequidas, as hagiografias caricatas que farão o autor revirar-se em sua tumba.

Ao ser convidado por Arthur Nestrovski para escrever um *Folha explica Nietzsche*[1] a ser vendido em bancas de jornal, Oswaldo Giacoia Jr. deve ter se enfrentado com esse feixe de questões. É possível que tenha se lembrado do belo prefácio a *Aurora*, onde Nietzsche escrevia: "nós somos ambos amigos do *lento*, eu e meu livro... Nunca mais escrever nada que não leve ao desespero todo tipo de homens 'apressados'. A filosofia, efetivamente, é essa arte venerável que exige de seu admirador antes de tudo uma coisa: manter-se afastado, tomar seu tempo, tornar-se silencioso, tornar-se lento... É nisso precisamente que ela é hoje mais necessária do que nunca, é por aí que ela nos atrai e nos agrada o mais fortemente no seio de uma era de 'trabalho', dito de outro modo: de pressa, de precipitação indecente e suada que quer logo 'dar conta' de tudo, mesmo de qualquer livro antigo ou recente..."

Mas quem sabe ao professor também tenha ocorrido aquela frasesinha deliciosa, que vai numa outra direção, não incompatível com esta, talvez até complementar: "Com problemas profundos eu procedo da mesma maneira que com banho frio — entro rápido, saio rápido". Torcendo um pouco o sentido da frase para usá-la nesse contexto, como entrar e sair rápido das

[1] GIACOIA JR., Oswaldo. *Folha explica Nietzsche*. São Paulo, Publifolha, 2000.

questões que Nietzsche nos propõe? Como facilitar ao leitor brasileiro o acesso a essas questões, dando-lhe instrumentos para aventurar-se nelas, tomar gosto e retomá-las por conta própria?

Feitas essas considerações, é preciso, antes de tudo, parabenizar o autor por ter conseguido a proeza invejável de ter escrito um livro sobre Nietzsche tão curto e grosso, tão denso e leve, tão arguto e cristalino ao mesmo tempo, sem ser um livro "para as massas". Ele conseguiu a quadratura do círculo: Nietzsche em 90 páginas miúdas, mas sem concessões, isto é, sem em momento algum rebaixá-lo às generalidades habituais, sem aplastar o trajeto de seu pensamento numa fórmula esvaziada, sem ignorar o peso de cada obra em favor de uma grade interpretativa simplificada. O livro diz as coisas essenciais sempre a partir das mais altas exigências que o filósofo se colocou a cada momento, e que o leitor deste livrinho pode pressentir a cada página. É verdade que só há uma página sobre a vontade de poder, uma e meia sobre o eterno retorno, uma sobre o além-do-homem, nem poderia ser diferente, mas cada um desses conceitos recebe na mão de Giacoia um foco tão agudo, que mais do que seu sentido preciso, que seria abusivo exigir num espaço tão exíguo, ele aponta para uma dimensão do pensamento de Nietzsche que o leitor se sente tentado a percorrer por conta própria.

É o caso de um tema que eu gostaria de privilegiar, Nietzsche como pensador da cultura e do seu destino, longe da imagem do bárbaro irracionalista — ao contrário, nenhum filósofo sentiu tamanha responsabilidade para com o contorno futuro do homem sobre a terra quanto Nietzsche. Daí a ideia central de ver no autor de *Zaratustra* aquele que diagnosticou os males do presente em nome dessa exigência de porvir. Os males desse presente chegam até nós na forma de uma enfermidade, cujos sintomas são a vivência contemporânea da perda de sentido, da derrocada de todos os valores, expresso pela figura da morte de Deus. Nesse estado de prostração, a arte vira entretenimento, ou indústria cultural, a educação e a política querem o homem "adaptado aos modos de produção e reprodução de uma sociedade de massas", a moral, a ciência e a filosofia atendem ao "desejo de rebaixamento e nivelação da humanidade, agenciado em escala planetária". Por vezes a proximidade dessa terminologia com os temas da escola de Frankfurt é visível (será que vez ou outra também Heidegger se insinua?). Em todo caso, nessa prostração está embutido o prenúncio de uma catástrofe proveniente da desagregação da própria civilização. Creio que o livrinho do professor Giacoia traz essa nota trágica de fundo, ecoando com grande fidelidade a mais constante obsessão de Nietzsche — a preocupação com essa catástrofe iminente. No entanto, em vez de embarcar na lamúria que se compraz em constatar que os valores supremos se perderam, este livro fornece as articulações histórico-filosóficas mínimas para entendê-lo como um processo, que vai da racionalidade socrática ao cientificismo contemporâneo, passando pelo judaico-cristianismo. Processo ao qual Nietzsche deu o nome de *décadence*, da qual o niilismo é a expressão maior. Mas Nietzsche pensa esse processo a partir de seu esgotamento e de sua viragem, por meio da qual o homem se reapropria de sua vontade de poder para poder produzir novos valores, e ir além do homem. Não se trata de uma utopia pré-formatada, mas de um chamamento afirmativo, enraizado nas promessas que a história do homem não cumpriu.

Daí o aspecto crítico, e as múltiplas referências ao potencial emancipatório ou inconformista do pensamento de Nietzsche, seja na acentuação frankfurtiana, seja na francesa pós-68 que alguns chamam ainda de pós-moderna. Em todo caso, a virulência ao mesmo tempo crítica e afirmativa de Nietzsche está inteiramente presente neste livro, com o que ele nos devolve à tarefa que Nietzsche mesmo traçou para a filosofia, vital, prospectiva, liberadora —, intempestiva.

Na esteira dessas colocações, com o que apenas dou eco em poucas linhas a impressões colhidas ao longo de sua leitura, gostaria de finalizar com três observações desiguais.

1) No rastro da pesquisa genealógica inaugurada por Nietzsche, Michel Foucault devolveu à história nosso corpo, nosso espírito perturbado, nossa sexualidade, nossos castigos, nossa subjetividade, em suma, historicizou nossas verdades. A partir de Foucault leitor de Nietzsche já parece impossível falar de nossos saberes, ainda que eles versem sobre nós mesmos, sem evocar as redes de poder, institucionais ou não, cuja marca em nós Nietzsche ajudou a desvendar. Um livro recente, intitulado *Genealogias da amizade*,[2] está em estrita continuidade com a sugestão de se fazer a história dos sentimentos morais, inclusive da amizade, presente já em Nietzsche e evocada por Foucault. Francisco Ortega vê na genealogia da amizade a possibilidade de reatar com uma sociabilidade não familialista e dar novo contorno à ideia hoje esfrangalhada de coletivo. Vejo na intuição de Foucault um dos inúmeros desdobramentos interessantes de Nietzsche — um filósofo contemporâneo colhe a flecha arremessada por Nietzsche para lançá-la alhures.

2) Como poucos Nietzsche reconfigurou a relação entre o pensamento e a vida, a cultura e as forças do corpo e do mundo. Lembremos daquela imagem célebre, nossa consciência como que trancafiada num cubículo ignora que repousa sobre o dorso de um tigre. É esse tigre, no entanto, que hoje nossas ciências mais fundo auscultam. É a vida que interessa hoje — como diria Agamben, a "vida nua", o fato da vida. O capitalismo e a tecnociência investem

[2] ORTEGA, Francisco. *Genealogias da amizade*. São Paulo, Iluminuras, 2002.

hoje maciçamente a vida: trata-se de decodificá-la, vampirizá-la e ter sobre ela o mais exaustivo domínio, reconfigurando-a e até mesmo produzindo-a artificialmente. É um novo poder sobre a vida que se vai instalando, na esteira do que Foucault chamou de biopoder, que extrai das estatísticas sobre as populações novas consignas de conduta. Trata-se de um poder que penetra em nosso corpo e em nosso alimento, em todas as esferas de nossa existência, desde os sonhos até o meio ambiente. O capitalismo contemporâneo tomou de assalto a vida numa escala nunca vista, penetrando nos enclaves até há pouco invioláveis, como diria Jameson, o Inconsciente e a Natureza. Como, ao poder sobre a vida, contrapor o poder da vida? Em que medida toda a conceitualização nietzschiana da vida poderia inspirar-nos ainda a forjar uma resistência ativa e criadora? Como liberar as forças aprisionadas sob a carcaça atual do homem? O pensamento como experimentação não poderia ter hoje também uma tal função "biopolítica", que consiste em sondar tais forças?

3) Deleuze escreveu que em geral considera-se a trindade Marx, Nietzsche e Freud como a aurora de nossa cultura moderna, mas Nietzsche, em contraste com Freud e Marx, seria antes a aurora de uma contracultura. Oswaldo Giacoia menciona isto em seu livro, chamando a atenção para o inconformismo presente nessa leitura francesa posterior a Maio de 68. Ocorre que o pós-moderno varreu a cultura e a contracultura, enterrou com fria indiferença as centelhas de Maio de 68 e fez dos três pensadores ícones perfeitamente domesticados. Estamos numa época sombria. Já que os valores supremos decaíram, tudo se equivale, qualquer coisa é qualquer coisa, então nada vale a pena, então vale tudo. Volúpia niilista, cinismo melancólico, indiferenciação liquefeita, desistência complacente. Se isto é o pós-moderno, Nietzsche é o arquiinimigo do pós-moderno. Diante disso, não se trata de pregar uma volta a Nietzsche, que como todos os retornos costuma ser melancólico ou patético. Trata-se hoje de fazer com o presente aquilo que Nietzsche fez com o seu tempo, produzir entre o pensamento e a época uma certa relação extemporânea, intempestiva, provocar um curto circuito no consenso, ainda que ele demore anos para ser audível, e mesmo que, como diz tão bem o livro do autor, às vezes seja preciso pensar *contra* Nietzsche. Mas também talvez caiba exercitar uma certa arte da antenagem, na qual Nietzsche era tão fino, e rastrear onde se estão gestando direções novas. Não estão elas por toda parte, nas artes e nas ruas, no trabalho e nas relações, nas experimentações que gênios desconhecidos ou coletivos anônimos estão em vias de forjar? Talvez isto não signifique exatamente revisitar Nietzsche, nem usá-lo hoje, mas deixar que ele nos fale com sua voz inigualável a partir de nosso futuro.

PARTE IX
AVESSOS

MARGEM DE MANOBRA

A subjetividade está às voltas, hoje, com uma questão trivial e a cada dia mais irrespondível: o que significa ser contemporâneo ao próprio tempo em que vivemos, coexistir consigo mesmo? Nunca a pressão do presente se fez tão candente, e jamais sua aguilhoada pareceu tão perturbadora. Não é que hoje aconteçam mais coisas do que antes, nem são elas necessariamente mais cruéis ou doídas do que outrora. O fato novo, talvez, é que os parâmetros de espaço, de tempo, de causalidade, de presença a si e no mundo, de individualidade e de história, que antes serviam para acolher e dar sentido ao que nos acontecia no presente, e eventualmente amortecer o seu impacto, sofreram uma mutação radical. Ficamos expostos como nunca diante do presente, sem mediação, desarmados e sobressaltados, tal como os personagens de Kafka às voltas com suas situações incompreensíveis. Benjamin observou, às vésperas da Segunda Grande Guerra, que esses personagens ainda dispunham de uma *margem de manobra* para seus gestos de susto que a catástrofe por vir não mais iria permitir.

De que margem de manobra dispomos nós, nesse fim de milênio? Num contexto de estremecimento das coordenadas da vida as mais elementares, a postura dita pós-moderna deleita-se numa volúpia niilista, cultuando a dissolução generalizada, numa apologia do desfazimento e do gozo apocalíptico — basta mencionar a insistência com o tema do fim, fim do social, fim do político, fim da história, fim da arte, fim da filosofia etc. Não importa que esses anúncios tonitruantes deixem inteiramente intacto o sistema de produção de mercadorias (e de ideias) no qual eles emergem e do qual constituem, de certa forma, o espelho e o complemento necessário. Em todo caso, esse misto de diabolização e complacência, de apocalipse e gozo não faz mais do que alimentar a máquina sombria cuja realidade teria se desvanecido. Esta realidade, por sua vez, com sua espessura de realidade e seu cortejo de crueldades vai muito bem, obrigado.

É evidente que este momento pede outra coisa. Não se trata, hoje, de diabolizar e comprazer-se, num composto perverso de lamúria e adesão cínica, mas de cartografar e resistir, de apreender o que está em jogo no presente e, nele, dar visibilidade às saídas inventivas, sem nostalgias frívolas nem utopismos ortodoxos. Sartre escrevia, na sua apresentação à revista *Les temps modernes*: "Não queremos perder nada de nosso tempo: talvez haja tempos mais bonitos, mas este é o nosso; só temos *esta* vida para viver, no meio *desta* guerra, *desta* revolução talvez." É precisamente o que hoje parece difícil: não refugiar-se em algum paraíso pretérito ou futuro, de modo nostálgico ou embevecido, mas estar atento às urgências *deste* nosso presente, *desta* nossa vida, *desta* nossa guerra, *destes* devires-revolucionários que se gestam no nosso dia a dia.

Se o presente é perturbador e exige uma atenção redobrada, se os instrumentos até agora utilizados para mapeá-lo parecem, em larga medida, insuficientes, se as forças que nos rodeiam e nos impelem a direções vertiginosas ainda não estão claras para nós, temos aí razões de sobra para alçar-nos, como diz Deleuze, à altura do que nos acontece. Mas como estar à altura do que nos acontece se mal sabemos o que nos acontece, se a cada dia vemos revirado o território mínimo, teórico e existencial, que nos permitia dar-lhe sentido?

É justamente esse o paradoxo que o presente nos lança ao rosto: pensá-lo com instrumentos que nem sejam propriamente do presente que se desfaz, mas de algum modo do futuro — pensar extemporaneamente, de modo intempestivo... Em outras palavras: pensar no presente, mas contra o presente, em favor de um futuro que virá. Nietzsche já o havia formulado na sua língua cortante, ao referir-se ao homem como o "grande experimentador de si mesmo", como "o ainda não domado, o eternamente futuro, que não encontra sossego de uma força própria que o impele, de modo que seu futuro, uma espora, mergulha implacável na carne de todo presente". Resta saber como fazer dessa empreitada uma experimentação de vida, e não de morte. É na esteira desse desafio, ético e subjetivo, que corre parte importante do pensamento contemporâneo.

ESTRATÉGIAS PARA O PRÓXIMO MILÊNIO

Quase dez anos separam a publicação na França dos dois tomos que compõem *Capitalismo e esquizofrenia*, obra maior escrita a quatro mãos pelo filósofo Gilles Deleuze e o psicanalista Félix Guattari. O primeiro tomo teve uma carreira polêmica e fulgurante. Mais do que um acerto de contas com a conturbada década dos 60 e o freudo-marxismo que parecia animá-la, *O Anti-Édipo* constituía, segundo a bela definição de Michel Foucault, uma "introdução à vida não-fascista". Ou seja, um livro de ética. No prefácio à sua edição americana, Foucault resumia as linhas de força daquele "guia da vida cotidiana" — contrário ao fascismo em todas as suas formas — em sete consignas principais: liberar a ação política de toda forma de paranoia unitária e totalizante; alastrar a ação, o pensamento e o desejo por proliferação, justaposição e disjunção (e não por hierarquização piramidal); liberar-se das velhas categorias do Negativo (a lei, o limite, a castração, a falta), investindo o positivo, o múltiplo, o nômade; desvincular a militância da tristeza (o desejo pode ser revolucionário); liberar a prática política da noção de Verdade; recusar o indivíduo como fundamento para reivindicações políticas (o próprio indivíduo é um produto do poder); desconfiar do poder.

Ora, não podemos dizer que essas consignas perderam algo de sua pertinência ou atualidade, muito pelo contrário. Curiosamente, no entanto, o segundo tomo da obra, publicado em 1980, que a prolonga nas direções as mais imprevistas e fecundas, passou praticamente desapercebido. O que não impediu Gilles Deleuze de considerar *Mil platôs* o melhor de tudo o que já escreveu. Predileção premonitória ou não, o fato é que este livro inclassificável começa lentamente a ser revisitado, numa época em que alguns pregam sobranceiramente o fim da Filosofia, ou mesmo da História, enquanto outros buscam ferramentas teóricas para a travessia do milênio.

Já a sua forma pede uma leitura inusitada, à maneira de *O jogo da amarelinha*, de Cortázar. São ao todo 14 platôs (e não capítulos), isto é, regiões de intensidade contínua, "pedaços de imanência", que podem ser lidos independentemente uns dos outros, mas que formam uma rede, ou, como dizem os autores na introdução, um *rizoma*. Num rizoma entra-se por qualquer lado, cada ponto se conecta com qualquer outro, ele é feito de direções móveis, sem início ou fim, mas apenas um meio, por onde ele cresce e transborda, sem remeter a uma unidade ou dela derivar — em suma, o rizoma é uma multiplicidade (como se vê, todas essas características prenunciavam a geografia imaterial da Internet, para cuja assimilação *filosófica* parecíamos tão pouco preparados). Se esta forma rizomática convém tão bem a esse tomo é porque é precisamente esse o seu objeto: a multiplicidade enquanto tal. *Mil platôs* esboça uma teoria das multiplicidades, "no ponto em que o múltiplo passa ao estado de substantivo", dizem os autores, ultrapassando "a distinção entre consciente e inconsciente, natureza e história, corpo e alma".

Tomemos um dos platôs desse terceiro volume, publicado recentemente pela Editora 34 em cuidada tradução, e cujo título termina pela pergunta: *o que se passou?* É sempre esta a questão, numa novela, na vida ou nas revoluções: o que aconteceu, o que terá acontecido que de repente tudo mudou, que já não nos reconhecemos no que ainda ontem constituía o mais trivial cotidiano? Basta uma minúscula fissura para que uma vida se embrenhe num processo de demolição, arrastada por uma *linha de fuga*. Quantas e quão múltiplas linhas constituem uma subjetividade, mas também uma situação, um acontecimento, um corpo político, uma configuração social? Indivíduos ou grupos, somos atravessados por linhas duras ou *molares* (distribuições binárias de sexo, profissão, classe, partido, nossas "representações"), linhas flexíveis ou *moleculares* (os processos capilares que investem a percepção, o desejo, o corpo, as crenças), mas também por aquelas linhas de fuga, por onde tudo ameaça vacilar. É o que mostra o platô "Micropolítica e segmentaridade": as sociedades definem-se menos por suas contradições do que por suas linhas de fuga. E estas não indicam escapes do mundo, mas o movimento pelo qual um mundo arrebenta (como um cano), de modo que a pergunta deveria ser sempre esta: "A cada momento, o que foge em uma sociedade? É nas linhas de fuga que se inventam armas novas, para opô-las às armas pesadas do Estado". É onde intervém a exigência de um exercício cartográfico de uma fineza extrema, em que as linhas não são apenas descritas, mas traçadas, inventadas, selecionadas, agenciadas, numa prática imanente de guerrilha e prudência.

Mil platôs é um livro sobre as artes da guerra. Antes mesmo do ser há a política — e toda política já é simultaneamente macropolítica e micropolítica, com as interferências recíprocas, ressonâncias, mas também disjunções, dissonâncias. Por exemplo, o fascismo como inseparável de focos moleculares, que tomam o corpo, a percepção, o desejo, os bandos, as gangues, antes de ressoarem todos junto no Estado nacional-socialista transformado numa imensa máquina de guerra. Ou o capitalismo como grande desterritorializador (de fluxos de capital, de trabalho, de informação, de signos, de máquinas, de velocidades, de tempo) convivendo com reterritorializações as mais brutais, raciais, tecnoburocráticas, desejantes, com seus efeitos de estancamento ou serialização subjetiva.

Os agenciamentos de desejo extrapolam tanto o domínio familialista quanto a fantasmática privada, sendo coextensivos ao campo social. É toda uma pragmática que se vê aí esboçada, em que o desejo é retirado da tríplice maldição que pesa sobre ele: a falta, o gozo impossível, ou seu atrelamento ao prazer-descarga. Contra os sacerdócios interpretativos, o inconsciente é concebido como meio de exploração ativa, plural e positiva — construtivismo. A própria forma do eu se vê constantemente questionada em proveito de outras configurações não identitárias, devires singulares (devir-animal, devir-mulher, devir-molecular): desejos não figurativos. O inconsciente como um protocolo de experimentações (Henry Miller), cujo exemplo extremo, sem dúvida, está em Artaud. Seu *Corpo-sem-órgãos* (título de um dos platôs) se apresenta como uma matéria intensa não-estratificada, superfície aberta a conexões e limiares que a significância e a subjetivação hegemônicas proscrevem.

Mas nada aqui é festa ingênua. Os autores multiplicam as advertências sobre os riscos, e insistem nos cuidados e prudências necessários, como quem chama a atenção para a importância de uma arte de vida, mesmo na mais cruenta das guerras, a ser construída pouco a pouco ("É necessário guardar o suficiente do organismo para que ele se recomponha a cada aurora; pequenas provisões de significância e de interpretação... pequenas rações de subjetividade").

Tudo isso é visível no mais privado, íntimo, pessoal — o Rosto, ao qual é dedicado um dos platôs mais intrigantes deste volume. O rosto como uma *paisagem* (já era um tema predileto de alguns críticos do cinema no início do século, Epstein ou Balász, impactados com a *geografia* do rosto no primeiro plano cinematográfico), mas uma paisagem fabricada segundo um certo regime de subjetivação, uma tecnologia corporal, uma "máquina abstrata de *rostidade*", em detrimento das semióticas primitivas, polívocas, heterogêneas — é o rosto do Homem branco. Não podemos aprofundar as implicações desse platô intitulado "Ano Zero — Rostidade" na análise atualíssima do racismo sob todas as suas formas, e da pergunta curiosa que lhe dá fecho: como desfazer o Rosto do Homem branco, bem como a subjetividade, a paixão, a consciência e a memória que o acompanham? Toda uma política do rosto!

Devolvido ao rizoma material e imaterial que o constitui (biopsíquico, tecno-social, semiótico), o atual rosto do homem é pensado em função dos territórios que ele cria e que o recriam incessantemente. Não há aí nem determinismo nem teleologia, mas um plano em que as artes da guerra e a ontologia se pressupõem mutuamente, num jogo que revela as muitas maneiras de ser possíveis — ou todavia impensáveis — do animal-homem, à luz de uma etologia mutante e complexa. *Mil platôs* mostra as múltiplas forças que estão em vias de desfazer esse Rosto humano, demasiado humano, sem descuidar das composições vindouras.

O AVESSO DA MELANCOLIA

Walter Benjamin está na moda, e também sua melancolia. Mas será *sua* esta melancolia em que banha nossa pusilânime pós-modernidade? Por trás do diagnóstico sobre a modernidade como *perda* da experiência, *perda* da aura (na obra de arte), *fim* das formas seculares de narração e transmissão, *fragmentação* da totalidade e do eu, será verdade que Walter Benjamin, com seu messiânico linguajar sobre a redenção, estivesse acenando com a utopia secreta e nostálgica do retorno a uma origem perdida, ou do exercício restaurador de uma memória exaustiva, ou do resgate de uma tradição, ou mesmo de um certo sujeito? Creio ser um dos méritos do belíssimo livro publicado por Jeanne-Marie Gagnebin e intitulado *História e narração em Walter Benjamin*[1] recusar a refração da melancolia pós-moderna sobre a filosofia de Benjamin. Só assim reabre-se a radicalidade do seu pensamento *para o presente*, inclusive como uma arqueologia da própria pós-modernidade.

Gagnebin mostra que Benjamin não é exclusivamente um pensador *melancólico*, obcecado em definir a modernidade pelo inventário de suas *perdas*. A própria ideia de perda, ou, nos termos benjaminianos, o deperecimento enquanto esfacelamento do sentido, seja na história, no sujeito ou na linguagem, não é um mero estado de espírito, muito menos gratuito. O desencantamento do mundo está vinculado à dinâmica do capitalismo e à temporalidade que ele secreta. Benjamin ressaltou que não vivemos mais na antítese entre o tempo e a eternidade, já que ela foi substituída pela perseguição incessante do novo. A produção desenfreada de mercadorias, de "novidades", sempre prestes a se transformarem em sucata, não só é uma corrida para a morte, mas também inscreve a morte e o vazio *nas* próprias coisas. Com isto, se reduz drasticamente a experiência, aguça-se o sentido da caducidade e a caducidade do sentido. Em outros termos — e é o que caracterizaria, segundo Benjamin, a literatura moderna, mas também os tempos modernos — surge uma *consciência aguda do tempo*.

---

[1] GAGNEBIN, Jeanne-Marie. *História e narração em Walter Benjamin*. São Paulo, Perspectiva, 1994.

Porém a morte, a finitude, a temporalidade inscrita nos seres não leva Benjamin a uma valorização compensatória da memória ou da tradição, nem a uma nostalgia da origem, mas a uma *nova ideia* de rememoração, de narração, e sobretudo de origem. Eis o pivô do livro. É impossível resumir aqui os meandros da demonstração feita por Gagnebin, tão admirável na delicadeza quanto na eficácia. Trabalho que consistiu em colher as pedras preciosas espalhadas ao longo da obra de Benjamin e as lapidar pacientemente (por exemplo, os conceitos-chave de *origem, alegoria, narração, rememoração, cesura*, todos eles de certo modo relacionados com esta nova consciência do tempo).

Mencionemos apenas um dos resultados deste trabalho. Não se trata para Benjamin de sair em busca do passado perdido, apesar de sua admiração por Proust, mas no passado desentocar o futuro que ele prometia, que ele trazia embutido e que a história sufocou. Porém buscar os futuros recalcados ao longo da história só é possível se a própria história for esburacada na sua narrativa totalizante e totalizadora, e se nesse esburacamento forem reabertos os inacabamentos aplastados. Daí o valor positivo das brechas, que rompem um *continuum* da dominação, e a importância do falar abrupto, das asperezas que sirvam de escora contra o fluxo nivelador da história oficial. História descontínua, narrativa analítica (os psicanalistas conhecem de perto o valor clínico desta aposta).

Esta seria a *narração salvadora*, aquela que busca no passado os signos de uma promessa a respeito da qual sabe-se hoje se ela foi ou não cumprida, para poder perguntar-se se cabe ainda ao presente realizá-la, diz Gagnebin. Narrativa de *restauração* não do passado, mas das suas aberturas encobertas. E a origem, nesse sentido, não é o alvo mítico da retroflexão de uma identidade presente, mas instante de eclosão de uma descontinuidade, salto para fora do ronron cronológico e do encadeamento causal. Dispensável lembrar o quanto isso tudo pode "interessar" aos psicanalistas, já que permite pensar o estatuto temporal das narrativas de si.

Em suma, no avesso da perda (do sentido, da aura, da narração, da totalidade, do eu), devida ao tempo do capitalismo, deve-se ler, na dinâmica própria a esta temporalidade corrosiva, sua *produtividade*. Gagnebin mostra no que consiste tal avesso e tal produtividade: na exigência de um outro tempo (intensivo e não cronológico), de uma outra história (sincopada por suas paradas e cesuras), de uma outra narrativa da história (e não de uma gloriosa contra-história dos vencidos), de um outro sujeito (que, dissolvido, abre-se às dimensões involuntárias e inconscientes, "atravessado pelas ondas de desejos, de revoltas, de desesperos coletivos").

Jeanne-Marie Gagnebin, ao atravessar o espelho melancólico que a pós-modernidade construiu para si com pedaços benjaminianos, e ao mostrar a ressonância entre a teoria estética da modernidade e a filosofia da história em Benjamin, acaba iluminando sua concepção do político e desfazendo o descompasso (e mesmo o curto-circuito) que foi criado entre eles. As figuras da dissolução e da dispersão, no âmbito da história, da subjetividade e da estética recolocam radicalmente as urgências atentas do presente. Nem voluntarismos tonitruantes, nem nostalgias fim-de-milênio. Talvez o que tantas vezes temos dificuldade em responder a nós mesmos, dissidentes perdidos do pós-moderno, quiçá o encontremos nas pistas e nas entrelinhas deste livro discreto e de uma beleza lancinante, sobre um autor que, conforme as palavras um pouco *fora de moda* e até "inadequadas" de Adorno, teria pensado em todas as suas fases "simultaneamente o ocaso do sujeito e a salvação do ser humano".

SONHOS DE DESCARTES

Em *Sonhos sobre meditações de Descartes*,[1] o leitor será apresentado a três sonhos feitos por Descartes numa única noite de 1619. Além do teor detalhado dos sonhos, com suas imagens saborosas, terá acesso às circunstâncias em que ocorreram, bem como às interpretações que suscitaram ao longo do tempo. Luci Buff traça, a partir daí, uma pequena cartografia sobre o estatuto do sonho tanto para Descartes como para a filosofia de seu tempo. Munidos de elementos históricos, antropológicos, imaginários, biográficos, bibliográficos, somos introduzidos à cultura onírica da época, mas por extensão vamos nos dando conta da função ambígua do sonho para a própria filosofia. Ao comentar a interpretação de Jean-Luc Marion, um dos grandes especialistas em Descartes, sobre o tema, a autora dá um golpe de mestre: lembra que a decisão tomada por Descartes de que tudo aquilo não passava de um sonho que requeria uma autointerpretação, essa decisão ela mesma é tomada no interior de um outro sonho (o da razão), com o que, contrariamente ao que sugere Marion, a autora pode concluir que o inconsciente sim saberia algo da essência da filosofia. Ela parece sugerir, mas sem incorrer em nenhum psicanalismo, que o próprio racionalismo nasce sob o pano de fundo do sonho, por mais que ele queira ignorar esse fundo sobre o qual repousa e cuja importância ele sempre fez questão de diminuir.

Seria preciso dizer duas palavrinhas sobre a belíssima conclusão desse trabalho, em que o estilo ganha uma leveza e delicadeza ímpares, e os elementos coletados ao longo do texto se confrontam livremente entre si, fazendo emergir as questões de fundo que constituem, talvez, o eixo do livro inteiro. "Todos têm sonhos, envolvidos no sono, remexidos nos lençóis do tempo. Mas quem liga para seus próprios sonhos?" A partir dessa pergunta, Luci Buff restitui a cadeia de rastros e ecos que permitiram que chegassem até nós esses fragmentos de imagens impalpáveis que perturbaram uma das noites da vida de Descartes. "Que percurso o destes sonhos até que fossem ancorados, para talvez outra vez se perderem ou serem devorados."

[1] BUFF, Luci. *Sonhos sobre meditações de Descartes*. São Paulo, Annablume, 2001.

Ao ler estas linhas perguntei-me se não haveria aí, implícita, por parte da autora, uma ética em relação a essa matéria etérea e fugidia a que chamamos de sonho, e à sua, digamos, salvação. Pois nessa cadeia de rastros, ecos, perdas, ressurreições, o texto que ora vem a lume constitui de algum modo o último elo. O que significa para a autora deste livro ajudar a "salvar" sonhos de um filósofo? Não haveria nessa tentativa de salvar os sonhos que o tempo empoeira, uma exigência ética em relação ao que a história soterra, põe à margem, vence, numa direção um pouco benjaminiana?

E uma tal exigência não implica uma relação singular ao tempo? Pois este livro se permite abordar um sonho de Descartes ocorrido há mais de 380 anos, trechos de uma poesia de Ausonio de 1600 anos atrás, um verso de Pitágoras, passados 2600 anos. Ao comentar esse jogo temporal, a autora escreve: "percorre-se na velocidade do sonho trezentos e oitenta anos e se assiste ao seu espetáculo, como se lá já existisse, ao tempo do teatro do mundo barroco, o tempo do cinema sonoro dos sonhos, com seus planos-sequência, *zooms*, *travellings*, figuras estouradas de luz, trovões, corpos. Sempre os livros, que aparecem e desaparecem, intensidades de sensações, cenários de um *poêle* perdido num lugar desconhecido, no começo do inverno em terra estrangeira, sombras, culpa, remorso, castigo, pavor, sedução de gênios, pressentimentos, iluminações, idílios que remetem a um discurso amoroso da alma insatisfeita à procura de sua pátria original". É como se a autora elencasse não só tempos muito diferentes, mas elementos muito díspares, intensivos, que confluem num cenário multifacético no qual a filosofia se desenrola mas que ela tende a ocultar, negar, denegar.

Daí a bela pergunta: "É possível conhecer a filosofia de uma época pelos sonhos de seus filósofos? O inconsciente parece saber algo da filosofia, como mostram os sonhos de 1619, mas a filosofia pouco quer saber dele, talvez porque nos sonhos o absurdo seja apresentado como a própria evidência a fim de despojar a razão de seus plenos poderes, como diz Adorno". E a autora retoma esse momento em que um Descartes pouco cartesiano ainda deixava coexistirem "sonho, razão, imaginação, entusiasmo, percepção de imagens, de sons, bobagens dos poetas, *mythos* e *logos*, num fecundo reservatório de intuições e ideias, a ponto do sentido dos sonhos ser buscado dentro de um outro sonho ou de um devaneio, porque o pensamento ainda transitava livremente, rompendo cadeias de razões". Pensamento que transita não só entre tempos muito diferentes, mas que não está ainda submetido a essa dicotomia à qual a filosofia contemporânea tenta escapar, com seus meios próprios. Haveria nesse trabalho um esforço em resgatar um pensamento em que ainda dialogam a razão e a desrazão, em que o sonho não é ainda uma questão de ilusão... Pois chega-se a mostrar aqui que mesmo a racionalidade nascente precisa do sonho como essa "estaca a apoiar as heras do intelecto".

Ao mostrar Descartes maravilhado com seus sonhos, ao rastrear seu estupor e incerteza, este livro fala de um sujeito onirológico, lembrando que aí o pensamento fica em suspenso, sem consistência, flutuante, numa espécie de limbo.

Ao perguntar-se que mundo é este em que os outros estão tão firmes e só Descartes é inadaptado, conforme o sonho que o leitor verá relatado no início do livro, a autora lança sua cartada final: "talvez este mundo seja o da própria tradição que Descartes começa a criticar e com a qual vai romper, embora os seus sonhos passem ao abrigo destra tradição que critica e de seus símbolos. Que mundo é este em que só o sujeito da consciência, solitário e ousado, é que está cambaleante, enquanto os outros estão retos e firmes sobre seus pés, num mesmo solo? Que estranhamento causa este mundo dos sonhos que torna conhecido o que é desconhecido e desconhecido o que é conhecido?"

A autora se permite, como se vê, um método original: tomar o sonho de Descartes não como seu sonho pessoal, biográfico, mas como o sonho *da* filosofia, cuja interpretação, portanto, não deve repousar exclusivamente sobre as associações pessoais do próprio sonhador (no caso impossíveis), permitindo, em contrapartida, que o exercício filosófico associe livremente, para encontrar uma linha que diga respeito ao desejo, mas agora já não ao desejo de Descartes, porém ao desejo *da* filosofia. Como diz o texto, não só estão nesses sonhos presentes em germe as teses cartesianas que foram apontadas por Marion, mas também as principais questões da Filosofia que atravessam os tempos. Com o que a pergunta de Descartes *Quod vitae sectabor iter* (Que caminho seguirei na vida) torna-se a pergunta da Filosofia.

Luci Buff lembra, da maneira mais pertinente, que o sonho de uma filosofia da consciência trouxe incubados vários pesadelos sombrios e perigos, e o quanto a ciência a ela aparentada, com suas ilusões excessivas, nos iludiu e nos desiludiu. É como se este livro dissesse: chegou a hora de despertar do sonho filosófico de Descartes no qual estamos mergulhados até hoje, esse sonho que carregava tantas promessas e virou um pesadelo tão tenebroso. Não se trata, porém, de contrapor à vigília da razão uma defesa do onírico, mas de um pressentimento de que a filosofia, com sua racionalidade, responde a um sonho paradoxal cuja amplitude mal conseguimos vislumbrar, e nunca a tempo, a não ser por seus efeitos — o sonho de se distanciar do sonho...

CERTEZA DO AGORA

Não espere o leitor, deste último volume da trilogia sulfurosa de Juliano Pessanha, intitulado *Certeza do agora*,[1] qualquer certeza para os tempos presentes. Da primeira à última de suas linhas, é outra coisa que está em jogo: demolição. Como Thomas Bernhard, o autor se dá por tarefa denunciar o pacto da universal hipocrisia que assegura nossa existência cotidiana. E desvela a argamassa metafísica que, a cada instante, nos impede de *desabar*. Mas com isto, paradoxalmente, vemos ruírem um a um todos os personagens competentes que garantem o "negócio da administração da vida", pais, educadores, psiquiatras, socializadores, homens da cultura — todos os que fazem as vezes de carcereiros da vida. Nesse acerto de contas ilimitado, que o narrador não deixa de ampliar e preterir a cada passo, não há sombra de ressentimento, mas a força de um diagnóstico que cabe, a cada um dos textos reunidos no livro, modular conforme seu gênero, seja ele poético ou ensaístico.

A partir da autobiografia do personagem Gombro (sem dúvida inspirado no escritor Witold Gombrowicz), temos acesso às estratégias de sobrevivência que uma criança inventa para contornar a cristalização do mundo em coisa, para desafiar todos aqueles que fazem da palavra o instrumento prostituído de uma dissimulação generalizada. Como evitar o homicídio que nos é proposto desde a mais tenra idade, como driblar o apagamento do rosto próprio, como fugir à narrativa de si já sempre terceirizada pelos que nos "cuidam" ou nos "amam"? A resposta que o autor oferece é poética. Só retomando por conta própria os sufocamentos e revides ("Passei boa parte de minha vida gritando em túneis, janelas e becos"), deitando por escrito a percepção precoce da morte e do infinito, da dor e da ausência. Só assim rompe-se a linearidade factual de uma vida, e pode ela ser esburacada pela série de perguntas que a cadenciaram: "Há-alguém-aí? Há alguma vida verdadeira no planeta? Por que a assim chamada vida familiar e a assim chamada vida escolar e a assim chamada vida social trituram a criança possível? Por que sobrevivem apenas os falsários, os que se identificam com a criança morta?"

Deleuze dizia que numa literatura dita "menor", como a de Kleist, Kafka, Beckett, Gombrowicz, e diferentemente da literatura dita canônica, o escritor necessariamente atinge em si seu próprio ponto de bastardização, ele escreve a partir de seu ponto de subdesenvolvimento, de seu terceiro mundo, de seu patoá, de seu deserto. Como tornar-se o nômade e o imigrado e o cigano e o vidente de sua própria língua? Juliano Pessanha responde revisitando seu

---

[1] PESSANHA, Juliano. *Certeza do agora*. São Paulo, Ateliê, 2002.

deserto íntimo e dando voz, a partir de seu exílio interno, às questões e aos gritos soterrados. Mas ao retomar-se, por meio de sua narrativa esburacada, evita o risco da confissão lamurienta: faz da autobiografia um instante de celebração, um acontecimento jubiloso, uma meditação ziguezagueante em que a palavra e o abismo passam a pertencer-se mutuamente, assim como a noite e a vida.

Como se vê, tudo aqui é matéria para a mais sutil filosofia, domínio no qual o autor passeia com desenvoltura. Mas ele não se autoriza a falar filosoficamente a partir de um saber competente (que aliás, não lhe falta), e sim a partir da indigência e da abertura. Podemos compartilhar menos ou mais de seu enfoque filosófico, o que importa é a acuidade do diagnóstico, a pertinência com a qual ele "planta sua inquietude" e recusa o "domingo ontológico" e seus avatares contemporâneos. Esse livro enfrenta com coragem poética nossos tempos sombrios de "mobilização total", de "alcoolismo existencial", da vivência concebida como "engorda" à identidade — em suma, do que Nietzsche chamaria de niilismo.

Seria preciso atribuir a Juliano Pessanha aquilo que ele diz de Heidegger, mas que é próprio de uma linhagem literária do século 20, desde Kafka e Musil, até Cioran e Blanchot: a virtude de pôr o mundo em estado de hesitação, a capacidade de tornar-se máquina de desfazer presentidade. Para além ou aquém do filósofo que mais o inspirou (a britadeira-Heidegger, ou o cuco maior, como ele diz não sem uma ponta de comicidade), é preciso reconhecer a voz única que o próprio autor criou para si, e que se faz ouvir nos textos por ele reunidos, e sobretudo na extraordinária autobiografia em torno da qual "giram", por assim dizer, os ensaios e poemas que a acompanham, dando-lhes essa unidade secreta. Voz sussurrada a partir da morte, do grito e da sublevação. Nela se aliam o humor e o frêmito, o detalhe prosaico e o enlevo do pensamento, a causticidade do cronista e a distância consigo mesmo.

Não há heróis, nessa história sem história, apenas essa voz com um ritmo de tirar o fôlego, capaz de reconquistar o seu "agora" sem abrir mão da errância que lhe deu origem. Pois em meio ao presente de desencanto, o autor propõe o mais singelo e vulcânico dos gestos: introduzir "entre o chão e a cratera" uma palavra de hesitação, de espera e de pressentimento.

PARTE X
CONVERSAÇÕES

MÚSICA E REPETIÇÃO[1]

Caro Sílvio, esta é a primeira vez na minha brevíssima carreira de doutor que começo minha arguição sem aquele agradecimento de praxe, seja ao autor da tese, seja ao seu orientador, pelo convite feito para participar da banca. Você sabe o quanto eu relutei em aceitar este convite, que considerei tão honroso quanto disparatado. Estrebuchei várias vezes, e me vejo aqui quase coagido: não propriamente convidado, mas convocado. Tanto você quanto o seu orientador Arthur Nestrovski devem saber que isto não se deve a nenhum capricho de minha parte, porém à minha total incompetência na matéria. Quando lhes expus esta objeção, insistindo em que sou analfabeto em música, vocês responderam, gracejando, que é por isso que me convidavam. Que da parte de música se encarregariam os demais arguidores, bastaria que eu checasse o seu uso de Deleuze. A brincadeira continuou: claro, se eu contestasse um ponto ou outro de sua compreensão de Deleuze você poderia me responder: "veja bem, mas no campo musical isto é diferente", e eu seria remetido à minha ignorância no assunto, calando de vez; em contrapartida, se algum dos demais membros da banca contestasse algum aspecto musical em sua tese, você sempre poderia responder invocando alguma tecnicidade deleuziana, e eles seriam devolvidos a seu suposto desconhecimento da filosofia do autor. Na hora achei graça, a tática não é ruim, mas confesso que a tarefa soa ingrata para quem está deste lado. De qualquer modo, insisto em lembrar que todos os comentários que eu fizer devem ser considerados a partir desse dado de base, e sem nenhuma falsa modéstia: eu não entendo patavina de música. Isto posto, me coloquei o desafio de pelo menos tentar fazer render minha deficiência, transformando a mencionada insuficiência em virtude, se é que isto é possível.

De qualquer modo devo dizer que a leitura de sua tese me instruiu bastante, ao me introduzir em alguns problemas da teoria musical deste século, e que percorri com a maior curiosidade, espanto, admiração, e eu diria, até, alegria. Mas também, e isto é o mais surpreendente, me instruiu *em Deleuze*.

É que essa mesma curiosidade, espanto, admiração e até alegria têm uma razão mais substantiva, que eu gostaria de expor com mais vagar. Deleuze é um autor extremamente difícil também para filósofos, por razões que não cabe esmiuçar no momento. Mas é igualmente um autor de múltiplas interfaces, sobretudo com as artes e as ciências, interface cuja teoria Deleuze mesmo trabalhou exaustivamente, e num sentido extremamente preciso e

---

[1] O texto acima é a transcrição quase literal de minha arguição quando da defesa da tese de doutorado de Sílvio Ferraz, intitulada *Música e repetição*. A pedido do autor, o texto foi incluído à guisa de Prefácio no livro publicado pela Educ, em 1998, com o mesmo título.

inabitual. A filosofia, diz Deleuze, não é uma metalinguagem, não cabe a ela legislar sobre outros domínios, ela não é um discurso *sobre*, uma reflexão *a respeito de*. Portanto, não cabe a ela fazer uma teoria sobre qualquer domínio, muito menos o musical. Daí a pergunta que se impõe imediatamente: Então qual relação existe entre a filosofia e estes outros domínios, como o cinema, a pintura, a literatura, as ciências cognitivas, a psicanálise, a micropolítica? Deleuze o diz com todas as letras: "O que me interessa são as relações entre as artes, as ciências e a filosofia". Cada uma delas é criadora. O objeto da arte é criar agregados sensíveis, da ciência é criar funções, da filosofia é criar conceitos. A partir daí, o que importa é a questão dos ecos e das ressonâncias entre elas... "Assim, a filosofia, a arte e a ciência entram em relações de ressonância mútua, de troca, mas a cada vez por razões intrínsecas a cada domínio. É em função de sua evolução própria que elas percutem uma na outra. Nesse sentido, é preciso considerar a filosofia, a arte e a ciência como espécies de linhas melódicas estrangeiras umas às outras e que não cessam de interferir entre si (...) tudo acontece por dom ou captura."[2]

Eu gostaria então de começar por aí, pois vejo nisso um primeiro grande mérito de seu trabalho. Pareceu-me que você não aplicou Deleuze ao campo da teorização musical, o que seria inócuo, mas apreendeu ressonâncias, ecos, relações de troca possíveis entre esse campo e os conceitos de Deleuze. E o faz por razões inteiramente intrínsecas a este campo, ou seja, a partir de certos problemas próprios a ele. Como você diz, existe um pensamento composicional e ele não é, de forma alguma, uma aplicação das visões da filosofia, da matemática ou do que quer que seja. Por outro lado você mesmo percebeu o quanto Deleuze roubou, apreendeu, capturou do domínio musical. Você diz: não é possível negar a "musicalidade" que seu pensamento deixa transparecer. Você então apenas "retribuiu", digamos assim, o gesto de captura, mas também o do dom. Creio que você chama bem a atenção para a quantidade de referências, utilizações, aproveitamentos, roubos, verdadeiros vampirismos cometidos por Deleuze em relação à música, e posso dizer tranquilamente que não há, até o momento, entre os comentadores de Deleuze, mesmo em Buydens, Martin, Zourabichvili, mas também em Machado ou outros, qualquer trabalho que tenha rastreado esse viés na sua obra tal como você o fez, embora este não tenha sido seu objetivo explícito, pois não é um trabalho "sobre Deleuze". Mas isto é apenas um preâmbulo metodológico, para dizer que a meu ver sua mistura Música-Filosofia respeitou a própria teoria deleuziana da mistura, da interface, da intersecção, do lugar da filosofia nessa mistura, de sua função não reflexiva, e da potência pensante do próprio domínio estético. Insisto nisso pois tenho visto vários tipos de mistura no mau sentido, seja de aplicação, de sobreposição, de subordinação, ou mesmo de confusão. Não há maior

[2] DELEUZE, Gilles. *Conversações*. Rio de Janeiro, Editora 34, 1992, p. 156.

desserviço e ofensa a um pensador do que fazer dele um modelo, ou um fetiche, ou um hipnotizador, ou uma moda, com todo o cortejo de vulgarizações daí decorrentes. Por vezes Deleuze acabou tragado por essas apropriações, o que é triste, mas tantas outras fecundaram coisas diferentes e que são motivo de regozijo... Sem dúvida alguma é este o caso, com seu trabalho.

Digo isto por uma razão bastante simples. Você não foi buscar em Deleuze palavras, mas conceitos. E isto não em qualquer livro de Deleuze, porém no mais difícil dentre eles, que é *Diferença e repetição*. E entre os conceitos, você foi buscar o par mais complexo, aquele que reúne o núcleo especulativo do filósofo — a diferença e a repetição. Como se não bastasse, você o associou com a questão do tempo, que atravessa seu texto de ponta a ponta, nas suas diversas modalidades, e que em Deleuze é um tema enigmático, jamais inteiramente explicitado, e no entanto central na sua filosofia. Eu gostaria então de focar nossa conversa em torno dessa questão, e a partir dela colocar uma ou outra pergunta.

Sua compreensão de Deleuze me pareceu precisa, rigorosa e aguda. Começo pelo mais visível. Você entendeu que em Deleuze o tempo é uma multiplicidade. E a multiplicidade, você o viu muito bem, segue a lógica do rizoma, a saber: cada ponto se conecta com qualquer outro, ele é feito de direções móveis, sem início ou fim, mas apenas um meio, por onde ele cresce e transborda, sem remeter a uma unidade ou dela derivar, sem sujeito nem objeto. O que vem a ser o tempo quando ele passa a ser pensado enquanto multiplicidade pura ou operando numa multiplicidade pura? Creio que você explora em Deleuze e na música várias pistas para responder essa pergunta. Dou alguns exemplos. Você explica como em Xenakis haveria uma negação da sequência do tempo, da extensão do tempo: escuta do tempo não mais como sequência, como extensão, mas como simultaneidade, como intensidade. Não mais a ordem linear e determinista da forma e do desenvolvimento, mas a maleabilidade de parâmetros como a densidade, a velocidade, a superfície e a textura. Você fala em variações imperceptíveis, em processo e material modulado, a manifestação do aspecto textural, a diferença livre. Em seguida você evoca a rede complexa de conexões. Com Messiaen, novamente a ideia de retirar qualquer ideia de sucessão, lançar-se num espaço sem começo nem fim, espaço puro da simultaneidade, acabar com o tempo, com o tempo mensurável do antes e do depois.

Não sei se você estaria de acordo, mas nestes diversos fragmentos pinçados por mim ao acaso vai se desenhando uma outra imagem de tempo. O tempo não mais como uma reta, um círculo, uma espiral, ou mesmo uma fonte jorrando, mas para usar a imagem de Michel Serres, por exemplo, o tempo como um lenço. A cada vez que assoamos o nariz, nós o enfiamos no bolso de novo, amarrotando-o de uma maneira distinta, de tal maneira que dois pontos do lenço que antes estavam distantes e não se tocavam (como dois momentos da vida longínquos segundo uma linha do tempo) agora tornam-se contíguos, ou mesmo coincidem. Do mesmo modo, dois pontos a princípio vizinhos agora se afastam irremediavelmente. Como se o tempo fosse uma grande massa de argila, que a cada modelagem rearranja as distâncias entre os pontos nela assinalados. Curiosa topologia onde assistimos a uma transformação incessante, modulação, que reinventa e faz variar as relações entre os vários lençóis e seus pontos cintilantes, cada rearranjo criando algo novo, memória plástica, sempre refeita, sempre por vir. Eis então uma das muitas imagens de tempo captadas por Deleuze, e que a meu ver você dá a ver, ao escrever: "Fazer fluir a multiplicidade decorrente do cruzamento das múltiplas séries". E vai mais longe ao depurar a multiplicidade de todas suas falsas cópias, como a multiplicidade que tem origem num só ponto identificável, ou num ponto único e perdido no passado, e portanto não revelável — você privilegia a multiplicidade que tem origem na própria multiplicidade, lembrando com Deleuze de *A dobra* que o "múltiplo não é só aquilo que possui muitas partes, mas aquilo que é dobrado de diversas maneiras". Como uma folha de papel que se divide e se dobra ao infinito, diz Deleuze, como o lenço de Serres, como o que os matemáticos chamam de "a experiência do padeiro", e que Deleuze usa para pensar a temporalidade alucinatória de *O ano passado em Marienbad*. O tempo como multiplicidade é de certo modo a abolição do tempo, ou de suas figuras orientadas e direcionais as mais conhecidas, em favor de uma multilinearidade, ou de uma heterogeneidade, ou de uma eternidade, tal como você o explica em Messiaen. O tempo como coexistência dos incomposíveis é necessariamente um tempo explodido, um outro tempo.

A outra questão estreitamente ligada a esta, porém mais complexa, talvez, é a da repetição. Você lembra diversas vezes em que medida Deleuze pretendeu retirar a problemática da repetição do seu atrelamento à semelhança, à analogia, à identidade, em suma, aos postulados que para Deleuze fundam um pensamento da representação. Apenas assim a repetição libera a diferença: "a repetição é aquilo que se opõe à representação, não à diferença". Você então descarta as formulações de repetição como reiteração ou reapresentação, como analogia da forma através da memória, ou repetição estrita no hábito, ou seja, repetição do mesmo conceitual, ou do mesmo material. E você evoca a repetição seletiva, afirmativa, que só traz de volta o que difere, imediata e imediatamente diferenciada. Eu vejo nisso tudo uma fidelidade de fundo muito aguda a Deleuze, sobretudo quando isso vai associado à questão do tempo e da memória. Mas como livrar a repetição do jugo do Mesmo, permitindo que ela se abra para novas aventuras? Como fazer com que a repetição deixe de ser um Círculo que gira em torno do Mesmo, para girar, digamos assim, em torno do Outro? Deleuze tem essa ideia obscura, retomada a Platão: Não mais círculo do Mesmo, mas círculo do Outro. O Círculo é a repetição, o Outro é a diferença (ou o Tempo), de modo que a repetição não incide mais sobre um mesmo termo, porém faz retornar aquilo que só pode retornar à medida que se transforma ao retornar. É uma roda centrífuga que expulsa aquilo que não é capaz de voltar diferentemente. É esta a ideia do retorno seletivo, um retorno que seleciona e expele o Mesmo. Em termos mais especulativos, é onde Deleuze desafia a tradição que coloca o Ser de um lado, o Devir de outro, ou que simplesmente faz deles um amálgama, rebatendo tudo sobre o primeiro, ou sobre o segundo. Em Deleuze importa que um termo incida sobre o outro, que o Ser se diga do Devir, que o Eterno Retorno faça voltar a Diferença. É a interpretação que dá Deleuze da ideia do eterno retorno nietzschiana. No exemplo da escuta textural, você tem esse conceito já todo polido: "Se algo retorna nesta escuta, não é nem a matéria, nem a sua representação, mas sim a potência de gerar diferenças". É uma formulação precisa. E você ainda associa isso ao tempo fora dos eixos. É muito correto, e muito percuciente, embora você não desenvolva o que significa um tempo fora dos eixos, ou seja, um tempo fora do eixo do movimento, e por isso mesmo esvaziado do conteúdo que o ocupa, ou "libertado dos acontecimentos que compunham seu conteúdo", como você menciona com Messiaen, numa bela descrição. O tempo fora dos eixos corresponde à terceira síntese do tempo, em Deleuze (a primeira é a do Hábito ou Presente, a segunda a da Memória ou Passado), a do Futuro, que é a mais difícil. Ela requer uma passagem kantiana, pois é com Kant que o tempo deixa de se subordinar ao movimento que ele antes media, para tornar-se puro. Com isto rompe-se aquele círculo em torno do eixo do movimento, e intervém esse outro eixo nietzschiano, o Outro, a Diferença, e que assume, nessa terceira síntese, a figura do futuro, desbancando hábito e memória, agente e condição.

    Eu não vou cobrar de você uma compreensão mais esmiuçada disso, já acho que você foi bastante longe. Mas não resisto à tentação de lhe fazer uma pergunta a respeito, que vou formular de modo tal que você não possa escapulir argumentando que em música é diferente. Minha pergunta, de leigo e curioso, é a seguinte. Você fala do tempo como multiplicidade, portanto, um tempo sem flecha do tempo, não orientado, não direcionado. Eu perguntaria: em termos de composição musical, o que você faz com o futuro? Ou: o que é o futuro em música nessa perspectiva sua, não-linear, não-cumulativa, na qual o futuro já não se apresenta como o topo do tempo?

    Quanto à ideia de Diferença, você a explora em várias direções, como por exemplo "a diferença como ser do sensível", aquilo que só pode ser sentido e não representado. Eu me perguntaria se não existe uma intenção, a partir dessa ideia de Deleuze, de construir uma Estética "material", e não uma Estética transcendental. Como diz Deleuze: "Com sua turmalina, Novalis está mais próximo das condições do sensível do que Kant com o espaço e o tempo. A razão do sensível, a condição daquilo que aparece não é o espaço e o tempo, mas o Desigual em si, a *disparação* tal como é ela compreendida e determinada na diferença de intensidade, na intensidade como diferença". O Desigual em si, não o espaço e o tempo,[3] e por conseguinte um tempo que adequado a esse Desigual em si, um tempo não uniforme e não homogêneo, tempo não esquematizado pelo conceito, não submetido às categorias do entendimento, não "representado", não colocado em série, não ligado, não centrado no presente, não encurvado etc. Mas não basta formulá-lo sob o modo privativo, obviamente.

Nesse sentido tal recusa do par matéria/forma é pertinente, em favor do par material/linhas de força. É uma ideia presente em Deleuze mas também extraída de Simondon, a saber, uma crítica ao modelo hilemórfico, já que o par matéria/forma remete sempre, em última análise, a uma hierarquia de dominação, até social. Em contrapartida, material e linhas de força abre para uma concepção imanente. Mas eu me pergunto se estas linhas no material são, como você diz, as linhas presentes no sujeito humano. Não é uma maneira pouco deleuziana de humanizar o material, quando seu movimento seria mais o de inumanizar o homem? Aliás, movimento que você acompanha em outras passagens de que gosto muito, sobre o devir-som, os devires não-humanos, o devir-objeto, o devir-sonoro de nossas faculdades cognitivas, e toda a relação com o pensamento de Varela, nesse esforço de sair de qualquer representacionismo. A ideia de contemplação parece-me aí frutífera, da sensação como contemplação pura, e a contemplação como meio pelo qual se contrai aquilo de que se procede. Ideia plotiniana presente em *Diferença e repetição*: tudo é contemplação, somos contemplações contraentes. Gostei de ver como isso pode ser usado no campo musical.

Mais do que apenas ter gostado desse uso, bem como de outros já mencionados, creio que vários aspectos do pensamento de Deleuze ficam mais claros e luminosos através da matéria musical, por pouco que o leitor esteja familiarizado com esta mesma matéria, ou até com a obra do filósofo. Nesse sentido, para além dos méritos já referidos, seu trabalho teria essa qualidade suplementar: sem precisar abordar diretamente todas as passagens em que Deleuze vampiriza o domínio musical (como o conceito de "ritornelo", que aparece pouco em seu trabalho), você nos faz "escutar" seu pensamento. Não é pouco. Parabéns.

[3] DELEUZE, Gilles. *Para ler Kant*. Sônia D.P. Guimarães (trad.). Rio de Janeiro, Francisco Alves, 1976, p. 64. No texto "Sobre quatro fórmulas poéticas que poderiam resumir a filosofia kantiana" isto está expresso assim: "Já não é a estética da *Crítica da razão pura*, que considerava o sensível como qualidade reportável a um objeto no espaço e no tempo; não é uma lógica do sensível, nem sequer um novo *logos* que seria o tempo. É uma estética do Belo e do Sublime, onde o sensível vale por si mesmo e se desdobra num *pathos* para além de toda lógica, que apreenderá o tempo no seu jorro, até a origem de seu fio e de sua vertigem", in *Crítica e clínica*. São Paulo, Editora 34, 1997, p. 43.

INCÔMODA MODA[1]

Cara Cristiane, agradeço o convite em tudo insólito, para que eu participe de uma banca sobre moda, incômoda moda. Há um tempo você me procurou para dizer que queria trabalhar em torno da roupa dos psicóticos, propondo uma espécie de acompanhamento do que agora você chamou de sua poética do vestir. Lembro que achei a ideia esquisita, no fim não vingou, mas agora entendo melhor ao que você se referia, naquela ocasião. Curiosamente fiquei muito atento a isso, nos últimos dias, por uma circunstância inteiramente insólita. Fomos para Curitiba com os atores-pacientes da Cia. Teatral Ueinzz, para uma apresentação no prestigioso Festival de Teatro da cidade. Para nossa surpresa, ficamos num hotel de primeira categoria, quartos imensos, um saguão com pé direito altíssimo, elevador panorâmico, cúpula de vidro, grandes almofadas giratórias no centro do hall, tudo muito fino. Assim que nos instalamos, alguns atores trocaram de roupa e um deles vestiu um chinelo de borracha da marca Riders. Aquilo lembrava férias em Praia Grande e imaginei que devia sentir-se em casa. De fato, eu o via muito confortavelmente instalado em seu chinelo, parecia seu barquinho íntimo. No dia seguinte, antes da saída para o espetáculo, eu o vejo de preto, no almofadão giratório do saguão, com o cafezinho na mesa, um jornal, um cigarro. Ele é magrinho, cabelo branco, olhos bem azuis. Eu observo de longe e me pergunto quem é esse sujeito. Poderia ser o Artaud, ou algum ator polonês lendo no jornal a crítica sobre sua peça. Aí olho para baixo e vejo aquele bloco de unha amarela retorcida saltando de dentro do chinelão Riders. O chinelão-casa, o chinelão-subjetivo, o uso singular do chinelo. Talvez caiba aqui a bela definição que você colheu em Deleuze-Guattari: o território é primeiramente a distância crítica entre dois seres de mesma espécie; marcar suas distâncias. O que é meu é primeiramente minha distância, não possuo senão distâncias...

Na volta a São Paulo, depois das apresentações, ele pergunta se algum dia vamos para Fortaleza. Pergunto se ele teria vontade de fazer mais essa viagem, e ele fica uns três minutos em silêncio — é o tempo que leva para a

---

[1] Transcrição parcial da arguição lida por ocasião da defesa de tese de doutoramento de Cristiane Mesquita, intitulada *Incômoda moda*.

mensagem atravessar a bruma de sua existência. E responde bruscamente, "não, qualquer lugar tá bom, agora que eu sou ator...". E vejo pendurado no pescoço o crachá do Festival, de papelão, colorido, vistoso, com duas máscaras sorridentes desenhadas, embaixo o nome da companhia, da peça, e no fim, em letras bem grandes, a função dele: ATOR. E o vejo com a camiseta-brinde do festival, com uma caricatura de Shakespeare, estampado "Festival de Teatro de Curitiba, ir ou não ir, eis a questão". Que composição disso tudo com o chinelão Riders, chinelo-casa que transforma qualquer lugar num território mínimo e deixa aparecer aquele bloco animal e monstruoso, a unha indomável, signo do inumano — sua distância, sua assinatura.

Esse relato foi a maneira que encontrei para me introduzir no seu assunto e lembrar que, embora estranho para mim, ele me acompanha constantemente. Pois você diz, e essa parece ser uma escolha e uma perspectiva estratégica, que não se trata de considerar a Moda exclusivamente como uma máquina monstruosa e perversa; ela oferece recursos de interferência e alteração nos corpos — ela pode ser, portanto, um vetor de singularização subjetiva. É a poética do vestir. Há no seu trabalho essas duas vias, ou dois polos: a máquina monstruosa e perversa, e a poética do vestir. Ao fazer uma radiografia dessa máquina, do seu funcionamento, do que ela mobiliza e comanda, você pergunta em que medida ela disfunciona, a que ponto ela tende a absorver aquilo que vem da rua, ou como ela mesma é reapropriada pelas pessoas. Pareceu-me saudável essa perspectiva não maniqueísta, que sustenta uma tensão entre as duas faces. Pois você mesma reconhece a indústria de identidade e de conforto que a moda oferece, nessa estratégia do capitalismo tardio, de vender, mais do que produtos, um conteúdo cultural da mercadoria, uma atitude, uma maneira de ser — e a indústria está cada vez mais vampiresca em seu afã de colher essa maneira de ser na rua, no cotidiano, na vida das pessoas. Na sua dialética de padronização e diferenciação, tal tendência só vai num crescendo. Claro que em relação a isso seria lamentável permanecer num crispamento cego, mas também seria inócua a tola ingenuidade — afinal é uma indústria, uma máquina capitalista que visa o lucro. Mas é uma máquina capitalista diferente, como você mesmo o nota, algumas vezes, no seu trabalho.

Um belo estudo feito por Maurizio Lazzarato na Benetton, que contou com a colaboração de Toni Negri numa fase posterior, tentou entender esse novo circuito, muito mais direto, existente entre produção e consumo, a saber: como a produção se pluga inteiramente no consumidor, chupa seu modo de vida e lhe revende um modo de vida[2]. Essa intimidade entre capital e vida é algo novo e intrigante. Você mesma usa a imagem da Moda como

---

[2] CORSANI, A.; LAZZARATO, M.; NEGRI, A. e BOUTANG, Y.M. *Le bassin de travail immatériel dans la métropole parisienne*. Paris, L'Harmattan, 1996.

uma policial à paisana, que dialoga, bate um papo, conta e ouve intimidades, prega uma ausência de regras, e ainda assim exerce um controle disfarçado, difuso e tentacular, vendendo próteses imaginárias, jeitos de viver — é o consumo da representação. Seu trabalho compara de maneira pertinente a liberdade de vestir com a liberdade sexual que se prega, as duas sendo palavras de ordem que funcionam como reterritorializações, pois freiam as linhas de fuga do erotismo e do estilo em nome de uma suposta liberdade, que por sua vez produz submissão ao modelo que esta mesma liberdade supõe como natural. Você fala em compor paisagens expressivas, escutar o que se passa sensivelmente, dando o exemplo do japonês de Wenders, ou do Bispo e seu manto para encontrar Deus — é lindo isso tudo, e eu entendo a ideia de desencadear uma mutação dos sistemas coletivos de escuta e visão, dos mundos possíveis. Mas, quando a M. Officer põe meninos de rua na passarela, ou amputados, ou cegos, como marcar a diferença entre uma coisa e outra?

A questão que eu gostaria de propor é sobre o tempo. Você diz: a moda é a máquina que esculpe o tempo nos corpos. Não sei como entender isso. Claro, a moda propõe uma variação que é um signo da passagem do tempo, assim como no corpo temos as rugas, as metamorfoses, tal como na linguagem a gíria emergente etc. Você fala em variar o parecer, refere-se às esculturas efêmeras, salienta o estímulo à metamorfose... Então eu faria um pequeno corretivo à sua frase, um pouco inspirada por um texto de Laymert Garcia dos Santos sobre Tarkovsky, para quem o cinema era a arte de esculpir o tempo. É que eu não sei se devemos referir-nos ao tempo como um dado universal, já que há o tempo dos índios, o tempo das revoluções, há o hipertempo contemporâneo, o tempo de Dostoievsky. Nesse sentido, eu retomaria sua afirmação com uma pequena variação: a moda não seria a máquina que esculpe o tempo *do capital* nos corpos? Pois o capital inscreve no âmago das coisas uma caducidade, o sentido da caducidade e a caducidade do sentido, como diria Benjamin ao falar do efêmero no capitalismo. Daí toda a dinâmica do descartável, e o desejo contemporâneo estar atrelado a essa flecha vampiresca da caducidade.

Eu termino com um exemplo oposto, para colher sua opinião a respeito. Estive numa aldeia kayapó no fim do ano, e fiquei supreso com o fato de que todas as mulheres usavam um mesmo tipo de vestidinho. Ele é curto, o pano de fundo é recortado verticalmente por vivos de cor contrastante, formando dois bolsos frontais. A história dessa roupa é espantosa. Antigamente, apenas os homens da aldeia frequentavam as cidades. Mas com o aumento das doenças, também as mulheres foram obrigadas a se deslocar até os hospitais urbanos. Numa dessas viagens, cruzaram uma costureira, que se apiedou de sua nudez e confeccionou um vestido especialmente para elas. Depois, levou-o ao hospital e as presenteou. Semanas depois, as índias vieram procurá-la. A princípio pensou que queriam matá-la por tê-las vestido, mas ocorreu o oposto: queriam encomendar aquele vestido para a aldeia inteira. A moda pegou, e hoje em dia todas as índias do povo kayapó, espalhadas por diversas aldeias, só usam o vestido feito por essa costureira. E qualquer outro, mesmo de qualquer outra loja (e várias tentaram imitá-lo), não serve. É preciso dizer que o vestido original feito pela costureira não permaneceu idêntico, pois as índias foram exigindo pequeníssimas variações de cor, sem nunca mexer no formato. Será que o termo "moda" convém para designar esse misto de permanência e mínima variação, sobretudo tendo em vista o tempo (circular) dos índios, e o efeito de reinauguração de suas reiterações, tão distante de nossa flecha do tempo e de sua caducidade intrínseca?

O HOMEM PÓS-ORGÂNICO

Eis um texto que desperta interesse, que deleita, e ao mesmo tempo toca numa das questões mais relevantes da atualidade. Paula Sibilia fez em seu *O homem pós-orgânico*[1] um arrastão jornalístico e conceitual, percorrendo uma literatura ampla e atualizadíssima sobre o tema do corpo e do homem pós-orgânicos. De Vandana Shiva a Negroponte, a autora foi à caça daquilo que se pensa a respeito no âmbito da sociologia, da filosofia, da antropologia, da história da arte, das ciências, consultando depoimentos de pesquisadores, artistas, empresários, divulgadores, economistas, bem como um material literário, publicitário, técnico, fílmico — há aí horas de leitura atenta e elaboração, e tal versatilidade é um mérito. Com isso, ela consegue traçar um panorama provocativo — e aqui vem, a meu ver, um segundo mérito do trabalho — porque conjuga um leque, digamos, técnico-científico, uma chave de leitura teórico-filosófica e um viés econômico-político. Não é pouca coisa trabalhar o entrelaçamento dessas linhas sem cair numa superficialidade jornalística, num tom apocalíptico ou num surfe de trivialidades sobre o capitalismo e a tecnologia — e ainda de sobra conseguir intuições agudas sobre os efeitos de uma tal conjunção nas relações entre poder, saber e subjetividade.

Sendo assim, chego à terceira virtude, e que diz respeito à questão propriamente dita, e ao modo como está formulada. De fato, uma nova metáfora bioinformática tornou-se dominante e tomou de assalto nosso corpo, reconfigurando nossos ideais de saúde, nossa sociabilidade, nosso imaginário, nossa subjetividade. É a digitalização universal que redefine a vida, a morte, o corpo, a mente, a natureza, o espaço, o tempo, em suma, a condição humana. Desses vários níveis, na boa tradição de um materialismo nietzschiano e foucaultiano, a autora privilegia uma via de entrada — a do corpo. O velho corpo humano, tão primitivo em sua organicidade, tão obsoleto diante da nova matriz tecnocientífica, parece ser ele o ponto de incidência em que o sonho prometéico torna-se projeto fáustico, nessa bela expressão

---

[1] SIBILIA, Paula. *O homem pós-orgânico: corpo, subjetividade e tecnologias digitais*. Rio de Janeiro, Relume Dumará, 2002. O texto acima é uma transcrição levemente modificada da arguição apresentada por mim por ocasião da defesa da dissertação de mestrado, que deu origem ao livro em questão.

extraída tanto de Hermínio Martins quanto de Spengler para indicar a vontade infinita que subjaz à tecnociência contemporânea, seu impulso infinitista. Entre os prometeístas se inclui o iluminismo, o positivismo e o socialismo utópico, ainda atrelados a um humanismo com contornos finalistas, em contraposição ao sonho fáustico, que pretende violar o mistério da vida e transcender a condição humana. Essa contraposição entre prometeístas e fáusticos parece muito útil para ler um certo salto de regime, mas fica uma certa dúvida se do ponto de vista de uma concepção filosófica tecnofóbica, tal como a heideggeriana, uma tal contraposição continuaria valendo. Em todo caso, é sugestiva a ideia de transformação do corpo num pacote de informações (a passagem da metáfora do homem-máquina para o modelo do homem-informação), a hibridização humano/não humano, orgânico/informático, as tecnologias da imortalidade, em suma, a tendência ao corpo pós-biológico, ou seja, ao homem pós-orgânico.

    Creio que a autora tem razão ao acompanhar o modo pelo qual o ideário virtual vê na materialidade do corpo uma viscosidade incômoda (qualquer pessoa que toma um avião se pergunta se esse transporte da carcaça já não é algo completamente dinossáurico, perder horas para levar um pacote de carne, quando o pensamento já viaja na velocidade absoluta), um entrave à liberação imaterial. A perspectiva gnóstico-informática é mais do que apenas um folclore, é um anseio pela perda do suporte carnal e aspiração por um fluido desencarnado, como diz a autora, de modo que a saúde só viria, no limite, com a eliminação do corpo, preservando-se apenas a essência informática. Neocartesianismo high-tech, tecnotranscendentalismo, aspiração incorpórea, platonismo ressuscitado — é interessante considerar essas expressões como variantes da metafísica tradicional. Nesse sentido haveria de fato uma continuidade entre o prometéico e o fáustico. De todo modo, quando se associa o tecnodemiurgismo a um novo ideal sociopolítico, tal como um Fukuyama o expressa, creio que o texto atinge um nível de abrangência extremamente fecundo. A reconfiguração mercadológica da eugenia, superado o "desvio" nazista, a vida como mercadoria, privatizável, patenteável, o sonho de autoproduzir-se, a autocriação narcisista, os gestores de si, administrando potencialidades e riscos — eis um conjunto muito instigante.

    Onde a pesquisa dá um salto, que obviamente se impunha a partir do material colhido, mas que, afinal, foi o salto que lhe coube dar, é quando tematiza o lugar do código genético em substituição ao lugar de preeminência atribuído antes ao sexo, no contexto de um biopoder. Depois do sangue e do sexo é a vez dos genes... E tal como a sexualidade era um dispositivo não só de gestão do desvio, mas de administração das diferenças, dos riscos, igualmente no âmbito genético se impõem essas 'terapias para normais', pois o risco está por toda parte e somos todos virtualmente doentes, ao que se segue essa administração do destino, todo um foco nas tendências, propensões, probabilidades, não naquilo que acontece, mas no que se é, virtualmente, aquilo de que se é capaz — economia dos riscos, autopoliciamento, administração dos perigos, autocontrole, subjetividade empresarial. A ideia de que quando o pós-humano se impõe como modelo cria-se imediatamente a categoria do sub-humano é alarmante, já que empurra uma boa parte da humanidade para essa condição de inferioridade e nos obriga a repensar tudo isso politicamente, no sentido radical da palavra.

Para complexificar um pouco a ideia do fáustico, interessante por si mesma, talvez coubesse lembrar o final do livro de Deleuze sobre Foucault, onde o autor evoca três momentos distintos. Na Idade Clássica, a relação do homem com Deus, como sendo da ordem de uma relação com o infinito. Na Modernidade, da relação do homem com o trabalho, a vida e a linguagem, como sendo da ordem da finitude. E hoje, também por meio da análise e decomposição do código genético, teríamos não mais uma relação com o infinito, nem com a finitude, mas com o finito ilimitado, ou seja, um número finito de elementos em recombinações ilimitadas. Talvez haja aí alguma pista para pensar a natureza desse fáustico de maneira menos linear e diabolizada.

Algumas observações de cunho mais filosófico, que devem ser entendidas mais como um eco ao que está nas entrelinhas do trabalho. Há no texto uma espécie de oscilação. De uma posição mais alarmista, por vezes, apontando riscos e perigos, para uma posição mais multifacética, indicando as novas possibilidades que se abrem. Creio que o material reunido é mais catastrofista, e as observações filosóficas, em muito menor número, mais libertárias, como quando evoca Donna Haraway, ou mesmo Deleuze. Há entre esses dois níveis uma espécie de *gap*, de discrepância, como se houvesse um pessimismo da razão e um otimismo da vontade. Isso não é nada incomum nos textos que tenho lido a respeito do tema. Para tomar um exemplo, numa entrevista dada à revista *Sexta-feira*, Laymert Garcia dos Santos fala de uma virada, na qual um paradigma cibernético se impõe a todas as áreas da atividade humana, o que abre possibilidades fantásticas, mas também perigos inauditos. Quando a própria natureza humana se vê como objeto possível de uma mutação, pode-se ficar aliviado porque um certo humanismo foi superado, mas uma inquietação crescente se instala uma vez que essa interferência nos destinos da espécie não é acompanhada de uma discussão madura sobre as implicações mais profundas, não só imprevisíveis, como também irreversíveis. Pois bem, creio que o trabalho de Paula Sibilia ajuda nessa discussão, ao atentar para as implicações. Porém eu perguntaria, precisamente nessa perspectiva de um humanismo que se esgota, se ele indica suficientemente e de maneira positiva essas direções que se abrem.

Eu formularia essa pergunta de outro modo, talvez tomando por eixo o próprio título original da pesquisa, antes de sua publicação: o corpo pós-orgânico. Não há como não pensar, lendo esse título, no corpo-sem-órgãos. Mas será que o corpo pós-orgânico é o corpo-sem-órgãos, ou precisamente um é o contrário do outro, embora estejam nessa vizinhança tão provocativa que o pensamento de Deleuze-Guattari nunca cansou de explorar nos vários domínios, tão diferente nisso de uma certa tradição crítica, seja ela marxista ou frankfurtiana, sempre mais maniqueísta e dicotômica? Um pouco como Nietzsche, em que o mais assustador pode trazer embutido o mais promissor, Deleuze-Guattari também sempre se instalam nas linhas em que o pior e o melhor se cavalgam. Então como conceber a relação entre o pós-orgânico e o corpo-sem-órgãos, ou, em outras palavras, a dupla face do pós-humano? Tendo em vista o viés deleuziano presente no texto, e um certo vitalismo próprio ao seu pensamento, fica a pergunta, ao final da leitura desse belo trabalho: como diferenciar a transversalidade e hibridação entre os reinos e as espécies, tão estimada por Deleuze, e essa indiferenciação a serviço da manipulação a mais irresponsável, obedecendo aos ditames da axiomática capitalística?

PARTE XI
ÉTICA E AMIZADE

VÍRUS-VIDA

Para O Amigo

"Era uma foda irresistível!" Seria bom que um encontro sobre Aids pudesse comportar essa fala um pouco impronunciável em encontros científicos sobre o assunto, mas inteiramente pertinente nesse evento, que só faz sentido se nele se puder falar não só da doença, mas também do doente, e não de maneira mórbida e lamurienta, ou apenas científica e objetiva, mas de um modo implicado, isto é, implacável e vital. Falar da Aids sem excluir da conversa a alma de quem porta o vírus, nem sua voz, seja ela cáustica ou doce, nem a subjetividade coletiva de seu entorno, nem a ideia de entorno, nem a de coletivo. Um evento em que coubesse a questão da morte, que não é monopólio exclusivo dos aidéticos, mas também o tesão da vida, que não é monopólio exclusivo dos não-aidéticos. Um evento, afinal, em que se pudesse citar sem constrangimento a estranha frase "A Aids é a liberdade", extraída do belo livro de Jean Claude Bernardet, intitulado *A doença, uma experiência*, mas que também pudesse abordar a fabricação social do descaso, o imaginário que o sustenta e justifica etc.

Pois bem, para isso estamos aqui.[1] Esse encontro é iniciativa de um grupo de amigos, com muitas coisas em comum entre si, e que têm em comum, entre outras tantas coisas, um amigo que doravante chamarei de O Amigo. O Amigo tem demonstrado ao longo dos últimos nove anos uma tenacidade espantosa, uma vontade de viver inimaginável, em franco desafio à lógica médica e seus prognósticos mortíferos. Depois das inúmeras rifas, festas e churrascos em seu apoio, decidimos empreender algo que estivesse mais diretamente relacionado com o que ali estava em jogo o tempo todo, para cada um de nós, a partir do sofrimento e da coragem d'O Amigo. Essa foi a ideia original desse evento. Mas seu sentido está inteiramente em aberto para tudo o que se ousar dizer e inventar hoje à noite. Eu queria apenas acrescentar a esse histórico sumaríssimo sobre a gênese dessa iniciativa o que acredito ser um dos inúmeros sentidos possíveis desse encontro, para

---

[1] Foram convidados à mesa redonda do *Vírus-vida*, Jean Claude Bernardet, Maria Rita Kehl e Jurandir Freire Costa. Esse texto foi lido na abertura do Colóquio, no Instituto Sedes Sapientae, em 1996.

além de seu moto primeiro, que era levantar fundos para O Amigo, e de seu efeito imediato, de o fortalecer enormemente, como ele mesmo me deixou claro ainda hoje pela manhã.

Duas palavrinhas sobre as contaminações positivas que a Aids produz, desencadeando redes de solidariedade afirmativa cuja extensão e variedade são uma verdadeira lição de micropolítica. Eu diria, quase, que nós nos aproveitamos dos aidéticos para falar da vida e da morte, da amizade e do preconceito, do essencial e do supérfluo, do engajamento e da indiferença, e para ir inventando maneiras estranhas de sustentar, trocar, soerguer, acompanhar. Modos raros de contagiar, de mobilizar, nem ideológicos nem partidários, nem religiosos nem piedosos, nem culpados nem depressivos. São microações de combate pontual contra as práticas de isolamento social e as consignas de dessubjetivação médica, de coisificação do doente. Por meio dessa resistência forma-se uma rede, que comporta a ternura mas igualmente a fadiga, a intriga e o tesão — é um modo raro de juntar forças, de se encontrar, de fazer disso festa também (como diz o personagem de Susan Sontag em *Assim vivemos agora*, "é importante sermos leves, porque em todo esse horror também há alegria"). E acabamos usando isso para falar do mundo contemporâneo e de seus mitos da perfeição do corpo e de sua imortalidade prometida, da superpotência almejada e seu colapso cotidiano, do grau da desresponsabilização do Estado neoliberal, da apatia social que tem sido erigida como um parâmetro de maturidade cívica etc.

Nessas microações que pipocam aqui e ali entram em jogo muitas durezas e doçuras reinventadas. Uma maneira incomum de misturar o íntimo e o público, de permeabilizar as duas esferas, irrigá-las reciprocamente, reencontrando no seio da mais ativa sociabilidade uma suavidade esquecida... A ação despudoradamente terna, gestando coletivos de outra natureza. É curiosa essa reversão. Um personagem de Sontag diz ainda: "A sexualidade é uma corrente que liga cada um de nós a muitos outros, a pessoas desconhecidas, e agora essa grande corrente da existência tornou-se também uma corrente de morte". Mas talvez é chegado o momento de desfazer a inflexão, e reconverter essa corrente de morte em corrente de vida, em outras tantas correntes de desejo, introduzindo aí outros vírus, vírus de outras vidas. Não faremos dos aidéticos os novos heróis de um fim de milênio estarrecedor, o que seria um gesto de mau gosto, mas poderíamos pensar, a partir deles, o que são as correntes possíveis, as de morte e as de vida, os contágios, as contaminações diversas que se nos oferecem a cada dia. E podemos perguntar se todo esse funcionamento em rede é apenas uma tática de sobrevivência para tempos sombrios, soluções precaríssimas de uma sociedade civil desorganizada ou, ao contrário, o esboço de estratégias subjetivas e coletivas de implicação vital.

Não é uma curiosidade sociológica, mas uma questão ética. Ética entendida como o conjunto dessas modalidades de afirmação singular e coletiva que emergem de uma sensibilidade ao intolerável, e que respondem ao intolerável a cada vez de modo novo. É intolerável que um corpo, individual ou coletivo, seja separado de sua potência. E como recusar o intolerável, e como reconectar um corpo com sua potência? Questões cartográficas da maior relevância e complexidade. A melhor pista que eu conheço para começar a pensá-las continua sendo o comentário que faz o filósofo Levinas ao Mandamento bíblico "Não matarás". Segundo uma leitura de inspiração talmúdica, esse mandamento deveria ser lido no seu avesso, como que escovado a contrapelo, no sentido do desejo, mais do que da lei, significando simplesmente isto: Farás tudo para que o outro viva. É sob o signo dessa consigna ética e política que eu gostaria de dar início a essa conversação de hoje. Seria preciso, antes disso, agradecer especialmente a'O Amigo, pela oportunidade que nos deu de exercitar essa coisa chamada amizade, e a partir dela, ter nos devolvido um pouco de vitalidade.

REFERÊNCIAS DOS TEXTOS

Todos os textos já apresentados ou publicados foram remanejados para a presente edição, sofrendo, por vezes, alterações importantes, como fusões, desdobramentos, remontagens. Os textos não mencionados aqui são inéditos.

Poder sobre a vida, potências da vida
Apresentado originalmente em seminário organizado por Aldaíza Sposati, no contexto da preparação do Mapa da Exclusão, na PUC-SP, em 2001. Reapresentado no III Simpósio Internacional de Filosofia Nietzsche/Deleuze: "O que pode o corpo?", em Fortaleza, CE, em outubro de 2001, e no Seminário "Multidão e biopoder. Globalização e novas lutas", na Escola de Políticas Públicas e Governo, na UFRJ, em novembro de 2001 e janeiro de 2002. Publicado como "Pouvoir sur la vie, puissances de la vie", in *Multitudes*, n. 9, 2002, Paris, como "Poder sobre a vida, potência da vida", in *Lugar-Comum*, UFRJ, 2002, e na revista eletrônica *Trópico*, e como "Biopolítica e biopotência no coração do Império", em *Nietzsche e Deleuze*, Daniel Lins (org.), Rio de Janeiro, Relume Dumará, 2002.

A comunidade dos sem comunidade
Apresentado parcialmente no seminário "O trabalho das multidões", promovido pelo Labtec-UFRJ, e no Colóquio "Resistências", promovido pela Rede Universitária Nômade, no Cine Odeon, ambos no Rio de Janeiro, em 2002. Publicado em *O trabalho das multidões*, G. Cocco *et al* (orgs.), Rio de Janeiro, Museu da República e Gryphus, 2003.

O corpo do informe
Apresentado no encontro com mesmo título, promovido pelo Departamento de Letras da PUC-RJ, em 2002, reapresentado no Seminário Internacional de Filosofia e Literatura: Espaço e Linguagem em Proust e Kafka, promovido pela Universidade Nova de Lisboa, Universidade de Lisboa e Centro de Estudos Pós-Metafísicos do Rio de Janeiro, em Lisboa em 2003, e publicado em *Leituras do corpo*, C. Greiner e C. Amorim (orgs.), São Paulo, Annablume, 2003.

Império e biopotência
Apresentado em debate com Paulo Arantes sobre o livro *Império*, de M. Hardt e A. Negri, promovido pela revista eletrônica *Trópico*, na Pinacoteca de São Paulo, em 2003.

Neuromagma
Texto parcialmente apresentado no auditório do Sesc-Paulista, no evento intitulado "Mídia tática", promovido pela Casa das Rosas, e posteriormente no encontro "Territórios do antiespetáculo", no Sesc Pompeia, ambos em 2003.

Da função política do tédio e da alegria
Apresentado no Simpósio do Círculo Psicanalítico do Rio de Janeiro, em 2001, sobre "A alegria".

Um olhar a cada dia
Apresentado no Centro Cultural Banco do Brasil, em Porto Alegre, em 2001, num ciclo de filmes e debates intitulado "A imagem necessária".

Choque de civilizações, satanização do outro
Apresentado à Assembleia Legislativa do Rio de Janeiro, no marco do ciclo de conferências organizado por Luis Carlos Fridman, intitulado "Vozes do pensamento político contemporâneo na Alerj", em 2001, e publicado em *Política e cultura, século XXI*, Rio de Janeiro, Relume Dumará, 2002.

Oito perguntas sobre resistência e criação
Parte das perguntas preparadas em conjunto com a Associação Resistência/Criação, por ocasião da Oficina Aberta "Resistência e criação", no II Fórum Social Mundial, em fevereiro de 2002, e dirigidas a vários convidados estrangeiros e brasileiros, entre eles Michael Hardt, Maurizio Lazzarato, Yann Moulier-Boutang, Franco Berardi, Luca Casarini, Gianfranco Bettin, Alejandra Riera.

Mais perguntas sobre resistência e criação
Parte das perguntas preparadas em conjunto com a Associação Resistência/Criação, por ocasião do segmento ocorrido na Biblioteca Mário de Andrade (Colégio de São Paulo) em novembro de 2002, como parte do evento intitulado "São Paulo SA, situação #1", promovido em conjunto com a ONG EXO, e com curadoria de Catherine David. As perguntas foram direcionadas a vários artistas e pensadores brasileiros e estrangeiros, entre eles Alejandra Riera, Maurizio Lazzarato, Mauricio Dias e Walter Riedweg, Maria Papadimitriou, Pablo Leon de la Barra, Christophe Wavelet.

Esquizocenia
Publicado parcialmente na revista *Glob(A.L.)*, n. 0, fev. 2003.

Filosofia para suínos
Apresentado parcialmente no Simpósio Internacional de Filosofia Nietzsche e Deleuze: "Bárbaros e civilizados", em Fortaleza, CE, em 2002. Baseado em performance filosófica realizada em parceria com Ondina de Castilho, a convite do Festival Internacional de Teatro de São José do Rio Preto, promovido pelo Sesc, em

2001, e reapresentada no evento *Reflexos de cena*, no Sesc Vila Nova, e no evento *Nordestes*, promovido pelo Sesc e Fundação Joaquim Nabuco, no Sesc Pompeia.

Nota autobiográfica em torno da performance filosófica
Publicado no formato de cordel pelo Sesc-SP, no Projeto Paisagem Zero (Experiência 01-São).

Contradança filosófica
Publicado no "Jornal de Resenhas", Folha de S. Paulo, 10 ago. 2002.

O filho monstruoso
Publicado sob o título de "Deleuze tirou a poeira das ideias de Bergson", em "Caderno 2/Cultura", *O Estado de S. Paulo*, 15 out. 2000.

O desaparecimento do homem, a literatura e a loucura
Publicado sob o título de "Os limites da transgressão", no "Caderno Mais!", *Folha de S. Paulo*, 3 jan. 2000.

Deleuze e a pós-modernidade
Apresentado como "O pós-moderno em chave deleuziana", na VIII Conferência Internacional da Agenda do Milênio promovida pela Unesco e intitulada "Real/Simulacro/Artificial: Ontologias da Pós-Modernidade", na Universidade Cândido Mendes, no Rio de Janeiro, em 2002.

Deleuze, um pensador intempestivo
Apresentado no I Simpósio de Filosofia: Nietzsche e Deleuze, "Intensidade e paixão", promovido pelo Núcleo de Estudos da Subjetividade da Universidade Federal do Ceará, no Centro de Arte e Cultura Dragão do Mar, em Fortaleza, em 1999.

Nietzsche e a posteridade literária
Publicado sob o título de "O humanismo extenuado de uma constelação de autores", no "Caderno Mais!", *Folha de S. Paulo*, 6 ago. 2000.

Nietzsche, autor da própria vida
Publicado sob o título de "Quem era *ecce homo*?", no "Caderno Ideias Livros", *Jornal do Brasil*, 25 ago. 2001.

Nietzsche, pensador da cultura
Texto lido por ocasião do lançamento do livro de Oswaldo Giacoia Jr, *Folha explica Nietzsche*, no Auditório da Folha, em 2000.

Margem de manobra
Texto publicado como prefácio a *Formas de ser e habitar a contemporaneidade*, de Tânia Galli Fonseca e Deise J. Francisco (orgs.), Porto Alegre, Editora da Universidade, 2000.

Estratégias para o próximo milênio
Publicado no "Caderno Mais!", *Folha de S. Paulo*, 14 jun. 1996.

O avesso da melancolia
Publicado no *Boletim da Pulsional*, n. 67, São Paulo, nov. 1994.

Sonhos de Descartes
Publicado como Prefácio a *Sonhos sobre meditações de Descartes*, de Luci Buff, São Paulo, Annablume, 2001.

Certeza do agora
Publicado como Prefácio a *Certeza do agora*, de Juliano Pessanha, São Paulo, Ateliê, 2002.

Música e repetição
Arguição lida por ocasião da defesa de tese de Sílvio Ferraz, sob orientação de Arthur Nestrovski, e publicada à guisa de Prefácio no livro com o mesmo título, pela Educ, São Paulo, 1998.

Incômoda moda
Transcrição parcial de arguição lida por ocasião da defesa de tese de Cristiane Mesquita, sob orientação de Suely Rolnik, na PUC-SP, com o mesmo título, em 2000.

O homem pós-orgânico
Texto lido por ocasião da defesa de mestrado de Paula Sibilia, sob orientação de Maria Cristina Franco Ferraz, na UFF, em 2002.

Vírus-vida
Texto lido por ocasião do Colóquio *Vírus-vida*, sobre Aids, realizado em 1996 no Instituto Sedes Sapientae, com a presença de Jean-Claude Bernardet, Jurandir Freire Costa e Maria Rita Kehl.

CADASTRO
ILUMI//URAS

Para receber informações
sobre nossos lançamentos e
promoções envie e-mail para:

cadastro@iluminuras.com.br

Este livro foi composto em Minion pela *Iluminuras* e terminou de ser impresso nas oficinas da *Meta Solutions Gráfica*, em Cotia, SP, sobre papel off-white 80g.